पत्र-व्यवहार निर्देशिका

पत्र-व्यवहार निर्देशिका

सम्पादक

डॉ. भोलानाथ तिवारी
डॉ. विजय कुलश्रेष्ठ

वाणी प्रकाशन

वाणी प्रकाशन
4695, 21-ए, दरियागंज, नयी दिल्ली 110 002
फ़ोन : +91 11 23273167 फ़ैक्स : +91 11 23275710
शाखाएँ
अशोक राजपथ, पटना 800 004, बिहार
कॉफ़ी हाउस कैम्पस, महात्मा गांधी मार्ग, इलाहाबाद 211 001, उत्तर प्रदेश
महात्मा गांधी अन्तरराष्ट्रीय हिन्दी विश्वविद्यालय, वर्धा 442 001, महाराष्ट्र
सुल्तानिया रोड, मोतिया पार्क, भोपाल 462 001, मध्य प्रदेश
www.vaniprakashan.com
marketing@vaniprakashan.in
sales@vaniprakashan.in

PATRA-VYAVAHAR NIRDESHIKA
Edited by Dr. Bholanath Tiwari and Dr. Vijay Kulshreshtha

ISBN : 978-81-7055-284-0
Linguistics

संस्करण 2003, 2006
आवृत्ति 2020

मूल्य : ₹ 395

यश प्रिंटोग्राफ़िक्स, नोएडा-201 301 (उ.प्र.) में मुद्रित

वाणी प्रकाशन का लोगो मक़बूल फ़िदा हुसेन की कूची से

अनुक्रमणिका

भूमिका

एक समय था जब हिन्दी केवल साहित्य रचना तथा आपसी पत्र-व्यवहार के माध्यम के रूप में प्रयुक्त होती थी, किन्तु अब धीरे-धीरे प्रकाशन, बैंक, रेलवे, वाणिज्य, विज्ञान, वैदेशिक संबंध आदि-इत्यादि अर्थात् सभी संबंधित क्षेत्रों में इसका प्रयोग होने लगा है। इस प्रसंग में यह बात भी उल्लेखनीय है कि सिद्धान्त के रूप में प्रायः यह कहा जाता है कि मानक भाषा का एक रूप होता है, वह समरूपी होती है, किन्तु व्यावहारिक नाता यह है कि किसी भी मानक भाषा का प्रयोग जिन-जिन विषयों के लिए किया जाता है, उन-उन विषयों के अनुरूप वह मानक भाषा अलग-अलग रूप धारण कर लेती है। इसीलिए आज यदि साहित्यिक हिन्दी का एक रूप है तो विज्ञान में प्रयुक्त हिन्दी का दूसरा है। ऐसे ही प्रशासन की हिन्दी अलग है तो खेल-कुद की हिन्दी अलग है और बाजार की मंडियों की हिन्दी अलग है।

प्रशासनिक तथा अलग कार्यालयों में हिन्दी के प्रयोग का प्रारंभ हुए अभी बहुत दिन नहीं बीते हैं। यही कारण है कि उसके सभी विषयों में प्रयोग के उपयुक्त अलग-अलग सुनिश्चित रूप नहीं बन पाए हैं। आवश्यकता इस बात की है कि हिन्दी के इस प्रकार के अपेक्षित सभी रूपों पर विस्तार से काम करके उन्हें सुनिश्चित करने की दिशा में ठोस कदम उठाए जाएँ।

सात पुस्तकों की प्रस्तुत योजना इसी दिशा में एक ठोस कदम है। प्रस्तुत योजना में इसी कार्यालयी हिन्दी की सभी आवश्यकताओं को दृष्टि में रखते हुए सामग्री प्रस्तुत की गई है। इस पुस्तकमाला की सभी पुस्तकें इस प्रकार हैं:—

१. प्रारूपण, टिप्पण और प्रूफपठन
२. पत्रव्यवहार निर्देशिका
३. सारलेखन, निबन्ध और अनुवाद
४. भाषा, भाषण और वार्तालाप
५. राजभाषा सम्वैधानिक व्यवस्था
६. विधिकार्य निदेशिका
७. प्रशासनिक शब्दावली

इस पुस्तकमाला की यह पहली पुस्तक प्रायः सभी प्रकार के कार्यालयों में काम आने वाले प्रारूपण तथा टिप्पण पर है। इन दोनों ही में पहले इनकी परिभाषा, आवश्यकता, उद्देश्य एवं विशेषताओं पर प्रकाश डाला गया है, फिर उनके सिद्धांत प्रकार आदि को लिया गया है और अन्त में इनके तरह-तरह के उदाहरण हैं।

प्रूफपठन की आवश्यकता कार्यालयों में तब पड़ती है जब कार्यालय के फार्म आदि छपते हैं। इसके लिए प्रारम्भ में प्रेस की अपेक्षित पूरी जानकारी दी गई है फिर प्रूफ पढ़ने की पद्धति और उसके संकेत-चिह्न आदि लिए गये हैं।

इस तरह यह पुस्तिका प्रारूपण, टिप्पण की कार्यालयों के लिए अपेक्षित पूरी जानकारी देती है। विश्वास है, सभी प्रकार के उन कार्यालयों के लिए यह उपयोगी होगी जो हिन्दी में काम कर रहे हैं या करना चाहते हैं।

इस पुस्तकमाला की इस दूसरी पुस्तक 'पत्र-व्यवहार निर्देशिका' में कार्यालयी पत्र, प्रशासनिक पत्र, व्यावसायिक पत्र, देशी-विदेशी, प्रार्थनापत्र, आवेदन-पत्र, शिकायती पत्र, निमंत्रण-पत्र, बधाई-पत्र, शुल्क-मुक्ति पत्र आदि सभी प्रकार के पत्र लिखने की पद्धति स्पष्ट करते हुए उनके पर्याप्त उदाहरण दिये गए हैं। वस्तुतः यह पुस्तक कार्यालयों के काम की तो है ही, सर्वसामान्य के काम की भी है, क्योंकि प्रायः सभी को कभी न कभी पत्र लिखने पड़ते हैं।

—भोलानाथ तिवारी

प्राक्कथन

हिन्दी हमारी राष्ट्रभाषा, राजभाषा एवं सम्पर्क भाषा ही नहीं, अपितु वह युग-युगों से भारत के एकात्म रूप की संरक्षिका भी है। इसके तथ्यपरक ऐतिहासिक एवं पारिवारिक स्रोत हमें उपलब्ध होते हैं कि हिन्दी के धर्मोपदेशक और उर्दू के मौलवी सम्पूर्ण भारत में अपने भाषण हिन्दी में देते हैं। यही नहीं, राजर्षि टण्डन के मतानुसार "हिन्दी सम्पूर्ण राष्ट्र की राष्ट्रभाषा है, किसी एक प्रदेश की नहीं।···भारत में हिन्दी जब से राष्ट्रभाषा घोषित हुई है तब से लगभग सभी प्रगतिशील और समुन्नत देशों में यह सीखी जाने लगी है।···इसलिए हिन्दी अन्तर्राष्ट्रीय भाषा ही है।"

भारतीय राजभाषा के रूप में संवैधानिक रूप में महत्ता पाकर हिन्दी का अपेक्षित स्वरूप अभी तक स्थापित नहीं हो सका था। कार्यालयों में राज्यादेशों के कारण इसे महत्त्व मिला अवश्य है, पर अभी तक राष्ट्रभाषा और राजभाषा का प्रचलन जिस गति से जनसामान्य से इतर छात्रों, सेवारत कर्मचारियों एवं अधिकारियों में होना चाहिए था, नहीं हो सका है। उसके अनेक कारणों के साथ हम सभी का मानसिक शैथिल्य भी एक महत् कारण है। अस्तु, इस सब विवरण में जाना व्यर्थ है।

विश्वविद्यालयों में सामान्य हिन्दी के नाम पर प्रचलित पाठ्यक्रम एवं तद्माध्यम से उपाधिप्राप्त स्नातक कितने उपयोगी हैं, इसका ज्ञान इससे प्रमाणित हो जाता है कि छात्र एक आवेदन-पत्र शुद्ध भाषा एवं सही रूप में लिख पाने में असमर्थ रहता है, फिर किसी कार्यालय में लिपिक वर्ग में नियोजित होकर वह क्या योग्यता प्रदर्शित कर सकता है? इसी चिन्तन के आधार पर विश्वविद्यालयों में नवीन पाठ्यक्रम तथा प्रतियोगी परीक्षाओं में कार्यालयीय पत्र-लेखन आदि के निर्धारण से व्यावहारिक हिन्दी का महत्त्व बढ़ गया है।

व्यावहारिक हिन्दी सम्बन्धी ज्ञान के लिए अनेक प्रकार की उपलब्ध पुस्तकों के बीच अभी तक ऐसी पुस्तक का अभाव था, जो कार्यालय के पत्रव्यवहारादि के लिए पूर्ण उपयोगी सिद्ध हो सके। इसी दृष्टि से इस पुस्तक का प्रणयन किया गया है।

राजस्थान सरकार की प्रचार-सेवाओं में रहते हुए व्यावहारिक रूप में कार्यालयीय पत्रों के प्रारूपों से निरन्तर सम्बद्ध रहने के कारण तथा विभिन्न पत्र-पत्रिकाओं एवं समाचार-पत्रों के लिए समय-समय पर रपट, समीक्षाएँ, अग्र-लेख एवं आलेख आदि के अनुभव का लाभ उठाते हुए इस पुस्तक के कलेवर में पत्रव्यवहार विषयक पाठ्यक्रम की पूर्ति का प्रयास किया है। श्रद्धेय डॉ० राजकुमार गुप्त, आचार्य एवं अध्यक्ष, कुमाऊं विश्वविद्यालय, नैनीताल (उ० प्र०), बन्धुवर प्रद्युम्ननारायण शुक्ल, प्रचार अधिकारी, सहकारी विभाग, राजस्थान एवं भाई हमीदुल्ला, उपसचिव, राजस्थान विधि मंत्रालय के विविध परामर्शों, सुझावों एवं समाधानों के लिए मैं हृदय से आभारी हूँ।

प्रियवर श्री अशोक माहेश्वरी को धन्यवाद देकर औपचारिकता का निर्वाह करना उचित प्रतीत नहीं होता, क्योंकि यह उनका ही प्रयास है कि मेरा आलस्य मिटाने और सक्रिय बनाने में वे समर्थ रहे हैं।

सुधी पाठकों, हिन्दी प्रयोग के लिए तत्पर राजकीय अधिकारियों, प्रतियोगी परीक्षाओं के प्रत्याशियों एवं स्नातकस्तरीय अभिज्ञान के जिज्ञासुओं के लिए यह कृति किंचित भी उपयोगी सिद्ध हो सकी तो यह प्रयास सफल समझा जायेगा, इसी विश्वास के साथ,

—विजय कुलश्रेष्ठ

प्रारूपण : परिभाषा, आवश्यकता, महत्त्व एवं विशेषताएँ

प्रारूपण : परिभाषा

प्रारूपण का सीधा-सा अर्थ है—पत्र-लेखन, परन्तु यह पत्र-लेखन सरकारी या राजकीय कार्यविधि में प्रयुक्त पत्रादि के कच्चे मसौदे अथवा प्रारम्भिक रूप से सम्बन्धित है। राजकीय कार्यालयों की कार्यविधि को सुचारु रूप से संचरित करने तथा व्यवस्थित बनाए रखने के लिए लिपिक द्वारा पत्रों के उस कच्चे मसौदे या प्रथम आलेख को प्रारूपण कहा जाता है जिसे उस लिपि न से सम्बद्ध अधिकारी अनुमोदित करता है। कभी-कभी ऐसे पत्रों का प्रारूप उच्चलिपिक या किसी उच्चाधिकारी द्वारा भी तैयार किया जाता है।

अस्तु एक स्पष्ट परिभाषा इस प्रकार की जा सकती है—'प्रारूपण किसी भी सरकारी या व्यावसायिक संस्थान के अन्तर्गत किसी एतद्विषयक नियुक्त व्यक्ति द्वारा तैयार किया गया वह प्रथम आलेख या कच्चा रूप है जो एक निश्चित प्रणाली, निश्चित वाक्यावली, निश्चित नियम एवं औपचारिकताओं तथा परम्परित स्वरूप में ही प्रस्तुत किया जा सकता है।'

यह कहना अन्यथा न होगा कि वर्तमान समय में प्रारूपण के समानान्तर अंग्रेजी शब्द 'ड्राफ्टिंग' (Drafting) प्रचलित है। हिन्दी में प्रारूपण के अन्य पर्यायवाची शब्दों में आलेख, प्रारूप या मसौदा शब्द भी प्रचलित है। इन समानार्थक शब्दों के साथ प्रारूप (Draft) और प्रारूपण (Drafting) शब्दों का प्रचलन है।

प्रारूपण : आवश्यकता

हिन्दी राष्ट्रभाषा, राज्यभाषा एवं सम्पर्क भाषा के रूप में प्रतिष्ठित है। तीसरे रूप में सम्पूर्ण भारत की सम्पर्क भाषा किसी स्तर अथवा दृष्टि-विशेष में

भले ही न हो, परन्तु तीर्थाटन के स्तर पर इस भाषा का महत्त्व दीर्घकाल से होता है।

स्वतन्त्रता से पूर्व हमारे देश भारतवर्ष की राजकीय पत्र-व्यवहार और राजकीय कार्यविधि (राजकाज) की भाषा के रूप में अंग्रेजी भाषा का प्रयोग किया जाता था, परन्तु देश की स्वतन्त्रता के बाद हिन्दी राष्ट्रभाषा एवं राजभाषा के रूप में प्रतिष्ठित हो गई है। अतः अब राजकीय कार्यविधि या सरकारी कामकाज अथवा राजकाज की भाषा के रूप में हिन्दी का प्रयोग पर्याप्त मात्रा में हो रहा है, परन्तु उसकी गति अत्यन्त धीमी और शिथिल रही है। अनेक कारणों में से एक कारण यह भी है कि प्रारूपण सम्बन्धी और कार्यविधि सम्बन्धी पुस्तकों का नितान्त अभाव बना रहा है।

आज स्नातकोत्तर युवक किसी कार्यालय में जीविकोपार्जन के लिए पहुँचता है तो उसके सामने सबसे बड़ी और पहली कठिनाई यही आती है कि उसे पत्र लिखने की विधि का कोई ज्ञान ही नहीं होता है क्योंकि कार्यालयीय पत्रों की अपनी अलग विशेषताएँ होती हैं, अतः ऐसे लोगों को प्रारूपण का ज्ञान कराने की महती आवश्यकता अनुभव की जाती है।

प्रारूपण : महत्त्व

किसी भी राष्ट्र, राज्य और तत्सम्बन्धी मंत्रालयों, मुख्यालयों, सम्बद्ध कार्यालयों और सरकारी कार्यालयों तथा स्वयंसेवी संस्थाओं में आज प्रारूपण का महत्त्व स्वीकार किया जाने लगा है। राजकीय कार्यभार बढ़ जाने के कारण अधिकारी के पास इतना समय भी नहीं होता कि श्रुतलेखक (स्टेनो) को प्रत्येक पत्र का उत्तर लिखाया जा सके। ऐसी स्थिति में प्रत्येक कार्यालय में ऐसे व्यक्तियों की आवश्यकता अनुभव की जाती है तथा उस व्यक्ति को महत्त्व दिया जाता है जो 'स्वयं पत्र-व्यवहार की योग्यता' रखता हो।

निस्सन्देह किसी भी कार्यालय में किसी अच्छे प्रारूप-लेखक की उपस्थिति उस कार्यालय के लिए गौरव की बात होती है। प्रारूपण का महत्त्व इसलिए भी है कि यह केवल सरकारी या राजकीय कार्यालयों की ही सर्वमान्य महत्ता और आवश्यकता का प्रतिफल नहीं है अपितु अनेक स्वयंसेवी संगठनों एवं व्यावसायिक संस्थानों में 'स्वयं पत्र-व्यवहार की योग्यता' का विशेष महत्त्व है। अस्तु, प्रत्येक स्तर पर प्रारूपण का अपना विशेष महत्त्व है।

प्रारूपण का क्षेत्र

प्रारूपण का क्षेत्र एक मंत्रालय से दूसरे मंत्रालय, मंत्रालय से निदेशालय, निदेशालय से लेकर छोटे से छोटे कार्यालय इकाई तक तथा स्वयंसेवी एवं

व्यावसायिक सस्थानों तक प्रारूपण का क्षेत्र व्यापक है क्योंकि किसी भी कार्यालय के सुचारु रूप से संचालन और किसी भी व्यावसायिक अथवा स्वयंसेवी संस्था की प्रतिष्ठा के लिए प्रारूपण का महत्त्व विशेष होता है।

प्रारूपण का क्षेत्र निर्धारित करते समय कार्यालय की सबसे पहली इकाई सम्बन्धित लिपिक होता है, वही अपने से सीधे सम्बन्धित प्रभाग अधिकारी द्वारा प्राप्त निर्देश के अनुसार प्रारूप तैयार करता है तथा उसे प्रभागाधिकारी के समक्ष प्रस्तुत करता है। वह प्रभागाधिकारी उसे अपने उच्चाधिकारी के पास 'अनुमोदनार्थ प्रेषित' लिखकर भेज देता है। कभी-कभी प्रभागाधिकारी को ही यह कार्य सम्पादित करना होता है क्योंकि कार्यालय की कुछ पत्रावलियाँ तथा उससे सम्बन्धित पत्र-व्यवहार का दायित्व उसी पर होता है। कभी उच्चाधिकारी के निजी सहायक अथवा कभी-कभी उच्चाधिकारी को स्वयं भी प्रारूप तैयार करना या कराना होता है। उच्चाधिकारी अपने निजी सहायक को या आशुलिपिक को प्रारूप लिखा देता है जिसे सीधे ही आशुलिपिक टंकित कर 'हस्ताक्षरार्थ प्रेषित' (Submitted for Signature) की पताका या स्लिप लगाकर अधिकारी के पास भिजवा देता है।

प्रारूपण तैयार होने के बाद उसे सम्बन्धित पत्रावली के साथ ही अधिकारी के समक्ष प्रस्तुत किया जाता है तथा पत्रावली के साथ लगे टिप्पण-पत्र (Note Sheat) पर पत्र का सन्दर्भ देते हुए 'अनुमोदनार्थ प्रारूप' लिखकर उच्चाधिकारी के समक्ष प्रस्तुत करता है तथा पूर्व-सन्दर्भ देखने के लिए पत्रावली में संलग्न पूर्व-सन्दर्भों में आलपिन द्वारा पताका (फ्लैग) लगा देता है। यदि पताका एक से अधिक होती हैं तो उनका क्रम भी १, २, ३ आदि देना होता है।

प्रारूपण की विशेषताएँ

अच्छे प्रारूपण की निम्नलिखित विशेषताएं होती हैं—

१. **शुद्धता** (Accuracy)—सरकारी या राजकीय पत्रों में शुद्धता एक अत्यावश्यक गुण या विशेषता होता है। व्यावसायिक संस्थानों के पत्रों में भी यही शुद्धता इसलिए आवश्यक हो जाती है क्योंकि उससे उनकी साख पर असर पड़ता है, परन्तु सरकारी पत्रों में सन्दर्भ या निर्देश, क्रमांक, दिनांक तथा साक्ष्य की छोटी-सी भूल भी सरकार और सम्बन्धित अधिकारी तथा कर्मचारी के लिए महँगी पड़ सकती है।

२. **यथातथ्यता** (Factuality)—सरकारी पत्रों, परिपत्रों, सूचनाओं इत्यादि में भाषा यथातथ्यपूर्ण होती है। इन पत्रों में जो कुछ भी लिखा जाए वह पूर्णतः तथ्यों पर आधारित, सुसंगत विश्लेषण से युक्त होता है तथा एक तर्क से दूसरे तर्क की ओर एक अनुच्छेद से दूसरे अनुच्छेद की संगति भी रहती है। प्रारूपकार

विभिन्न तर्क एवं साक्ष्य पूर्णतः स्पष्ट, निश्चित, संगत तथा पुनरुक्ति दोष से मुक्त होते हैं।

३. **संक्षिप्तता** (Brevity)—प्रारूपण में इधर-उधर की तथा सन्दर्भ-रहित बातें लिखने तथा दून की हाँकने की छूट प्रारूपकार को नहीं मिलती है। प्रारूपकार को जो कुछ कहना है, स्पष्ट और कम से कम शब्दों में लिखा जाता है। अतः प्रारूपण में लेखन-शैली की संक्षिप्तता एक महान गुण माना जाता है, परन्तु उसके लिए विषय का सम्यक् बोध और भाषा की सामर्थ्य—दोनों ही अपेक्षित हैं। राजकीय और प्रशासनिक अधिकारियों के पास अवकाश का अभाव और व्यस्तता अधिक रहती है, अतः प्रारूपण कम शब्दों में अधिक बात कहकर प्रारूपकार उनकी प्रशंसा का पात्र सहज ही बन सकता है।

४. **पूर्णता** (Completeness)—प्रारूपकार ऐसी भाषा प्रयोग करता है कि प्रारूपण की भाषा और प्रस्तुति में किसी प्रकार की कमी नहीं रहती है। सभी सूचनाएँ, सन्दर्भ या निर्देश और तथ्य—सब कुछ अपने आप में पूर्ण और स्पष्ट होते हैं तथा कोई भी अनिश्चय, सन्देह और अतिशयोक्ति उसमें नहीं रहती है। अतः प्रारूपण में प्रत्येक सूचना, तथ्य एवं निर्देश की पूर्णता होने के कारण सरकारी कर्मचारियों के स्थानान्तरण होने की दशा में आने वाले कर्मचारी को पत्रावली या फाइल देखकर उस विषय या मामले को समझने में कोई कठिनाई नहीं होती है। प्रारूपकार प्रारूपण लिखते समय 'विषय' का उल्लेख उचित स्थान पर इस प्रकार करता है कि उसका मन्तव्य उसे 'विषय' पर दृष्टि डालते ही स्पष्ट हो जाता है।

५. **औपचारिकता** (Formal)—राजकीय या सरकारी पत्रों में भाषा की अलंकारिता, कवित्वमयता और बात को घुमा-फिराकर कहने के लिए कोई अवसर नहीं होता है। अतः प्रारूपकार अपने प्रारूपण में भाषा एवं वाक्य-रचना पूर्णतः औपचारिक रखता है। वाक्य-रचना सदैव अन्य पुरुष, अप्रत्यक्ष कथन के रूप में की जाती है तथा प्रारूपण में प्रयुक्त 'मैं' अथवा 'हम' शब्द का प्रयोग व्यक्तिवाचक न होकर 'पदवाचक' अथवा अधिकारी के पद के दायित्व-भार के अन्तर्गत होता है।

६. **शिष्टता** (Politeness)—प्रारूपण की शैली औपचारिक और तथ्यात्मक होते हुए भी उसके प्रस्तुतीकरण की भाषा विनम्र और शिष्टतापूर्ण होती है। कभी-कभी आदेशकर्त्ता को ऐसे आदेश भी निर्गत करना आवश्यक हो जाता है जो किसी कर्मचारी को मानसिक आघात भी पहुँचा सकता है, जैसे किसी को सेवा से निलम्बित करने का आदेश अथवा प्रदत्त धनराशि का कर्मचारी की आशा के अनुरूप न होना। ऐसी स्थिति में प्रारूपकार को ऐसी शब्दावली का प्रयोग करना होता है जिसमें भाषा की भद्रता एवं शिष्टता के साथ-साथ विनम्रता के साथ

दृढ़तापूर्वक सत्य का उद्घाटन होता हो।

७. **पारम्परिक शैली का अनुसरण**—प्रारूपण की विशेषता मुख्य रूप से यही है कि वह एक निश्चित प्रणाली, निर्धारित वाक्यावलि और निश्चित नियमों के अन्तर्गत अत्यन्त औपचारिक रूप में लिखा जाता है। विभिन्न प्रकार के पत्रों का प्रारूप भिन्न स्वरूप का होता है और उस स्वरूप के सुनिश्चय के पीछे कार्यालय-पद्धति की एक दीर्घ परम्परा तथा तत्सम्बन्धी कुछ विकसित रूढ़ नियम होते हैं और प्रत्येक प्रारूपकार को उनका पालन करना होता है। अतः पारम्परिक शैली का उल्लंघन और अनौपचारिक होने के लिए प्रारूपकार को कोई अवसर नहीं होता है।

८. **पूर्वाग्रहहीनता**—प्रारूपकार को प्रारूपण में तथ्यों का यथातथ्य रूप में रखना अनिवार्य है, भले ही उसकी व्यक्तिगत इच्छा या कामना वैसा प्रारूपण प्रस्तुत करने की न हो। प्रारूपण तैयार करते समय कर्मचारी की व्यक्तिगत इच्छा-अनिच्छा तथा पूर्वाग्रह आदि को कोई स्थान नहीं दिया जाता है और न प्रारूपकार अपने निजी कारणों से पूर्वाग्रह-युक्त प्रारूपण तैयार कर सकता है। उसे प्रारूपण में पूर्णतः पूर्वाग्रहहीन होना होता है।

९. **पक्षपातहीनता**—अच्छे प्रारूपण की यह विशेषता है कि उसमें विषम स्थितियों में भी पक्षपात नहीं होता। कोई भी अच्छा प्रारूपकार पक्षपात-रहित होकर तथ्य और यथार्थ को ही ध्यान में रखकर प्रारूप तैयार करता है और ऐसी दशा में वह किसी एक पक्ष के प्रति अपनी हार्दिकता, सम्वेदनशीलता एवं सदाशयता व्यक्त नहीं करता है, क्योंकि उसके लिए प्रत्येक पक्ष समान महत्त्व रखते हैं भले ही किसी पक्ष का हित हो अथवा अहित।

१०. **सत्यनिष्ठता**—प्रारूपण तैयार करते समय तथ्यो और सत्य वस्तुस्थिति के प्रति प्रारूपकार के समक्ष सत्यनिष्ठा ही एकमात्र आधार होती है क्योंकि तथ्यों के आधार पर ही किसी निष्कर्ष पर पहुँचा जा सकता है तथा प्रारूपण तैयार हो जाने के बाद उसके अनुमोदन से लेकर सम्प्रेषित हो जाने के बाद भी किसी प्रकार का भ्रम, संशय और अविश्वसनीयता उत्पन्न नहीं होती है।

निष्कर्ष रूप में कहा जा सकता है कि प्रारूपण एक ऐसी कला है जिसमें निरन्तर अभ्यास की आवश्यकता होती है तथा अन्य विधाओं की भाँति प्रारूपण सहज लिखने की प्रक्रिया नहीं है और न प्रत्येक व्यक्ति के वश की बात है। किसी भी कार्यालय में अच्छे प्रारूपकार या प्रारूपलेखक की सदैव पूछ रहती है।

प्रारूपण : रूपरेखा, पद्धतियाँ, शैली एवं विधि

प्रारूपण में प्रारूप-रचना करने से पूर्व उस विषय के हर पहलू और आशय को तथा तत्सम्बन्धी नियमोपनियम एवं पूर्व-परम्परा को समझ लेना किसी भी प्रारूपकार या प्रारूप-लेखक के लिए आवश्यक है ।

प्रारूप के मुख्य अंग

प्रारूपण तैयार करते समय प्रारूपकार को प्रारूप के निम्नलिखित अंगों या भागों का ध्यान रखना आवश्यक होता है—

(१) शीर्षक
(२) पत्र-संख्या एवं दिनांक
(३) प्रेषक
(४) प्रेषिती
(५) विषय
(६) सन्दर्भ
(७) सम्बोधन
(८) मूल कथ्य-निर्देश
(९) स्वनिर्देश एवं हस्ताक्षर
(१०) संलग्नक सूचना
(११) पृष्ठांकन
(१२) संकेताक्षर
(१३) सम्बन्धित लिपिक के लघु हस्ताक्षर

१. **शीर्षक**—प्रारूपकार को किसी भी प्रारूप को तैयार करते समय सामान्यतः निम्नलिखित बातों को पूरी तरह ध्यान में रखना आवश्यक होता है—

(क) प्रारूपण तैयार करते समय सबसे पहले शासन, मंत्रालय, विभाग-प्रभाग का नामोल्लेख किया जाता है । जिन व्यावसायिक संस्थानों में मुद्रित पत्रक प्रयोग

किए जाते हैं उनमें पहले से ही व्यावसायिक संस्था का नाम छपा होता है, पर जिस विभाग या प्रभाग से वह पत्र भेजा जाना है, उसका उल्लेख मात्र प्रारूपकार को करना होता है। लेकिन केन्द्रीय सरकार और केन्द्रीय मंत्रालयों या निदेशालयों में प्रारूपण तैयार करते समय भिन्न परम्परा अपनायी जाती है। सबसे पहले पत्र के मध्य में शासन, मंत्रालय और विभागादि के उल्लेख से पहले ऊपर की पंक्ति में पत्रावली की संख्या का उल्लेख होता है, जबकि प्रान्तीय शासन के प्रारूपण में यह नहीं होता है। यथा—

(i) **प्रारूपण (केन्द्रीय शासन)**

२३/क/१/२६/सैस/८३
भारत सरकार
रक्षा मंत्रालय
जन सम्पर्क निदेशालय

(ii) **प्रारूपण (प्रान्तीय शासन)**

उत्तरप्रदेश शासन
शिक्षा (क-१५) विभाग
× × ×
राजस्थान सरकार
जन सम्पर्क निदेशालय
प्रकाशन संभाग

२. **पत्र-संख्या एवं दिनांक**—साधारणतः पत्र-संख्या बाईं ओर देने के बाद उसके ही समानान्तर दाईं ओर पहली पंक्ति में 'दिनांक' शब्द लिखकर स्थाम खाली छोड़ दिया जाता है।

ध्यान रखने योग्य बात यह है कि केन्द्रीय सरकार के प्रारूपों में पत्र-क्रमांक विभागीय शीर्षक के ऊपर तथा उसके बाद पहली पंक्ति में दाईं ओर विभाग का पूरा पता, टेलीफोन नम्बर, स्थान तथा पिनकोड लिखा जाता है और फिर उसके नीचे कुछ स्थान छोड़कर 'दिनांक' शब्द का उल्लेख किया जाता है। यथा—

(i) उत्तर प्रदेश............

शिक्षा...............

पत्र-क्रमांक............ दिनांक............

(ii) २-क—१/२६/७६

भारत............

..........निदेशालय

ऐल-१ ब्लाक
चर्च रोड हटमेण्टस

नई दिल्ली-११०००१

दिनांक...............

(३) **प्रेषक**—पत्र-क्रमांक और दिनांक आदि का उल्लेख करने के बाद प्रारूपण में बिल्कुल बाईं ओर पत्र-क्रमांक के ठीक नीचे कुछ स्थान छोड़कर 'प्रेषक' शब्द लिखकर दूसरी पंक्ति में पत्र भेजने वाले का नाम, पद नाम, विभाग का नाम और अगली पंक्ति में पता एवं पिनकोड दिया जाता है। यथा—

(i) पत्रांक शिक्षा १० (क)/२४/८३ दिनांक...........

प्रेषक—

रमेशचन्द दुबे, (नाम)
संयुक्त सचिव, (पद नाम)
शिक्षा (१०) विभाग (कार्यालय/विभाग का नामोल्लेख)
सचिवालय, उत्तर प्रदेश (पता)
लखनऊ (स्थान)

(ii) पत्र संख्या २/१६/८३

भारत सरकार

सूचना एवं प्रसारण मंत्रालय

पता...............

....

दिनांक...............

प्रेषक—

डॉ० बी० मुकर्जी, (नाम)
निदेशक, (पद नाम)
क्षेत्रीय प्रचार, सूचना एवं प्रसारण मंत्रालय (राजस्थान क्षेत्रीय कार्यालय) } (विभाग नाम)
गोपाल भवन, सी स्कीम (पता)
जयपुर—३०२००१ (स्थान/पिनकोड)

यहाँ यह द्रष्टव्य है कि प्रेषक अधिकारी का नाम जब प्रयुक्त किया जाएगा तो श्रीमती या कुमारी—जैसी भी स्थिति हो तो महिला अधिकारी के नाम के पूर्व लगाया जाना आवश्यक है। इसी प्रकार पुरुष अधिकारी के नाम के साथ 'डॉ०' आदि उपाधि आदि का उल्लेख तो किया जाएगा पर नाम मात्र के पूर्व में 'श्री' नहीं प्रयुक्त किया जाता पर 'आई० ए० एस०', 'आई० एफ० एस०', 'पी० सी० एस०', 'आर० ई० एस०', 'आर० ए० एस०', 'आर० पी० एम०' आदि का उल्लेख किया जाएगा। लेकिन जब नाम के स्थान पर 'पद नाम' का ही उल्लेख किया जा रहा हो तो वहाँ 'कुमारी अथवा श्रीमती' आदि का उल्लेख नहीं किया जाएगा—

(i) (कुमारी) सुधा राजहंस

आर० ए० एस०

............सचिव

....

(ii) (श्रीमती) सुषमा पण्डित

आई० ए० एस०

............सचिव

....

(iii) संयुक्त सचिव,

....

....

४. प्रेषिती—प्रेषक के नाम, पद नाम तथा कार्यालय आदि के उल्लेख के बाद उसके नीचे 'प्रेषक' शब्द के ठीक नीचे 'प्रेषिती' शब्द लिखकर कुछ स्थान छोड़कर नई पंक्ति से उस व्यक्ति का नाम, पद नाम, कार्यालय या पूरा पता तथा पिनकोड लिखा जाता है, जिसको उक्त पत्र भेजा जाना है। यथा—

(i) प्रेषिती—

श्री बाबूराम शुक्ला
संयुक्त सचिव
शिक्षा (१२-क) विभाग
उत्तर प्रदेश सचिवालय,
लखनऊ

(ii) प्रेषिती—

डॉ० एस० एन० श्रीवास्तव
कुलपति
कुमाऊँ विश्वविद्यालय
नैनीताल-२६३००१

(iii) प्रेषिती—

कुमारी/श्रीमती...............

आई० ए० एस०/पी० सी० एस०

..............सचिव (पद नाम)

....................(विभाग का नाम)

....................(कार्यालय का पता)

....(पिनकोड)

५. विषय—पत्र प्रापक (प्राप्तकर्त्ता) या प्रेषिती को जो पत्र भेजा जा रहा

है, उसका 'विषय' निर्देशित करना उपयुक्त रहता है। ऐसी स्थिति में 'विषय' शब्द लिखकर कोलन लगाकर संक्षिप्त रूप में पत्र के मूल विषय का शीर्षक दिया जाता है जिससे पत्र का उद्देश्य तुरन्त ही प्रापक या प्राप्तकर्त्ता को उसकी पहली दृष्टि में ही आ जाता है तथा उसे तत्सम्बन्धी प्रभाग या अनुभाग में अग्रिम कार्यवाही हेतु भेज देता है। ध्यान रखने योग्य बात यह है कि विषय के अन्तर्गत शीर्षक अत्यन्त संक्षिप्त होना चाहिए।

६. **सन्दर्भ**—यदि पत्र किसी पूर्व-प्राप्त पत्र के उत्तर में लिखा जा रहा है तो उस प्रारूप के तैयार करते समय प्रारूपकार को 'सन्दर्भ' देने की आवश्यकता भी होती है। ऐसी स्थिति में प्रारूपकार 'विषय' शब्द के ठीक नीचे ही दूसरी नई पंक्ति से 'सन्दर्भ' शब्द लिखकर कोलन लगाकर पूर्व-पत्र का सन्दर्भ अवश्य लिखता है।

विषय एवं सन्दर्भ का उदाहरण निम्न प्रकार है—

विषय : प्राध्यापकों की निजी प्रोन्नति के सम्बन्ध में

सन्दर्भ : राजाज्ञा पत्र-संख्या············

दिनांक·········

७. **सम्बोधन**—सरकारी और व्यावसायिक पत्र प्रायः औपचारिक होते हैं तथा जिसे यह पत्र लिखा जा रहा है, उससे पत्र-लेखक, आवेदक या प्रेषक का व्यक्तिगत सम्बन्ध नहीं होता है। अतः इन पत्रों में 'सम्बोधन' के शब्दों में परिवर्तन नहीं होता है। 'महोदय/महोदया', 'प्रिय महोदय/महोदया', 'माननीय महोदय', 'मान्यवर' आदि ही प्रयोग में लिए जाते हैं। राज्यपाल के लिए 'महामहिम महोदय' शब्द का तथा 'प्रधानमंत्री' के लिए 'महामाननीय' शब्द का प्रयोग किया जाता है। ध्यान रहे कि ये पत्र व्यक्तिगत नहीं होते हैं अतः इनमें 'सम्बोधन' शब्द के बाद 'शिष्टाचार' विषयक शब्दों का प्रयोग नहीं किया जाता है।

८. **मूलविषय-निर्देश**—सम्बोधन के पश्चात् मूलकथ्य या मूलविषय का निर्देश किया जाता है जिसमें विषय का सविस्तार तथ्यात्मक, सतर्क, विश्लेषण-परक प्रतिपादन किया जाता है। मूलकथ्य के अन्तर्गत प्रारूपकार को निम्नलिखित बातों का ध्यान रखना आवश्यक होता है—

(अ) **पत्र का आरम्भ**—प्रारूपकार यदि किसी शासकीय पत्र, किसी संस्था, मंत्रालय आदि के पत्र के उत्तर में प्रारूप तैयार कर रहा है तो उसका सन्दर्भ देते हुए प्रारूप निम्न रूप से आरम्भ किया जाता है—

—'कृपया अपने पत्रांक··················दिनांक···············
का अवलोकन करें।'

—'कृपया सन्दर्भगत पत्रांक·············दिनांक···············
का अवलोकन करें।'

जब पूर्व सन्दर्भ ज्ञात न हो तो ऐसी स्थिति में प्रारूप निम्न प्रकार से आरम्भ किया जाता है—

—'विषयान्तर्गत निवेदन है कि······'

—'निवेदन है कि उक्त विषय में······'

(आ) **अनुच्छेदीकरण**—प्रारूप लम्बे आकार का है या उसका मूल स्वरूप परिपत्र के समान है तो उसमें अनुच्छेदों की संख्या का निर्देश करना भी आवश्यक होता है, पर अनुच्छेदों की संख्या का उल्लेख करते हुए प्रथम अनुच्छेद पर क्रम-संख्या एक न लिखकर दूसरे से क्रम-संख्या २, ३, ४ आदि लगाते जाते हैं।

अनुच्छेदीकरण में कभी-कभी शीर्षक एवं उपशीर्षकों का भी निर्देश किया जाता है। यह विषयवस्तु को और अधिक स्पष्टता प्रदान करने के लिए आवश्यक होता है।

(इ) **नियमों एवं कथनों का उद्धरण**—कई बार यह आवश्यक होता है कि मत-पुष्टि के लिए या प्रसंगवश किसी नियम, उपनियम, परिनियम या अधिनियम या किसी उच्चाधिकारी के कथन या किसी राजाज्ञा का उल्लेख भी दिया जाए। ऐसी स्थिति में कई बार प्रारूपण में केवल नियम, परिनियम या अधिनियम की धारा का अथवा अधिकारी के पत्रांक के अनुच्छेद या राजाज्ञा के पत्रांक एवं दिनांक का उल्लेख करने से ही काम चल जाता है, परन्तु तत्काल स्मरण दिलाने या सन्दर्भ उपलब्ध कराने की दृष्टि से यथासम्भव मूलकथन को उद्धरण रूप में प्रस्तुत किया जाता है। जब विस्तृत रूप से अभिज्ञान कराना आवश्यक होता है तो मूलकथन में कोष्ठक में 'संलग्नक संख्या······' का उल्लेख कर दिया जाता है।

९. **स्व-निर्देश एवं हस्ताक्षर**—शासकीय प्रारूपों में मूलकथ्य समाप्त हो जाने के बाद 'स्व-निर्देश' करते हुए औपचारिकता के निर्वाह के लिए 'भवदीय/भवदीया, 'आपका' अथवा 'आपका विश्वासपात्र' (यदि आवश्यक हुआ तो) आदि का उल्लेख किया जाता है। फिर उसके नीचे पर्याप्त स्थान हस्ताक्षर किए जाने के लिए छोड़ दिया जाता है। हस्ताक्षर के लिए स्थान छोड़कर कोष्ठक में प्रेषक का पूरा नाम लिखा जाता है।

नामोल्लेख के नीचे वाली पंक्ति से अधिकारी या प्रेषक का पद नाम एवं विभागोल्लेख करना होता है।

१०. **संलग्नक सूचना**—पत्र की विषय-वस्तु को अधिक स्पष्ट करने के लिए विस्तृत विवरण या सूचनार्थ कुछ पत्र, परिपत्र या नियम, परिनियम, अधिनियम या अन्य प्रमाण विषयक कागज मूल पत्र के साथ संलग्न किए जाते हैं। प्रारूप में पत्र समाप्ति एवं स्व-निर्देश के बाद बाईं ओर 'संलग्न' लिखकर कोलन लगाकर मूल पत्र के साथ जितने भी संलग्नक हों, की संख्या का उल्लेख किया जाता है।

यथा—

संलग्न : तीन

अथवा

संलग्न : (१)………

(२)………

(३)………

११. पृष्ठांकन—शासकीय पत्र-व्यवहार में या किसी संस्थान के पत्र-व्यवहार के समय कभी-कभी ऐसा भी होता है कि एक पत्र भेजा तो किसी एक अधिकारी को जाता है, परन्तु उस विषय से सम्बद्ध सभी अधिकारियों या व्यक्तियों या संस्थाओं को सूचनार्थ उस पत्र की प्रतिलिपियाँ भेजी जाती हैं। ऐसी स्थिति में 'पृष्ठांकन' को प्रारूप स्थान मिलता है तथा ऐसी स्थिति में पत्र के मूल में लिखित पत्र-संख्या एवं दिनांक का उल्लेख करने के बाद दूसरी पंक्ति 'प्रतिलिपि प्रेषित' या 'आवश्यक कार्यवाही हेतु प्रेषित' या 'सूचनार्थ प्रेषित' वाक्यांश लिखकर नई पंक्ति से जितने व्यक्तियों, अधिकारियों एवं संस्थानों को प्रतिलिपियाँ भेजी जानी होती हैं उनका नाम एवं पूर्णपता क्रमबद्ध रूप में क्रमसंख्या लगाते हुए लिख दिया जाता है। जब सूची समाप्त हो जाती है तो मूल पत्र की प्रथम प्रति में आज्ञा से लिखकर उसके नीचे प्रेषक अधिकारी के हस्ताक्षर के लिए स्थान छोड़ने के बाद नीचे भी कोष्ठक में दिए नाम और दूसरी पंक्ति में दिए गए पद नाम से ऊपर होते हैं। पर अन्य सभी प्रतियों में मूल पत्र में हस्ताक्षर करने के स्थान पर पृष्ठांकन के नीचे वाले स्थान पर हस्ताक्षर किए जाते हैं। यथा—

पत्र-संख्या……… दिनांक…………

प्रतिलिपि निम्नलिखित की सूचनार्थ एवं अग्रिम कार्यवाही पूरी की जाने हेतु प्रेषित—

(१) ………(नाम, पदनाम, कार्यालय का पता)

(२) ………(नाम, डाक का पूरा पता)

(३) ………

आज्ञा से

[अभयनारायण शुक्ला]

संयुक्त सचिव

गृह (क) मंत्रालय

१२. संकेताक्षर—प्रारूप जब अधिकारी द्वारा अनुमोदित, परिवर्तित या परिवर्द्धित होने के बाद सम्बन्धित लिपिक और अनुभागाधिकारी के पास से टंकण-कर्त्ता (टंकक) के पास जाता है तो टंकक मूल पत्र तथा उसके संलग्नक एवं पृष्ठांकन आदि के उल्लेख के पश्चात् पत्र के अन्त में बाईं ओर अपना संकेताक्षर एव टंकण करने का दिनांक भी टंकित कर देता है जिससे यह ज्ञात हो जाता है कि

किस टंकक ने कब उक्त पत्र टंकित किया था। यथा—

पाण्डे : १४-६-८३ : पाण्डे ने १४ जून ८३ को टंकित किया।

नेगी : १४-६-८३ : नेगी ने १४ जून ८३ को टंकित किया।

विस : १४-६-८३ : विष्णु सहाय ने १४ जून ८३ को टंकित किया।

१३. **सम्बन्धित लिपिक के लघु हस्ताक्षर**—जब प्रारूप टंकित होकर सम्बन्धित लिपिक के पास आता है तो वह अनुमोदित प्रारूप से टंकित पत्र का मिलान करने के पश्चात् अधिकारी के पास हस्ताक्षरार्थ भेजने से पूर्व मूल पत्र की अन्तिम प्रति या कार्यालय प्रति (ओ० सी०) पर अपने लघु हस्ताक्षर करता है तथा तिथि का भी उल्लेख करता है। तभी अधिकारी उस टंकित पत्र पर हस्ताक्षर करता है। यदि लिपिक के लघु हस्ताक्षर नहीं हैं तो अधिकारी हस्ताक्षर नहीं करेगा क्योंकि यह सम्भावना रहती है कि टंकित और अनुमोदित प्रारूप में टंकण की कोई भी भूल रही हो।

प्रारूपण-लेखन की पद्धतियाँ

शासकीय कार्यालयों एवं मंत्रालयों में प्रारूपण-लेखन की कुछ स्पष्ट एवं भिन्न पद्धतियाँ प्रचलित हैं। पर सबसे पहले प्रारूपण तैयार करने के लिए सक्षम कौन है—यह विचारणीय है।

मंत्रालयों और कार्यालयों में प्रारूपण का कार्य सम्पादित करने वाला कोई कनिष्ठ या वरिष्ठ लिपिक, प्रभाग-अधिकारी या उच्च अधिकारी के निजी सहायक अथवा स्वयं अधिकारी ही प्रारूपकार हो सकते हैं। जब प्रारूपण उच्चाधिकारी के अतिरिक्त किसी अन्य प्रारूपकार को तैयार करना होता है तो हस्तलिखित अथवा टंकित प्रारूप को उच्चाधिकारी के पास अनुमोदन या स्वीकृति हेतु भेजा जाता है तथा उस पर एक स्लिप या पताका (Flag) लगा दी जाती है—'अनुमोदनार्थ प्रारूप' (Draft for Approval or D. F. A.)।

प्रारूपण तैयार करने की निम्नलिखित विधियाँ हैं—

(i) सामान्य प्रारूपण पद्धति

(ii) सर्वोच्च अधिकारी द्वारा प्रदत्त शक्तियों के प्रयोग की पद्धति

(iii) उच्चाधिकारी में निहित अधिकारों के प्रयोग की पद्धति

प्रथम सामान्य प्रारूपण पद्धति में प्रारूपकार किसी भी कार्यालय के लिए प्रारूप तैयार करके अपने उच्चाधिकारी के अनुमोदन के लिए प्रस्तुत करता है। उस प्रारूपण में संशोधन, परिवर्द्धन या परिवर्तन आवश्यक हुआ हो तो सक्षम अधिकारी द्वारा कर दिया जाता है और ऐसी स्थिति में अधिकारी 'यथा संशोधित अनुमोदित' लिखकर अपने लघु हस्ताक्षर करके पत्रावली वापस भेज देता है।

दूसरी पद्धति में सर्वोच्च अधिकारी यथा राष्ट्रपति (केन्द्र स्तर पर) और

राज्यपाल (राज्य स्तर पर) स्वयं किसी प्रारूप का अनुमोदन नहीं करते हैं पर कुछ आदेश इन दोनों के नाम से प्रसारित होते हैं। ऐसे आदेशों के नीचे उन्हीं अधिकारियों के हस्ताक्षर होते हैं जिन्हें राष्ट्रपति ने संविधान की धारा ७७ के अनुच्छेद २ के अन्तर्गत ऐसा करने के लिए अधिकृत कर रखा है। ऐसे आदेशों के प्रारूपण तैयार करते समय 'भारत के राष्ट्रपति............' से प्रारूप आरम्भ किया जाता है और राष्ट्रपति के स्थान पर किए गए अधिकृत अधिकारी के हस्ताक्षर प्रमाणीकृत होते हैं। इसी प्रकार राज्य स्तर पर 'राज्यपाल' के नाम से भी संविधान द्वारा प्रदत्त शक्तियों का प्रयोग करते हुए अधिकृत अधिकारी भी आदेश प्रसारित करता है।

तीसरी पद्धति में किसी स्वायत्त संस्था अथवा सहकारी संस्था के सुचारु रूप से कार्यसम्पादन हेतु किसी नवनियुक्त या कार्यकारी अधिशासी या अधिकारी को कुछ शक्तियाँ प्रदत्त की जाती हैं। ऐसी स्थिति में, प्रारूपण तैयार करते समय उन शक्तियों एवं अधिकारों का प्रयोग करने का स्पष्ट उल्लेख आदेश में किया जाता है और अन्त में 'आज्ञा से' शब्द से स्वनिर्देश किया जाता है।

प्रारूपण तैयार करने की शैली

शासकीय कार्यपद्धति या सरकारी कामकाज में पत्रों के प्रारूपण की दो विधियाँ प्रचलित हैं—

अ—अंग्रेजी शैली

आ—अमेरिकन शैली

अंग्रेजी शैली (English Style) में पत्र-व्यवहार करते समय प्रारूपकार को प्रारूप परम्परित ढंग से आरम्भ करना होता है।

इस विधि में चौथाई हाशिया छोड़कर सबसे पहले बाईं ओर 'सेवा में' लिखा जाता है। फिर उसके नीचे की पंक्ति में कुछ स्थान छोड़कर अधिकारी का पद नाम, तीसरी पंक्ति में कुछ स्थान छोड़कर कार्यालय का पता और अन्त में नई पंक्ति में स्थान का नाम लिखा जाता है।

स्वनिर्देश में 'आपका आज्ञाकारी' या 'भवदीय' पृष्ठ के दाईं ओर लिखा जाता है तथा उसके नीचे हस्ताक्षर तथा दूसरी पंक्ति में कोष्ठक में प्रेषक का नाम और तीसरी पंक्ति में पता लिखा जाता है। यथा—

.........(शासन)

.........(विभाग)

पत्रांक

सेवा में

शिक्षा निदेशक

उच्च शिक्षा
उत्तर प्रदेश
इलाहाबाद

लखनऊ, दिनांक..........

महोदय,

....

....

भवदीय
(ह०)
(राधा रमण वर्मा)
उपसचिव
गृह (१२-क) मंत्रालय
भारत सरकार

(ii) ....(शासन)
............(विभाग)

पत्र-संख्या..........

सेवा में

शिक्षा निदेशक
उच्च शिक्षा
उत्तर प्रदेश
इलाहाबाद।

लखनऊ, दिनांक..........

विषय :...............

प्रिय महोदय,

....

..............................।

भवदीय,
(ह०)
(कौशल चन्द्र पाटनी)
संयुक्त सचिव
....

(iii) ....(शासन)
............(विभाग)

पत्रांक............ दिनांक..........

प्रेषक :........ ...

....

प्रेषिती :.............

....

विषय :.............

महोदय,

....

.... ।

भवदीय

(ह०)

(भगवान सहाय)

उपसचिव ।

अमेरिकन शैली (American Style) में पत्र-व्यवहार करते समय प्रारूपकार पत्र का प्रारूपण बायें हाथ को पर्याप्त हाशिया छोड़ने के बाद पहली पंक्ति से लेकर पत्र की अन्तिम पंक्ति तक हाशिए के बराबर से ही प्रारूप की विषय-वस्तु लिखता चलता है और अन्त में 'स्वनिर्देश' में दाईं ओर न रखकर 'बाईं ओर' हाशिये के साथ ही 'भवदीय' शब्द लिखता है। कोष्ठक में नामोल्लेख के बाद नाम पद आदि लिखा जाता है।

इस विधि में कभी-कभी पत्र-लेखक प्रापक प्रेषिती का पता भी नीचे बाईं ओर ही अपने नाम-पते के बाद कुछ स्थान छोड़कर अंकित कर देता है, जिससे लिफाफे पर पता अंकित करने में लिपिक को सुविधा रहती है।

इस शैली के पत्रों में स्वनिर्देश के नीचे ही 'संलग्नक' (Enclosures) की सूचना अंकित रहती है और उसके नीचे ही संकेताक्षर भी होते हैं, पर इस संकेताक्षर में केवल टंकक का नाम होता है, तिथि आदि का उल्लेख नहीं किया जाता।

अमेरिकन शैली का पत्र-व्यवहार अधिसंख्य रूप में व्यावसायिक संस्थानों द्वारा किया जाता है, परन्तु ऐसा नहीं है कि शासकीय कार्यालयों में इस शैली का प्रयोग वर्जित हो। वर्तमान समय में निगमों, निकायों, स्वायत्त संस्थाओं आदि में इसी शैली के पत्र-व्यवहार का अनुसरण किया जाता है। यथा—

.........(संस्था/शासन नाम)

.........(विभाग/अनुभाग/प्रभाग नाम)

पत्रांक.........

दिनांक............

प्रेषक :

डॉ० एस० एस० खन्ना

उपसचिव

शिक्षा (१५) विभाग
उत्तर प्रदेश सचिवालय
लखनऊ
प्रेषिती :
कुलपति
कुमाऊँ विश्वविद्यालय
नैनीताल (उत्तर प्रदेश)
विषय :............
सन्दर्भ : आपका पत्र संख्या............ दिनांक............
महोदय,
सन्दर्भगत पत्र के उत्तर में मुझे यह कहने का निदेश हुआ है कि...............
.... ।
इसी विषय में मुझे यह भी कहने का निदेश हुआ है कि.........
भवदीय
............(ह०)
[डॉ० एस० एन० खन्ना]
उपसचिव ।
संलग्न : (१)............
(२)............
पत्र-संख्या............ दिनांक............
प्रतिलिपि सूचनार्थ एवं आवश्यक कार्यवाही हेतु प्रेषित—
(१)............
(२)............
(३)............
आज्ञा से
............(ह०)
(डॉ० एस० एन० खन्ना)
उपसचिव ।

पूर्ण प्रारूप का उदाहरण

उत्तर प्रदेश शासन
शिक्षा (१५) विभाग
पत्र-संख्या ६८९५/१५(१५)-१९८३-४६(७)८२ दिनांक २४-१-१९८४
प्रेषक :

डॉ० एस० एस० खन्ना,
उपसचिव
शिक्षा (१५) अनुभाग
उत्तर प्रदेश शासन

प्रेषिती :

वित्त अधिकारी/कुलसचिव
समस्त राज्य विश्वविद्यालय
उत्तर प्रदेश

विषय : राज्य विश्वविद्यालयों के शिक्षणेतर कर्मचारियों को सेवा निवृत्तिक लाभों की स्वीकृति

महोदय,

उपर्युक्त विषय की ओर आपका ध्यान आकर्षित करते हुए मुझे यह कहने का निदेश हुआ है कि………………।

२. इन सेवा निवृत्तिक लाभों का आगणन……………………………………।

(i) …………
(ii) …………
(iii) …………

३. ……………………………………………………।
४. ……………………………………………………।
५. ……………………………………………………।

भवदीय

संलग्न : शासनादेश संख्या
———दिनांक…………

[डॉ० एस० एस० खन्ना]
उपसचिव,
उत्तर प्रदेश शासन

संख्या ६८९५/१५(१५)-१९८३-४६(७)८२

दिनांक २४-१-८४

प्रतिलिपि निम्नलिखित को सूचनार्थ एवं आवश्यक कार्यवाही हेतु प्रेषित—

१. महालेखाकार उत्तर प्रदेश, इलाहाबाद।
२. परीक्षक, स्थानीय निधि लेखा, उ० प्र०, इलाहाबाद (४ प्रतियाँ)
३. शिक्षा निदेशक (उच्च शिक्षा) उ० प्र०, इलाहाबाद
४. कोषाधिकारी…………

५. कुलपति, विश्वविद्यालय,...... ....
६. ....
७. ....
८. ....

आज्ञा से
[एस० एस० खन्ना]
उपसचिव

प्रारूपण-विधि

प्रत्येक सरकारी अथवा व्यावसायिक संस्थान में विभिन्न अवसरों पर प्रयुक्त पत्र-व्यवहार में प्रारूपण का प्रयोग किया जाता है। सरकारी कार्यालयों में प्रारूपण के लिए निश्चित एवं पूर्व निर्धारित विधियाँ निम्नलिखित हैं—

(१) **प्रारूपकार**—प्रारूप तैयार करने वाला किसी कार्यालय का कोई लिपिक, उच्चलिपिक, कोई प्रभागाधिकारी (सैक्शन आफीसर) या उच्चाधिकारी का निजी सहायक (पर्सनल असिस्टैण्ट) अथवा स्वयं उच्चाधिकारी हो सकता है। यह अवश्य है कि जब उच्चाधिकारी प्रारूपण तैयार करता है तो अपने श्रुत-लिपिक (स्टेनो) अथवा निजी सहायक (पर्सनल असिस्टैण्ट जो स्टेनो भी होता है) को स्वयं लिखवाता है।

कई बार यह भी होता है कि प्रारूप तैयार किए जाने से पहले उच्चाधिकारी या सम्बन्धित अधिकारी से परामर्श कर लिया जाता है तथा प्रारूप की रूपरेखा समझ ली जाती है। इस स्थिति में प्रारूपण किए जाने पर कच्चा प्रारूप उच्चाधिकारी के पास अनुमोदनार्थ एवं संशोधनार्थ प्रस्तुत कर दिया जाता है तथा उस पर लिपिक द्वारा 'अनुमोदनार्थ प्रारूप' (Draft for Approval or D. F. A.) की पताका संलग्न कर दी जाती है।

प्रारूपकार जब कई प्रारूप अनुमोदन हेतु एक ही पत्रावली (फाइल) के साथ भेजता है तो उन पर 'अनुमोदनार्थ प्रारूप-१, अनुमोदनार्थ प्रारूप-२' आदि लिखता है।

प्रारूपकार कच्चा प्रारूप अनुमोदनार्थ भेजने से पूर्व बाईं ओर अपने आद्य-हस्ताक्षर (Initials) भी करता है।

(२) **सरकारी आदेशों का प्रमाणीकरण**—सरकारी आदेशों में कुछ आदेश ऐसे होते हैं जिन्हें राष्ट्रपति के नाम से निर्गत किया जाता है, पर वास्तविक रूप में उन पर राष्ट्रपति के हस्ताक्षर नहीं होते हैं। ऐसे आदेशों के नीचे उन्हीं अधिकारियों के हस्ताक्षर हो सकते हैं जिनको संविधान की धारा ७७ के अनुच्छेद २ के अन्तर्गत राष्ट्रपति ने ऐसा करने का अधिकार प्रदत्त किया हो। इस तरह

राष्ट्रपति के स्थान पर किए गए हस्ताक्षर प्रमाणीकृत माने जाते हैं तथा जिन विषयों के लिए आदेश जारी करने का अधिकार राष्ट्रपति ने संविधान के अनुसार केन्द्रीय सरकार को दे रखा है, उन आदेशों को केन्द्रीय सरकार के नाम पर उसके उच्चाधिकारी निर्गत कर सकते हैं। समय-समय पर पुराने आदेशों को निरस्त (रद्द) करके नये आदेश या अध्यादेश निर्गत (जारी) किए जाते हैं, उनका ध्यान भी प्रमाणीकरण (authentication) के निमित्त रखा जाना चाहिए।

(३) **टीप या संशोधन**—प्रारूपण किए जाने के लिए प्रत्येक कार्यालय में अनुक्रम पत्र या 'नोट शीट' (Note Sheet) काम में लिए जाते हैं। प्रारूपण कच्चे रूप में अनुक्रमपत्र के दोनों ओर लिखे या टंकित किए जा सकते हैं तथा अनुक्रम-पत्र के आधे बायें भाग को पार्श्व या हाशिये के रूप में छोड़ दिया जाता है ताकि उच्चाधिकारी अपनी वांछित 'टीप' लिख सके या संशोधन कर सके।

प्रारूपण इस प्रकार कच्चे रूप में तैयार किया जाता है कि लिखे अथवा टंकित किए रूप में भी दो पंक्तियों के मध्य पर्याप्त स्थान आवश्यक टीप या संशोधन के लिए मिल सके और संशोधन करने में किसी प्रकार की कठिनाई न हो।

(४) **प्रारूपों पर संख्यांकन**—पत्रावली (File) में रखे जाने वाले सभी प्रारूपों पर प्रारूपकार को पत्रावली संख्या या संकेताक्षर (Code) डालना आवश्यक है, इससे प्रारूपों के खो जाने अथवा अलग पत्रावलियों में रखे जाने की आशंका नहीं रहती। साथ ही एक पत्रावली से सम्बन्धित प्रारूप दूसरी पत्रावली में रख दिए जाने की सम्भावना नहीं रहती है।

(५) **उत्तर की समयावधि**—कुछ कार्यालयों में कुछ कार्य प्राथमिकता के स्तर पर किए जाने आवश्यक होते हैं एतद्विषयक पत्रावलियों से सम्बन्धित प्रारूप तैयार करते समय यह जानते हुए कि ये मामले आवश्यक हैं तो पत्रोत्तर की अपेक्षा की अवधि सम्बन्धित अधिकारी, विभाग, मंत्रालय या राज्य सरकार को सूचित की जानी आवश्यक है ताकि एक निश्चित अवधि में उत्तर प्राप्त किया जा सके। यह इसलिए भी आवश्यक होता है क्योंकि निर्धारित समय अथवा तिथि बीत जाने पर सम्बन्धित अधिकारी, विभाग अथवा मंत्रालय को अनुस्मारक या अनुस्मरण पत्र (Reminder) भेजा जा सके।

(६) **बहुप्रतिलिपीकरण**—कुछ कार्यालयों में कुछ पत्रों या परिपत्रों की रूपरेखा ऐसी होती है जिन्हें बार-बार भेजा जाता है तथा उन पत्रों में बार-बार या हर बार परिवर्तन करने की आवश्यकता नहीं रहती है। ऐसी स्थिति में प्रारूपकार का दायित्व होता है कि समय और धन के अपव्यय से सुरक्षा के लिए उच्चाधिकारी को सूचित कर उन पत्रों की बहुत-सी प्रतियाँ मुद्रित कराके अथवा साइक्लोस्टाइल्ड कराके रख ली जाएँ। इससे कार्य में अनावश्यक विलम्ब नहीं

होता और कार्यालय के कार्य में त्वरा आती है।

(७) **संशोधनों का प्रमाणांकन**—कार्यालयों में प्रारूपकार द्वारा कच्चे प्रारूप के प्रस्तुत किए जाने पर जो संशोधन प्रारूप में आवश्यक समझकर किए गए हैं या प्रारूप में जो काट-छाँट की गई है, उसके लिए संशोधनकर्त्ता अधिकारी को अपने आद्य हस्ताक्षर (initials) करना आवश्यक है क्योंकि उन आद्य हस्ताक्षर के बिना संशोधनों को प्रमाणित नहीं माना जा सकता।

(८) **अविलम्बता-निर्देशन**—कार्यालयों में कुछ पत्र ऐसे भी होते हैं जो डाक या सन्देशवाहक द्वारा उसी दिन, तुरन्त या अविलम्ब भेजने होते हैं। ऐसे पत्रों का प्रारूपण करते हुए प्रारूपकार का यह दायित्व है कि वह प्रारूप तैयार करते ही टंकण या उच्चाधिकारी के अनुमोदनार्थ या हस्ताक्षरार्थ भेजते समय उस पर 'आज ही प्रेषित' (Out Today), सन्देशवाहक या चपरासी द्वारा (Through Messenger/peon), 'अविलम्ब', 'तत्काल', 'अति प्राथमिकता', 'अग्रता', 'अत्यावश्यक' आदि की पताका (Slip) लगाकर भेजे ताकि अनावश्यक विलम्ब से बचा जा सके।

(९) **संशोधित प्रारूप से मिलान**—प्रारूप के अनुमोदन और टंकण होने के वाद जब लिपिक या प्रारूपकार के पास सम्बन्धित पत्रावली वापस आती है तो यह उसका पूर्णतः दायित्व हो जाता है कि टंकित प्रतियों का मिलान संशोधित एवं अनुमोदित प्रारूप से भली भाँति कर लिया जाए तथा तदनुरूप वांछित संशोधन यथास्थान कर लिए जाएँ। इसके पश्चात् उन्हें सम्बन्धित अधिकारी के पास हस्ताक्षर करने भेजा जाए। इस टंकित एवं संशोधित पत्र को अधिकारी के पास हस्ताक्षरार्थ भेजते समय पत्र की अन्तिम प्रति 'कार्यालय प्रति' पर प्रारूपकार या सम्बन्धित लिपिक को अपने आद्यक्षर (Initials) करना भी आवश्यक है।

पत्र-लेखन : महत्त्व एवं प्रकार

हमारे दैनिक जीवन में पत्र-व्यवहार का विशेष एवं महत्त्वपूर्ण स्थान है। पत्र-लेखन में पत्र-लेखक का व्यक्तित्व प्रभासित होता है। बिना देखे हुए ही पत्र-लेखक की मानसिकता से परिचित अगर हो सकते हैं तो पत्रों के माध्यम से ही। पर पत्र-लेखन की एक महत्त्वपूर्ण भूमिका कुछ और भी है। पत्र द्वारा हम व्यक्तिगत समाचारों का ही आदान-प्रदान नहीं करते, परन्तु विभिन्न प्रकार की वस्तुओं के लिए क्रयादेश देते हैं, आवेदन-पत्र देते हैं, अधिकारियों का ध्यान अपनी ओर आकर्षित करते हैं तथा विभिन्न उत्सवों पर निमन्त्रण पत्रादि लिखते हैं। इस प्रकार व्यक्तिगत और सामाजिक तथा व्यावसायिक स्तर पर पत्रों का महत्त्व और स्थान हमारे जीवन में विशेष है।

पत्र-लेखन का महत्त्व

पत्र-लेखन का हमारे दैनिक जीवन में अत्यधिक महत्त्व है। पत्र-लेखन से किसी पत्र-लेखक के विषय में या उसके व्यक्तित्व के सम्बन्ध में निष्कर्ष दिए जा सकते हैं क्योंकि पत्र उसके व्यक्तित्व की कसौटी सिद्ध होते हैं। पत्रों का हमारे दैनिक जीवन में एक विशेष स्थान है। अपने सम्बन्धियों तथा मित्रों को पत्र द्वारा विभिन्न व्यक्तिगत समाचार दिए जा सकते हैं। व्यावसायिक क्षेत्र में विभिन्न प्रकार की वस्तुओं के क्रयादेश भी पत्रों द्वारा ही सम्भव होते हैं, यहाँ तक वस्तुओं का प्रचार भी पत्रों के माध्यम से ही होता है। सरकारी कार्यालयों तथा अन्य संस्थानों में विविध प्रकार के कामकाज की सुव्यवस्था बनाए रखने के लिए भी पत्र लिखना आवश्यक होता है। यही नहीं, विवाह, जन्म-दिवस, मुण्डन आदि उत्सवों पर भेजे जाने वाले निमन्त्रण भी पत्रों के अन्तर्गत आते हैं। अतः हमारे जीवन में पत्र-लेखन का महत्त्व पर्याप्त मात्रा में है।

पत्रों के प्रकार

पत्र-लेखन के विविध रूप होते हैं, पर सामान्यतः पत्र निम्न प्रकार के होते हैं—

(१) व्यक्तिगत या निजी पत्र अथवा पारिवारिक पत्र

(२) सामाजिक पत्र

(३) व्यावसायिक पत्र

(४) प्रशासकीय पत्र

(५) कार्यालयीय पत्र

(१) **व्यक्तिगत या निजी पत्र**—व्यक्तिगत पत्र अपने परिवार के व्यक्तियों, सम्बन्धियों, मित्रों, तथा परिचितों को लिखे जाते हैं। अतः इन्हें निजी अथवा पारिवारिक पत्र भी कहते हैं।

व्यक्तिगत पत्र, निजी या पारिवारिक पत्र पारिवारिक सदस्यों, मित्रों, अपने से बड़े या छोटों तथा बराबर वालों द्वारा एक-दूसरे के लिए लिखे जाते हैं। इनमें पारिवारिक बातें, आवश्यकताएँ तथा अपेक्षाओं का उल्लेख रहता है। निमन्त्रण-पत्र, शोक-सम्वेदना पत्र, बधाई पत्र आदि इसी के अन्तर्गत आते हैं।

(२) **सामाजिक पत्र**—सामाजिक पत्र वैसे व्यक्तिगत पत्रों का ही एक विशिष्ट प्रकार है पर इनका वर्गीकरण अलग से किया जाना उचित है। निमन्त्रण पत्र, शोक-सम्वेदना पत्र और बधाई पत्र जहाँ व्यक्तिगत स्तर के पारस्परिक सम्बन्धों से सम्बन्धित होते हैं, वहीं वे व्यक्तिगत से अधिक सामाजिक सन्दर्भ की महत्ता ही प्रतिपादित करते हैं तथा ये औपचारिकता का स्पर्श भी लिए रहते हैं।

(३) **व्यावसायिक पत्र**—व्यावसायिक पत्र व्यक्तिगत या निजी पत्रों एवं सामाजिक पत्रों से भिन्न होते हैं। सामान्यत· व्यावसायिक पत्र व्यावसायिक संस्थान, व्यापारिक कम्पनियों या दूकानदारों द्वारा अपने सामान को बेचने या अन्य सामान मँगाने या परस्पर व्यावसायिक सम्बन्ध स्थापित करने या उत्पादन सम्बन्धी पूछताछ,-बैंक, बीमा सम्बन्धी व्यवहार के लिए प्रयुक्त किए जाते हैं। ये प्राय: औपचारिक स्पर्श लिए हुए भी विनम्रता से परिपूर्ण रहते हैं।

(४) **प्रशासकीय पत्र**—प्रशासकीय पत्र अधिकारियों द्वारा उच्चाधिकारियों, एक मंत्रालय से दूसरे मंत्रालयों को आवेदन पत्र के रूप में या प्रतिवेदन के रूप में अथवा प्रत्यावेदन (या अभिवेदन) के रूप में सुस्पष्ट, संयत, औपचारिक भाषा में तथ्यात्मक रूप में लिखे जाते हैं। ऐसे पत्रों का रचनाविधान अन्य सामान्य पत्रों से भिन्न होता है और जिस अधिकारी को लिखा जाता है उससे कोई सम्बन्ध न होने के कारण शिष्टाचार के शब्द 'नमस्ते', 'नमस्कार', 'प्रणाम' आदि का उल्लेख नहीं किया जाता है।

(५) **कार्यालयीय पत्र**—कार्यालयीय पत्र उक्त सभी पत्रों से अपनी प्रकृति के कारण भिन्न होते हैं। सरकारी कामकाज या शासकीय व्यवस्था बनाए रखने के लिए शासन के विभाग की गतिविधियों, आदेशों, सूचनाओं और निर्णयों की सूचना सम्बन्धित व्यक्ति अथवा विभाग को दी जाती है। शासकीय कार्यालयों में दैनिक पत्र-व्यवहार की एक निश्चित विधि होती है। सर्वप्रथम पत्रों का प्रारूपण तैयार करके सम्बन्धित अधिकारी से अनुमोदन कराया जाने के बाद टंकित कराके मूल हस्ताक्षरार्थ अधिकारी को प्रेषित किया जाता है।

प्रशासकीय पत्र

प्रशासकीय पत्र शासन की कार्यपद्धति या शासकीय कामकाज से ही सम्बन्धित होते हैं। कभी-कभी ये अशासकीय संस्थानों एवं व्यक्तियों आदि की ओर से भी तैयार किए जाते हैं। अपने रचना-विधान में ये पत्र कार्यालयीय पत्रों से किंचित् भिन्नता लिए रहते हैं क्योंकि कार्यालयीय पत्रों में पत्रावली का सन्दर्भ, पत्र-संख्या आदि का तो उल्लेख होता ही है, पर उसमें शासकीय आदेश या राजाज्ञा का वह अंश नहीं होता जो शासन द्वारा कार्यालय के कामकाज विषयक पत्रों में निहित रहता है।

प्रशासकीय पत्र ऐसे पत्र हैं जो सरकारी कार्यकलाप के सुचारु रूप से संचरण के लिए सरकारी कार्यालयों, मंत्रालयों, विविध समवायों के मध्य व्यावहारिक रूप में प्रयोग किए जाते हैं। प्रशासनिक पत्रों में पत्र उच्चाधिकारी द्वारा अपने अधीनस्थों, अधीनस्थ कार्यालयों को अथवा अपने से उच्च अधिकारियों के लिए लिखे जाते हैं। जब उच्चाधिकारियों को पत्र लिखे जाते हैं, तब मंत्रालयों या उनसे निर्देशन पाने के लिए प्रयोग किए जाते हैं, परन्तु अधीनस्थ कार्यालयों को निर्देश देने तथा आदेश पालनार्थ लिखे जाते हैं। लेकिन कुछ पत्र इन दोनों स्थितियों से भिन्न स्थितियों में भी लिखे जाते हैं। कभी वे अपनी माँग के लिए होते हैं तो कभी शिकायत के रूप में भी होते हैं। आवेदन पत्र का स्वरूप व्यक्तिगत अथवा पारिवारिक पत्रों से भिन्न होता है किन्तु व्यावसायिक पत्रों से कुछ साम्य रखता है। कार्यालयीय पत्र भी व्यक्तिगत, पारिवारिक तथा व्यावसायिक पत्रों से सर्वथा भिन्न होते हैं क्योंकि इनके द्वारा शासन विभिन्न गतिविधियों, आदेशों, सूचनाओं तथा निर्णयों की सूचनाएँ व्यक्ति एवं विभागों को देता है।

प्रशासकीय पत्रों के प्रकार

(क) आवेदन-पत्र (Applications)
(ख) प्रत्यावेदन पत्र (Representations)

(ग) प्रतिवेदन (Reports)

(घ) पुनरावेदन (Appeal)

इनका सविस्तार विवेचन यहाँ किया जा रहा है।

(क) आवेदन पत्र (Application)

आवेदन पत्र व्यावहारिक पत्रों की श्रेणी में आता है, लेकिन इसका रचना-विधान अन्य व्यावहारिक पत्रों से भिन्नता लिए रहता है। इसका मूल कारण यह होता है कि पत्र लेखक तथा उद्दिष्ट अधिकारी के मध्य कोई विशेष सम्बन्ध न होने के कारण इस प्रकार के पत्रों में विनम्रता और औपचारिकता की अधिकता होती है।

आवेदन पत्र के प्रकार

आवेदन विविध विषयों और विविध आवश्यकताओं के अनुरूप सदैव लिखे जाते रहते हैं। आवेदन पत्र के प्रमुख प्रकारों का उल्लेख निम्न प्रकार है—

(i) नियुक्ति हेतु आवेदन पत्र

(ii) अवकाश हेतु आवेदन पत्र

(iii) स्थानान्तरण/पदोन्नति हेतु आवेदन पत्र

(iv) अग्रिम धन/शिक्षा एवं चिकित्सा सुविधा हेतु आवेदन पत्र

(v) शुल्कमुक्ति/अनुदान हेतु आवेदन पत्र

उदाहरण :

(क) नियुक्ति हेतु आवेदन पत्र

उदाहरण-१

सेवा में

प्राचार्य,
आर्यकन्या महाविद्यालय
अल्मोड़ा (उ० प्र०)

विषय : लिपिक पद हेतु आवेदन पत्र
सन्दर्भ : आपका विज्ञापन, नवभारत टाइम्स,
दिनांक २४ मई १९८३

महोदय,

सन्दर्भगत विज्ञापन से मुझे विदित हुआ है कि आपके कार्यालय में एक लिपिक का स्थान रिक्त हुआ है। मैं उक्त पद के लिए अपना प्रार्थना-पत्र आपकी सेवा में प्रस्तुत करता हूँ।

मेरी शैक्षिक योग्यता एवं अनुभव निम्न प्रकार है—

(१) मैंने उ० प्र० माध्यमिक शिक्षा परिषद से हाईस्कूल परीक्षा वर्ष १९७८ में

द्वितीय श्रेणी में उत्तीर्ण की है।

(२) मैंने उक्त परिषद की इण्टरमीडिएट परीक्षा वर्ष १९८० में द्वितीय श्रेणी में उत्तीर्ण की है।

(३) मैंने कुमाऊँ विश्वविद्यालय से बी० ए० की परीक्षा हिन्दी सामान्य, हिन्दी साहित्य, अंग्रेजी साहित्य और अर्थशास्त्र विषय लेकर वर्ष १९८२ में द्वितीय श्रेणी में उत्तीर्ण की है।

(४) मैंने रूबी कमर्शियल कालेज नैनीताल से हिन्दी टाइपिंग का एकवर्षीय कोर्स पूरा किया है तथा मेरी टाइपिंग की स्पीड ३० शब्द प्रति घण्टा है।

(५) मैं अध्ययन काल में ही सायंकाल पार्ट टाइम में लिपिक का कार्य दो वर्ष से प्राइवेट संस्थान में करता रहा हूँ।

(६) मैं बीस वर्षीय स्वस्थ एवं सक्रिय युवक हूँ तथा फुटबाल और क्रिकेट का खिलाड़ी रहा हूँ।

उक्त शैक्षिक योग्यताओं एवं अनुभव आदि के प्रमाणपत्रों की प्रतियाँ संलग्न करते हुए मैं आपसे अनुरोध करता हूँ कि आपके कार्यालय में उक्त पद पर सेवा करने का अवसर प्रदान करें। मुझे आशा ही नहीं विश्वास है कि मैं आपको अपने कार्य और व्यवहार से किसी असन्तोष का कारण नहीं होने दूंगा।

उचित निर्णय की आशा के साथ

आपका विश्वासपात्र
(चन्द्रेश कुमार शर्मा)

संलग्न : पाँच प्रमाणपत्रों की
सत्यापित प्रतियाँ

दिनांक ३० मई, १९८३

उदाहरण-२

प्राचार्य,
सेठ जी० पी० पोदार कालेज
नवलगढ़-३३३०४२

विषय—प्रवक्ता पद के लिए आवेदन पत्र

महोदय,

आपके विज्ञापन हिन्दुस्तान टाइम्स दिनांक १४ अप्रैल १९८३ से मुझे ज्ञात हुआ है कि आपके कालेज में अर्थशास्त्र विषय के प्रवक्ता का पद रिक्त है।

एक अभ्यर्थी के रूप में उक्त पद के लिए मैं अपना आवेदन पत्र प्रस्तुत कर रहा हूँ। मेरी शैक्षिक योग्यताएँ एवं कार्यानुभव सहित संक्षिप्त विवरण निम्न प्रकार है—

१. नाम सुधीरकुमार

२. पिता का नाम	श्री जगतनारायण
३. जन्म/आयु	६ जून १९६० बीस वर्ष (लगभग)
४. डाक का पता	सुधीरकुमार २४/६ बड़ा बाजार, बरेली (उ० प्र०)
५. शैक्षिक योग्यताएँ	(i) हाईस्कूल (उ० प्र० परिषद) १९७६, प्रथम श्रेणी ६१.५% (ii) इण्टरमीडिएट (उ० प्र० परिषद) १९७८, प्रथम श्रेणी ६१% (iii) बी० ए० (अंग्रेजी साहित्य, हिन्दी साहित्य एवं अर्थशास्त्र सहित) १९८०, द्वितीय श्रेणी ५८% (iv) (आगरा विश्वविद्यालय) एम० ए० (अर्थशास्त्र) १९८२, प्रथम श्रेणी ६३% (आगरा विश्वविद्यालय) प्रथम स्थान
६. शोध	परीक्षा परिणाम के पश्चात् मैं अर्थशास्त्र विषय में पी-एच० डी० उपाधि के लिए आगरा कालेज के प्रोफेसर डॉ० भट्टाचार्य के निर्देशन में शोधकार्यरत हूँ।
७. अध्यापन अनुभव	मैं वर्तमान में राष्ट्रीय महाविद्यालय, बरहन, आगरा में जुलाई १९८२ से अर्थशास्त्र के प्रवक्ता पद पर कार्यरत हूँ, जहाँ स्नातक स्तर की कक्षाएँ संचालित होती हैं।
८. प्रकाशन	इकानिमिक टाइम्स, योजना आदि में समय-समय पर अर्थशास्त्र विषयक निबन्ध प्रकाशित होते रहे हैं।
९. शिक्षणेतर कार्यकलाप	अपने महाविद्यालय में अध्ययन काल में विभिन्न सांस्कृतिक प्रतियोगिताओं एवं वाद-विवाद प्रतियोगिताओं में भाग लेता रहा हूँ तथा अखिल भारतीय नाटक प्रतियोगिता नैनीताल १९७९ में सर्वश्रेष्ठ अभिनेता का पुरस्कार प्राप्त कर चुका हूँ। अखिल भारतीय वाद-विवाद प्रतियोगिता १९८० में पोदार महाविद्यालय में ही प्रथम पुरस्कार प्राप्त कर चुका हूँ। इसके अतिरिक्त मैं बैडमिण्टन और

	टेबिलटेनिस का कालेज इलैवन का प्रतिनिधित्व करता रहा हूँ।
१०. अन्य	मैं २३ वर्षीय स्वस्थ एवं सक्रिय कर्मशील युवक हूँ।

मैं आपको विश्वास दिलाता हूँ कि नियुक्ति होने पर मैं पूर्ण निष्ठा एवं परिश्रमपूर्वक कार्य करूँगा तथा मेरे अध्ययन एवं व्यवहार से आपको कभी शिकायत का अवसर प्राप्त नहीं होगा।

प्रमाणपत्रों एवं प्रशंसापत्रों की सत्यापित प्रतिलिपियां संलग्न हैं।

मुझे आशा ही नहीं, विश्वास है कि आप एक बार मुझे कालेज में सेवा का अवसर अवश्य ही प्रदान करेंगे।

संलग्न : सत्यापित प्रमाणपत्रों की प्रतिलिपियां-१२

भवदीय

(ह०)............

[सुधीरकुमार]

२४/६ बड़ा बाजार, बरेली

बरेली,
दिनाक २० अप्रैल १९८३

इसके पश्चात् आवेदन पत्र को लिफाफे में बन्द करके उस पर प्रेषिती (सम्बोधित अधिकारी) का पता और आवेदक (प्रेषक) का पूरा नाम व पता निम्न प्रकार लिखा जाता है। पत्र यदि पंजीयत (रजिस्टर्ड) डाक से अथवा पंजीयत डाक के प्राप्ति रसीद (पावती) से भेजा जाना है, तो उसका उल्लेख भी किया जाता है—

पंजीयत डाक/पंजीयत डाक पावती सहित

सेवा में

............(पद नाम)
............(विभाग नाम)
............(डाक का पता)
............पिनकोड

प्रेषक :

(नाम)............
(पता)............
(पिनकोड).........

(ख) प्रत्यवेदन (Representation)

प्रत्यावेदन के समानान्तर अन्य शब्दों अभिवेदन, अभ्यावेदन का भी उल्लेख **मिलता है**। प्रत्यावेदन सरकारी कार्यालयों अथवा किसी भी व्यक्ति द्वारा किसी **कार्यालय** अथवा अधिकारी, कर्मचारी द्वारा किए गए निर्णय, आरोप अथवा कार्य

के विरुद्ध पुनर्विचार करने हेतु उस अधिकारी से उच्च पदस्थ अधिकारी को सम्बोधित करके लिखा जाता है।

प्रत्यावेदन उस स्थिति में लिखा या दिया जाता है जब किसी अधिकारी, कर्मचारी या व्यक्ति के प्रति किसी प्रकार की कार्यवाही (चाहे वह अनुशासनात्मक ही क्यों न हो) के आदेश निर्गत हो जाते हैं। ऐसी स्थिति में अपने विरुद्ध निर्गत आदेश के निर्णयों, लगाए गए आरोपों तथा निर्दिष्ट दण्ड के सम्बन्ध में पुनर्विचार करने हेतु अपने उच्चाधिकारी से निवेदन किया जाता है।

प्रत्यावेदन के प्रारूप में सप्रमाण और सतर्क अपना पक्ष प्रस्तुत किया जाता है। इस प्रकार प्रत्यावेदन के निम्नलिखित अंग होते हैं—

(अ) **आरम्भ** : वस्तुस्थिति का उल्लेख

(आ) **मध्य** : तथ्यों के साक्ष्य में लगाए गए आरोपों/की गई कार्यवाही/निर्णय आदि का खण्डन और वैधानिक चुनौती

(इ) **अन्त** : वैधानिक संगति का उल्लेख

(ई) **प्रार्थना** : पुनर्विचार हेतु निवेदन

(उ) **संलग्नक** : पक्ष समर्थन हेतु सम्बन्धित प्रपत्रादि

आरम्भ में प्रारूपकार को की गई कार्यवाही अथवा वस्तुस्थिति का परिचय अथवा समुचित जानकारी सम्बोधित अधिकारी को देनी होती है। मध्य भाग में प्रारूपकार उन सभी तथ्यों, विगत कार्यवाहियों या नियमों का उल्लेख करता है जो उसका पक्ष समर्थन करते हैं तथा कार्यवाही के असंगत या विधि के विरुद्ध होने के लिए चुनौती देता है। तीसरे भाग में अपनी चुनौती की पुष्टि में उन सभी संगत नियम, परिनियमों, अधिनियमों तथा कानूनी निर्णयों का उल्लेख करता है जो उसके पक्ष का समर्थन करते हैं और अन्त में वह सभी तर्कसंगत और विधिसंगत उल्लेखों के साथ उच्चाधिकारी से अपने प्रति की गई कार्यवाही अथवा निर्णय के विरुद्ध न्याय की माँग करता है तथा वैधानिक संगति का निरूपण करते हुए कार्यवाही के औचित्य का ध्यान दिलाकर पुनर्विचार करने का निवेदन करता है।

प्रत्यावेदन का उदाहरण

सेवा में

............(पदाधिकारी का पदनाम)

............(विभाग नाम)

............(कार्यालयीय पता)

............(स्थान एवं पिनकोड)

विषय : ....

सन्दर्भ : ....का आदेशपत्र-संख्या..................

दिनांक............

मान्यवर महोदय,

सेवा से सविनय निवेदन है कि······के पत्रसंख्या······दिनांक·········(जो संलग्नक······पर है) का अवलोकन करें, जिसमें मेरे विरुद्ध कहा गया है कि·········।

इस सम्बन्ध मे तथ्य ये हैं कि············

(१) ············

(२) ············

(३) ············

इसी सम्बन्ध में यह निवेदन भी है कि ऐसे ही एक मामले श्री·········बनाम ······में मान्य उच्च न्यायालय·········का निर्णय वाद संख्या······में······ रहा है। इसी प्रकार·········विभाग में श्री·········के मामले में सरकार द्वारा निर्णय किया गया है कि·········है। संलग्नक संख्या ·········द्रष्टव्य है)

विश्वास है कि उक्त तथ्यों के प्रकाश में आप मेरी प्रार्थना स्वीकार करेंगे तथा इस प्रत्यावेदन पर पुनर्विचार करके इस सम्बन्ध में उचित निर्णय लेकर अनुगृहीत करेंगे।

संलग्नक : चार

भवदीय

(हस्ताक्षर)············

[नाम················]

स्थान············

पदनाम················

दिनांक ··········

पूरा पता·············

स्थान······पिन······

(ग) प्रतिवेदन (Report)

प्रतिवेदन का अंग्रेजी शब्द रिपोर्ट (Report) है तथा इसका प्रयोग कभी-कभी 'रिप्रिजेण्टेशन (Representation) के हिन्दी पर्याय के रूप में भी किया जाता है। पर अब उसके लिए अभिवेदन या प्रत्यावेदन शब्द ही स्वीकार किए जा चुके हैं। भारत सरकार द्वारा पारिभाषिक शब्द संग्रह (१९६२) में यद्यपि उसका अर्थ रिप्रिजेण्टेशन का हिन्दी शब्द 'प्रतिवेदन' ही दिया गया है (पृष्ठ १०६५-६६)।

प्रतिवेदन या रिपोर्ट सरकारी कार्यालयों, स्वायत्त संस्थानों, निगमों और निकायों में होने वाली भिन्न-भिन्न बैठकों की कार्यवाही एवं निर्णयों की सूचना को प्रसारित या प्रकाशित किये जाने हेतु तैयार किया जाता है। पर कभी-कभी ये प्रतिवेदन अपनी प्रकृति से दूसरे रूप में भी तैयार होते हैं या किए जाते हैं। अत: इसका स्वरूप निम्न रूपों में वर्गीकृत किया जा सकता है—

(i) वार्षिक या विवरणात्मक प्रतिवेदन

(ii) शिकायती प्रतिवेदन

(iii) गोपनीय प्रतिवेदन

सामान्य विवरणात्मक या वार्षिक प्रतिवेदन विभिन्न कार्यालयों, निकायों, निगमों या संस्थानों की विविध बैठकों की कार्यवाही का ऐसा लिखित रूप होता है जो 'कार्यवृत्त' (मिनिट्स) न होकर भी निर्णय के रूप में कर्मचारियों को अवगत कराने के लिए तैयार किया जाता है। शिकायती प्रतिवेदन किसी राजाज्ञा, निर्णय अथवा कार्यालय आदेश के विरुद्ध किसी व्यक्ति, संस्थान के कुछ व्यक्तियों अथवा ट्रेड यूनियनों को उनके अधिकारों पर होने वाले आघात के विरुद्ध लिखा या तैयार किया जाता है और उसके माध्यम से न्यायोचित माँग की जाती है तथा निर्णय के लिए निवेदन किया जाता है। गोपनीय प्रतिवेदन सरकारी कार्यालयों में सुधार लाने या व्यवस्था को सुचारु रूप से बनाए रखने के लिए अधीनस्थ कर्मचारियों एवं अधिकारियों के कार्य-व्यवहार एवं चाल-चलन के सम्बन्ध में वित्तीय वर्ष की समाप्ति पर उच्चाधिकारियों को लिखा जाता है जिसमें किसी भी कर्मचारी या अधिकारी को वर्ष भर के कार्य कलाप और कार्यालय में किए गए उसके उचित एवं अनुचित व्यवहार का उल्लेख किया जाता है। यदि गोपनीय प्रतिवेदन में उसके कार्य-शैथिल्य या अकर्मण्यता का उल्लेख गम्भीर होता है तो उस कर्मचारी या अधिकारी की वार्षिक वेतनवृद्धि रोकने की संस्तुति भी की जा सकती है। पर ऐसे गोपनीय प्रतिवेदन की सूचना उच्चाधिकारी द्वारा सम्बन्धित कर्मचारी या अधिकारी को अवश्य दी जाती है। ऐसी स्थिति में वह 'शिकायती प्रतिवेदन' प्रेषित कर सकता है।

उदाहरण-१

वार्षिक प्रतिवेदन

राजस्थान साहित्य अकादमी द्वारा अपने रजत जयन्ती वर्ष के अन्तर्गत अकादमी के बड़े शहरों से हटकर कस्बाई क्षेत्रों में अयोजित आंचलिक समारोह बहुत ही उपलब्धिमूलक रहे हैं, क्योंकि नये कृतिकारों की क्षमता से परिचित होने व उनसे जुड़ने का अवसर मिला और उनकी भावनाओं के प्रति आश्वस्ति भी। प्रान्त की आठ अकादमियों में हमारी अकादमी ही एकमात्र अकादमी है जिसके पास आज अपना भवन भी है और दूसरे चरण की पूर्ति होना अभी शेष है।

इस अवधि की महती उपलब्धि यह रही है कि नया वित्तीय सत्र प्रारम्भ होते ही सबसे पहले अकादमी के संविधान में संशोधन कार्य को प्राथमिकता के साथ पूरा किया गया। प्रान्त के साहित्यकारों में इस बात को लेकर रोष रहा

कि अकादमी में सृजनशील साहित्यकारों का प्रतिनिधित्व कम है और संस्थाओं तथा गैर साहित्यकारों की संख्या अधिक है। नये विधान में इस अभाव को दूर कर दिया गया है और नये विधान को राज्य सरकार की स्वीकृति मिल गई है और इसके आधार पर नई सरस्वती सभा का गठन किया गया है। अब नये सदन में संस्था प्रतिनिधियों की संख्या विगत तेरह के स्थान पर मात्र तीन है तथा पचास प्रतिशत से अधिक सदस्यता में ऐसे युवा साहित्यकारों को प्रवेश मिला है जो विगत पच्चीस वर्षों में अकादमी सदन में प्रथम बार प्रवेश कर रहे हैं।

अकादमी की मासिकी 'मधुमती' का जो काया-कल्प हुआ है, वह सबके सामने है। आज मधुमती हिन्दी की श्रेष्ठ पत्रिकाओं में अपना वर्चस्व स्थापित कर चुकी है। आज इसकी ग्राहक-संख्या १५०० के लगभग है जो किसी भी शुद्ध साहित्यिक एवं अव्यावसायिक पत्रिका के लिए उत्साहवर्द्धक कही जा सकती है। अब मधुमती का प्रत्येक अंक संग्रहणीय हो गया है। गुलेरी जन्मशती अंक तो अपने आप में ऐतिहासिक दस्तावेज है जिसकी सराहना सम्पूर्ण हिन्दी जगत ने की है।

एक और महत्त्वपूर्ण उपलब्धि रही है—राजस्थान के कृतिकारों पर प्रतिमाह 'मोनोग्राफ' प्रकाशित करने की योजना, जिसकी देश-भर के विद्वानों ने मुक्त कंठ से प्रशंसा की है। इसके अन्तर्गत अब तक हरीश भादानी, हेतु भारद्वाज, जयसिंह नीरज, यादवेन्द्र शर्मा चन्द्र, राम जैसवाल, ईश्वरचन्द्र, ज्ञान भारिल्ल, स्वयंप्रकाश, ऋतुराज, विश्वम्भरनाथ उपाध्याय, हेमन्त शेष, कैलाश जोशी, आलमशाह खान, रणजीत तथा विजेन्द्र को उनके कृतित्व और उसके समीक्षात्मक आकलन के साथ प्रस्तुत किया जा चुका है। यह योजना निरन्तरित है और मेरा विश्वास है कि भविष्य में ये 'मोनोग्राफ' राजस्थान की सृजन-यात्रा को समझने के लिए सन्दर्भग्रन्थ के रूप में महत्त्वपूर्ण सिद्ध होंगे।

इसी वर्ष की एक और महत्त्वपूर्ण नई योजना आरम्भ हुई है। अब तक अकादमी की आलोचना इस बात के लिए होती रही थी कि इसके प्रकाशन व्यावसायिक स्तर पर बिक नहीं पाते हैं और प्रतिवर्ष हजारों रुपयों को प्रकाशन परव्यय करके 'डम्प' कर दिया जाता है। इस वर्ष अकादमी ने प्रयोग के तौर पर लेखकों से पाण्डुलिपियाँ आमन्त्रित कर उनकी समीक्षा करवाकर तीस पाण्डुलिपियों में से नौ को स्तरीय मानते हुए अकादमी ने उनके प्रकाशन पर आर्थिक सहयोग दिया है। इसके विनिमय में अकादमी ने लेखक से मात्र पच्चीस प्रतियाँ पुस्तकालय को देने की अपेक्षा की है। यह प्रयोग सफल रहा है। इससे एक ओर अकादमी पुस्तक छापने और बेचने और न बेच पाने पर आलोचना के सिरदर्द से बच गई है, वहाँ दूसरी ओर लेखक को कृति का सर्वस्वलाभ मिलने का सुयोग भी प्राप्त हुआ है।

इस सत्र की एक और महत्त्वपूर्ण उपलब्धि 'अन्तर प्रान्तीय साहित्यकार

बन्धुत्व' के कार्यक्रम का आयोजन रहा। अकादमी के अध्यक्ष के नेतृत्व में प्रान्त के दस साहित्यकर्मियों के दल ने गुजरात के साहित्यकारों के सम्पर्क एवं विचार-विनिमय की दृष्टि से अहमदाबाद की यात्रा की और त्रिदिवसीय विचारगोष्ठियों में भाग लिया। इस यात्रा के विनिमय में गुजरात के बीस साहित्यकारों का दल उदयपुर आया। इस यात्रा के विनिमय में पारस्परिक बन्धुत्व की यह योजना बड़ी महत्त्वपूर्ण सिद्ध हुई है।

अब अकादमी ने टेप लाइब्रेरी की योजना को प्रभावी ढंग से लागू करने का प्रयत्न किया है। स्व० गुलेरी, झाब्बरमल शर्मा, गिरिधर शर्मा नवरत्न के नाम पर फैलोशिप प्रारम्भ करने, आंचलिक समारोहों को और प्राणवान व अर्थपूर्ण बनाने, नाट्य सर्जन-तीर्थ करने, पुस्तकालय भवन का निर्माण आरम्भ कराने, प्रसार व्याख्यानमाला योजना शुरू करने आदि के अतिरिक्त अकादमी के विभिन्न पदों पर डेपूटेशन पर आए अधिकारियों को वापस भेजकर उन पदों पर स्थायी रूप से अकादमी में कार्यरत वरिष्ठ कार्यकर्त्ताओं की पदोन्नति की लाभकारी योजना भी कार्यान्वित हुई है।

इस वर्ष राजस्थान अकादमी का रजत जयन्ती वर्ष है जिसके दीर्घसूत्री आयोजनों की सूचनाएँ विज्ञापित हो चुकी हैं। अकादमी की मान्यता है कि राजस्थान के रचनाधर्मियों की हर पीढ़ी के लोगों का स्नेह और सहयोग प्राप्त कर हम प्रान्त के रचनाधर्मी, विपुल सम्भावनाओं से सम्पन्न साहित्यकारों के सृजन को सही ढंग से अखिल भारतीय स्तर पर प्रतिष्ठित कर सकेंगे। किसी भी साहित्यकार की क्षमता के मूल्यांकन का अन्तिम मानदण्ड अकादमी नहीं हो सकती; पर अकादमी अधिक से अधिक साहित्यकारों से जुड़े—यह हमारा ईमानदार और विनम्र प्रयत्न है।

उदाहरण-२

शिकायती प्रतिवेदन

प्रेषक :

वरिष्ठ लिपिक,
...............विभाग
....

प्रेषिती : निदेशक
...............निदेशालय
....

विषय : श्री............के अनुभागाधिकारी पद पर प्रोन्नति के सम्बन्ध में शिकायती प्रतिवेदन

महोदय,

सविनय निवेदन है कि आपके-पत्र संख्या............दिनांक............ द्वारा इस मुख्यालय पर श्री............को अनुभागाधिकारी के पद पर प्रोन्नत किया गया है। जबकि श्री............की यह प्रोन्नति गलत और असंवैधानिक है।

श्री............की नियुक्ति दिनांक ....को वरिष्ठ लिपिक पद पर हुई थी। इस वरिष्ठ पद के लिए लोक सेवा आयोग की लिखित परीक्षा उत्तीर्ण करना आवश्यक है (देखिए सेवाशर्त सम्बन्धी नियम संलग्नक संख्या १)। श्री.........आज तक इस परीक्षा में नहीं बैठे हैं और न श्री.........वरिष्ठ लिपिक वर्ग सेवा में वरिष्ठतम हैं क्योंकि उन्हें मात्र तीन वर्ष पूर्व ही कनिष्ठ लिपिक वर्ग की दीर्घ सेवाओं के कारण विभागीय प्रोन्नति दी गई है।

इस सम्बन्ध में निवेदन यह है कि श्री.........की प्रोन्नति से मेरी प्रोन्नति को आघात लगा है तथा किसी भी नियम, उपनियम, परिनियम और सेवा सम्बन्धी अधिनियम की किसी भी धारा के अन्तर्गत श्री.........मुझसे वरिष्ठ नहीं हैं।

अतः आपसे प्रार्थना है कि श्री.........की प्रोन्नति सम्बन्धी कार्यवाही पर पुर्नविचार करने का कष्ट करें तथा मेरी प्रोन्नति सम्बन्धी प्राप्त हक को अनदेखा न करें। इस सम्बन्ध में अब तक के गोपनीय प्रतिवेदनादि से भी मेरे कार्य के सम्बंन्ध में पूरी जानकारी प्राप्त की जा सकती है और सेवा अभिलेखों का पुनर्निरीक्षण करके यह सुनिश्चित करने का कष्ट करें कि क्या श्री.........को मेरे स्थान पर प्रोन्नत किया जाना उचित है।

विश्वास करता हूँ कि आप संवैधानिक और वैधिक स्थिति और परिणामों के अनुसरण में श्री.........के अनुभागाधिकारी पद की प्रोन्नति विषयक आदेश वापस लिए जाकर नियमानुसार वैधिक रूप में मेरी प्रोन्नति के आदेश निर्गत करने की कृपा करेंगे।

भवदीय

स्थान............ (ह०)...............

दिनांक............

वरिष्ठ लिपिक

.........विभाग

(१) मेरी नियुक्ति इस विभाग में दिनांक.........को लोक सेवा आयोग की लिखित परीक्षा को उत्तीर्ण कर लेने के बाद हुई है।

(२) मेरी विभाग में नियुक्ति.........है जबकि श्री.........की सेवाएँ वरिष्ठ लिपिक पद पर दिनांक............से ही प्रारम्भ हुई हैं (देखिए संलग्नक संख्या २)

(३) इस वरिष्ठ लिपिक पद की निर्धारित अनिवार्य योग्यताएँ भी श्री

·········धारण नहीं करते हैं, केवल कनिष्ठ लिपिक पद पर उनका अनुभव पन्द्रह वर्षों का है। केवल दीर्घकालीन सेवाओं के कारण आज तक इस विभाग में किसी को भी वरिष्ठ लिपिक पद पर श्री············की भाँति प्रोन्नत नहीं किया गया है और न सेवा परिनियमावली की किसी धारा के अन्तर्गत ऐसा सम्भव है।

(४) प्रोन्नति सम्बन्धी ऐसा कोई नियम, परिनियम या उपनियम उपलब्ध नहीं है जिसके अन्तर्गत श्री············इस प्रोन्नति के हकदार बनते हैं अन्यथा इस पद के लिए लिखित विभागीय परीक्षा के प्रावधान का कोई औचित्य नहीं है।

(५) श्री············मुझसे कनिष्ठ हैं और पद विषयक निर्धारित परीक्षा में सफल भी नहीं हैं अतः श्री············की प्रोन्नति असंवैधानिक एवं नियम-विरुद्ध है।

(६) राज्य सरकार द्वारा निर्धारित सेवा शर्तों, नियमों और परिनियमों के अन्तर्गत श्री·········की प्रोन्नति से मुझे व्यक्तिगत तौर पर प्रोन्नति की हानि हुई है और भविष्य में भी श्री·········मुझसे वरिष्ठ हो जाएँगे। इस प्रकार सेवा समापन काल तक मुझे निरन्तर हानि उठानी पड़ेगी तथा मेरी पेंशन निर्धारण पर भी श्री·········की इस प्रोन्नति का प्रभाव पड़ेगा।

उदाहरण-३

गोपनीय प्रतिवेदन

राजस्थान सरकार

जिला जनसम्पर्क कार्यालय

उदयपुर (राजस्थान)

पत्रांक सम्पर्क (२५)/क-गोपनीय/७९/२४३०　　　　दिनांक············

निदेशक

जनसम्पर्क निदेशालय

सचिवालय, राजस्थान

जयपुर ३०२००१

विषय : श्री·········का गोपनीय

प्रतिवेदन वर्ष १९७८-७९

महोदय,

कृपया अपने पत्र संख्या सम्पर्क (२५)/क-गोपनीय/७९६२ दिनांक······का अवलोकन करें।

श्री·········इस कार्यालय में सूचना केन्द्र सहायक के पद पर तीन वर्ष पूर्व अस्थायी रूप में नियुक्त हुए थे। सूचना केन्द्र जनसम्पर्क माध्यम का केन्द्र है और

उससे जनप्रतिनिधियों के साथ निरन्तर कार्य करना होता है, पर श्री·········का कार्य-व्यवहार सूचना केन्द्र के किसी भी पटल (काउण्टर) पर उचित नहीं है और न वे व्यावहारिक बुद्धि के हैं। कई बार पत्रकार और जनप्रतिनिधियों से वे झगड़ पड़े हैं जिसकी मौखिक एवं लिखित शिकायतें यहाँ पत्रावली में उपलब्ध हैं। सूचना केन्द्र में प्रत्येक पद दायित्वपूर्ण है। ऐसी स्थिति में आप द्वारा अपेक्षित व्यवहार एवं सेवा सम्बन्धी आख्या के सन्दर्भ में, राज्य सरकार के हितों का ध्यान रखते हुए यह उचित प्रतीत होता है कि श्री·········को पटल सेवा के स्थान पर 'लिपिक वर्ग' में कहीं भी रखा जा सकता है।

भवदीय

(ह०)············

जनसम्पर्क अधिकारी

(घ) पुनरावेदन पत्र (Appeal)

पुनरावेदन पत्र एक प्रकार से ऐंसा आवेदन है जिसे पुनः अधिकारी के विचारार्थ प्रस्तुत किया जाता है। इसमें वस्तुस्थिति का यथार्थ एवं सटीक परिचय, उसकी प्रभावकारी स्थितियाँ, भावी सम्भावनाओं का उल्लेख करते हुए विचारणीय समस्या के निदान के लिए निवेदन किया जाता है।

अपील दो प्रकार की हो सकती है—

(अ) **व्यक्तिगत पुनरावेदन**—राज्य सरकार या किसी कार्यालय के वरिष्ठ अधिकारी को प्रस्तुत किया जाने वाला पुनरावेदन रूप में किसी कार्यरत या आदेशादि से प्रभावित व्यक्ति द्वारा प्रस्तुत किया जाता है।

(आ) **जन पुनरावेदन**—जनप्रतिनिधियों, किसी संस्था के कई सदस्यों द्वारा किसी राज्यादेश या सामाजिक-राजनीतिक-आर्थिक प्रशासनिक निर्णय से उत्पन्न असंगतियों से मुक्ति के लिए सामूहिक रूप में लिखित जनता के लिए विचारार्थ पुनरावेदन प्रस्तुत किया जाता है।

सेवा में

कुलपति,
राजस्थान विश्वविद्यालय
जयपुर-३०२००४

—उचित माध्यम से—

विषय : उचित विकल्प की सुविधा प्रदान करने हेतु पुनरावेदन

महोदय,

सविनय निवेदन है कि मैं पत्राचार संस्थान, राजस्थान विश्वविद्यालय में एम०

ए० हिन्दी (उत्तरार्द्ध) का छात्र हूँ। विश्वविद्यालय के परीक्षा विभाग के पत्रांक १४१/आई० सी० सी०/८२ के सन्दर्भ में निम्नलिखित तथ्य आपकी सेवा में विचारार्थ प्रस्तुत करता हूँ।

(१) पत्राचार पाठ्यक्रम के अन्तर्गत विद्यार्थियों को पंचम प्रश्नपत्र के लिए जो विकल्प दिए गए हैं, उनमें 'भाषा' का विकल्प नहीं दिया गया है।

(२) तथ्य यह है कि निजी (Private) विद्यार्थियों या महिला विद्यार्थियों को इनमें भाषा का विकल्प लेने की छूट मिली हुई है।

(३) मैंने एम० ए० पूर्वार्द्ध परीक्षा में भाषा विज्ञान सम्बन्धी प्रश्न-पत्र में अच्छे अंक (पैंसठ प्रतिशत) प्राप्त करने पर यह भाषा विकल्प देने का अनुरोध किया था।

(४) पत्राचार के हिन्दी विभागाध्यक्ष ने अपने पत्रांक ३३४/आई० सी० सी०/८१ द्वारा इस शर्त के साथ यह विकल्प देना स्वीकार किया था कि मुझे न तो इस विकल्प के लिए पाठ भेजे जाएँगे और न सम्पर्क कार्यक्रम की सुविधा दी जाएगी। विभागाध्यक्ष की इस शर्त को मैंने स्वीकार कर लिया था और तदनुसार अक्तूबर'८१ में परीक्षा आवेदन-पत्र में भी यही विकल्प भरा था।

(५) पत्राचार संस्थान के पत्रांक १४१/आई० सी० सी०/८२ दिनांक १५ फरवरी, ८२ द्वारा सूचित किया है कि विश्वविद्यालय के परीक्षा विभाग ने यह विकल्प स्वीकार नहीं किया है क्योंकि इसके अध्यापन की व्यवस्था पत्राचार संस्थान में नहीं है तथा संस्थान द्वारा अध्यारित विकल्पों में से ही किसी एक विकल्प को चुनने का निर्देश दिया है।

मैंने अपने पत्र में यह अनुरोध विश्वविद्यालय से किया कि चूंकि मेरी परीक्षाएँ १६ मार्च १९८२ से प्रारम्भ हो रही हैं। अतः मेरे लिए इस समय विषय में परिवर्तन करके नये चार प्रश्न-पत्र तैयार करना असम्भव है। फिर इसमें मेरी कोई गलती नहीं है क्योंकि मुझे हिन्दी के विभागाध्यक्ष द्वारा सशर्त यह विकल्प चुनने की अनुमति दी गई थी। अतएव मुझे भाषा विकल्प में ही परीक्षा में बैठने की अनुमति प्रदत्त करने हेतु मैं अपना पुनरावेदन प्रस्तुत कर रहा हूँ।

पत्राचार संस्थान के निदेशक एवं हिन्दी विभागाध्यक्ष ने अपनी संस्तुतियों के साथ मेरी यह प्रार्थना परीक्षायोजक के पास सहानुभूतिपूर्वक विचार करने एवं अनुमति प्रदान करने के लिए भेज दी थी किन्तु उन्होंने अब आकर अनुमति देने से इन्कार कर दिया है।

अतः मैं आपसे प्रार्थना करता हूँ कि आप इस मामले में सहानुभूतिपूर्वक विचार करने तथा मुझे प्रार्थित विकल्प में ही परीक्षा देने की अनुमति के आदेश निर्गत करने की कृपा करें ताकि मैं बिना एक वर्ष की हानि उठाए परीक्षा में बैठ सकूं।

भवदीय
[कमलेश कुमार]
एम० ए०, हिन्दी (उत्तरार्द्ध)
अनुक्रमांक १६१२५
पुत्र डॉ० अरविन्द कुमार
गोपीनाथ जी के मन्दिर के पास
मण्डावा-३३३७०१

दिनांक................

उदाहरण

जनपुरावेदन (Public Appeal)

बन्धुओ !

नैनीताल की नैनी झील पर हमें खासा नाज है। इन मनोरम झील से हम विदेशी सैलानियों को भी लुभाते हैं। यह झील नहीं होती तो सम्मोहन आधा भी नहीं होता। लेकिन अब ये झील धीरे-धीरे मर रही है। अपनी सुन्दरता खोकर मलबे और प्रदूषण का जमाव बनती जा रही है। इसके लिए ज्यादातर प्रकृति से आदमी की छेड़छाड़ ही जिम्मेदार है।

झील के किनारे पर बने बेढंगे और सिनेमा के सेट जैसे होटलों के शहर नैनीताल में झील नहीं होती तो नैनीताल नैनीताल नहीं होता। लेकिन अब इस झील के पास आकर प्रकृति की सुन्दर छटा की बजाय दर्शकों का सामना गंधाते, गाढ़े हुए पानी से होता है। ताजा वैज्ञानिक अध्ययनों के मुताबिक नैनी झील में इतना ज्यादा प्रदूषण है कि यहाँ का पानी आदमी के पीने लायक नहीं रह गया है। गन्दगी से चलते इसकी मछलियों के मरने की खबरें भी आती रही हैं और यह भी देखने में आया है कि झील में नहाने पर कभी-कभी बदन पर चकते हो जाते हैं। करीब दो साल पहले कुमाऊँ विश्वविद्यालय के डाक्टर एस० एम० दास के जाँच दल ने कहा था कि मलवा जमा होने के कारण नैनी झील की पारदर्शिता घट कर महज १.५ मीटर रह गई है। और पानी गन्दला-हरा होने के साथ-साथ आक्सीजन की बेहद कमी है। पिछले ८० वर्षों में लगभग १५ फुट मलवे के जमाव और मेगनीशियम, कोबाल्ट, सीसा, जस्ता वगैरह धातुओं की मौजूदगी ने इस झील को सबसे ज्यादा नुकसान पहुँचाया है। झील के लिए एक बड़ा खतरा उन २५-२६ गन्दे नालों से है जो विभिन्न हिस्सों से झील में गिरते हैं। ध्यान देने योग्य यह है कि इसी झील का बीस लाख गैलन पानी नैनीताल के लोगों को पीने के काम आता है।

झील को सुन्दर बनाने के उपाय भी कई वर्षों से किए जा रहे हैं। लेकिन

उनका नतीजा स्तरीय बहसों और कागजी फैसलों से आगे नहीं बढ़ पाया। लगभग साढ़े नौ लाख रुपए की लागत से झील के किनारे दीवार लगाने का काम शुरू हुआ, पर यह दीवार अभी तक अधूरी है।

कुछ साल पहले नैनी झील का बड़ा हिस्सा जमीन धसकने से दब गया था। इस दुर्घटना में १५० जानें गईं। इसके बाद से और लगातार गाद जमने के कारण झील उथली हो गई है। कोई १५ साल पहले यह झील २ मीटर बारिश होने से लबालब हो उठती थी, पर आज डेढ़ मीटर से भी कम बारिश होने पर पूरी भर जाती है। यानी इस दौरान आधा मीटर तक मिट्टी की तह यहाँ जम गई है। मिट्टी के इस बढ़ते जमाव ने घासपात और पानी में होने वाली दूसरी वनस्पतियों के लिए उपजाऊ जगह का काम किया है। किसी जमाने की स्वच्छ निर्मल नैनी झील अब जमी मिट्टी के बोझ से दबी, शैवाल से घिरी गँदले जल का जमाव हो गई है।

झील को गन्दे पानी से बचाने के लिए कंक्रीट का बना, अंकूठी के आकार का एक 'ड्रेन' (निकास मार्ग) बनाने का सुझाव है। अन्तर्राष्ट्रीय संगठनों से भी सहायता का वादा है और वेन-टीयर की भूमिगत मलनिर्यात-सुरंग की योजना भी बनी है, जो मलमूत्र को झील में जाने से तो रोकेगी ही, उसे खाद में भी बदल सकेगी।

आज जरूरत इस बात की है कि नैनी झील को बचाने के लिए सरकारी कोशिशों का मुँह न देखा जाए, बल्कि जन-आन्दोलन चलाए जाएँ जो इस झील के महत्त्व के प्रति लोगों को जागरूक कर सकें और सरकारों के आँख-कान भी खोल सकें।

बिनीत

नैनीताल के नागरिक

१. ....

२. ....

३. ....

४. ....

कार्यालयीय पत्र : प्रकार एवं प्रारूपण

कार्यालयों में शासकीय कार्य-संचालन या सरकारी कामकाज की सुचारु व्यवस्था करने हेतु विभिन्न प्रकार के पत्र समय-समय पर लिखे जाते रहते हैं तथा ये पत्र निजी, सामाजिक, प्रशासकीय पत्रों से भिन्न स्तर और प्रकार के होते हैं। इनमें भी प्रारूपण की पूर्व निर्दिष्ट विधि ही प्रायः अपनाई जाती है। कुछ विशेष प्रकार के पत्रों में उसी विधि का अनुसरण नहीं किया जाता है क्योंकि कार्यालयीय पत्रों के प्रकार और वैशिष्ट्य के अनुसार ही उनका प्रारूपण भी भिन्नता के लिए रहता है।

कार्यालयीय पत्रों के प्रारूपण के लिए महत्त्वपूर्ण वात

(१) कार्यालयीय पत्रों का प्रारूपण सुस्पष्ट, सरल भाषा में तैयार किया जाता है। उसमें द्विअर्थक शब्दों का प्रयोग वर्जित है।

(२) कार्यालयीय प्रारूपों की सुनिश्चित एवं व्यवस्थित लेखन परम्परा है, उसका अनुसरण आवश्यक है।

(३) प्रारूपकार स्वेच्छया कोई भी बात नहीं कह सकता, उसे तथ्यपरक एवं पूर्व सन्दर्भों सहित सारी बातें निरपेक्ष रूप से प्रस्तुत करनी होती हैं।

(४) जहाँ आवश्यक होता है, वहाँ 'स्वनिर्देश' में पत्रप्रेषक अधिकारी का नामोल्लेख किया जाता है।

(५) जहाँ अधिनियमित किया गया हो, कुछ विशेष अधिकारियों को शक्तियाँ प्रदत्त की गई हों तथा हस्ताक्षर के लिए अधिकृत किया गया हो तो शासकीय पत्रों में 'राज्य सरकार की आज्ञा से', 'आज्ञा से', 'राज्यपाल के आदेश से' वाक्यांश लिखकर नीचे अधिकृत अधिकारी हस्ताक्षर करते हैं।

(६) शासकीय पत्रों एवं निकाय अथवा निगमों के पत्रों के आरम्भ करने में एक विशेष अन्तर होता है। जहाँ शासकीय पत्रों का आरम्भ 'मुझे यह कहने का निर्देश हुआ है' या 'मुझे यह सूचित करने का निर्देश हुआ है' के स्थान पर निकाय

अथवा निगम के पत्रों का आरम्भ 'सादर निवेदन किया जाता है कि—, वाक्यांश से किया जाता है।

(७) शासकीय पत्रों में कई अनुच्छेद हो सकते हैं, परन्तु पहले अनुच्छेद पर क्रमोल्लेख नहीं किया जाता है। उसके बाद दूसरे पर अनुच्छेद क्रम संख्या '२' अंकित किया जाता है फिर क्रमशः इसी प्रकार आगे क्रम दिया जाता है।

(८) पृष्ठांकन मूलपत्र अविकल देते हुए नीचे अपने कार्यालय की पत्रावली की संख्या एवं निर्गत तिथि का संकेत कर वांछित व्यक्तियों को अग्रिम कार्यवाही करने के लिए भेजा जाता है। उसमें फिर कार्यालय से सम्बन्धित अथवा जिसे सम्बोधित किया गया है, वही अधिकारी हस्ताक्षर करता है।

(९) शासकीय पत्रों में निजी मत, आशय और युक्ति का कोई उल्लेख नहीं किया जाता है, लेकिन नियमों, अधिनियमों, परिनियमों में आनेवाली वैधिक स्थितियों का निरपेक्ष संकेत करना होता है। किसी व्यक्ति विशेष के प्रति सहानुभूति रहने पर भी नियमादि एवं वैधिक स्थितियों को आदृष्ट नहीं किया जा सकता है।

(१०) इन पत्रों का आरम्भ मैं, हम आदि से प्रायः नहीं किया जाता है, अपितु तृतीय या अन्य पुरुष का प्रयोग किया जाता है। यदि कहीं आवश्यक ही है तो मैं, हम या अन्य पुरुष का प्रयोग किया जाता है तो अन्त तक उसे उसी क्रम में रखना आवश्यक है।

कार्यालयीय पत्रों के प्रकार

१. राज्यादेश/शासनादेश/राजाज्ञा	(Government Order or G. O.)
२. शासकीय/सरकारी पत्र	(Office Letter)
३. अर्द्ध शासकीय/अर्द्ध सरकारी पत्र	(Demi-Official Letter or D. O.)
४. अशासकीय/गैर सरकारी पत्र	(Un-Official Letter or U.O. Letter/U O. Note)
५. परिपत्र	(Circular)
६. कार्यालय आदेश	(Office Order)
७. कार्यालय ज्ञापन	(Office Memorandum or Memo)
८. ज्ञापन/ज्ञाप	(Memorandum or Memo)
९. अधिसूचना/विज्ञप्ति	(Notification)
१०. उद्घोषणा	(Proclamation)
११. सूचना	(Notice)
१२. आदेश	(Order)
१३. अनुस्मरण/अनुस्मारक पत्र	(Reminder)
१४. पृष्ठांकन	(Endorsement)

१५. प्रस्ताव	(Proposal)
१६. प्रेस विज्ञप्ति	(Press Note)
१७. स्वीकृति/मंजूरी पत्र	(Sanction Letter)
१८. निविदा सूचना	(Tender Notice)
१९. तार	(Telegram)
२०. तार पुष्टि/अनुसरण पत्र	(Confirmation Copy)
२१. मितव्यय पत्र	(Savingram)
२२. द्रुत पत्र	(Express Letter)
२३. रेडियोग्राम	(Radiogram)
२४. प्राप्ति स्वीकार/पावती पत्र	(Acknowledgement Letter)
२५. विज्ञापन	(Advertisement)

(१) राज्यादेश या शासनादेश (G. O.)

केन्द्रीय या प्रान्तीय शासन द्वारा निर्गत ऐसे शासकीय पत्रों को राज्यादेश या शासनादेश अथवा राजाज्ञा कहा जाता है जो सचिवालय द्वारा शासन के विभिन्न विभागीय कार्यालयों को शासन के किसी निर्णय से अवगत कराने के लिए लिखे जाते हैं। ऐसे पत्रों में प्रेषिती के नामोल्लेख, पदनाम एवं पते की कोई आवश्यकता नहीं होती है, लेकिन पत्र के अन्त में पृष्ठांकन में उन सभी विभागों, अधिकारियों, उपविभागों, कार्यालयों एवं कर्मचारियों का उल्लेख किया जाता है जो उक्त शासनादेश या राज्याज्ञा से प्रभावित होते हैं।

उत्तर प्रदेश शासन

वित्त (सामान्य) अनुभाग-४

संख्या सा० ४-२९१/दस-५०३-७३ दिनांक ३, मई, १९७५

प्रेषक—

श्री स्वतन्त्रवीर सिंह जुनेजा
आयुक्त एवं सचिव
उत्तर प्रदेश शासन, लखनऊ

विषय—भविष्य निर्वाह निधि लेखों का सही रखरखाव एवं निधि के अन्तिम भुगतान के लिए प्रार्थना-पत्रों को प्राप्त करने एवं अग्रसारित करने में तत्परता।

महोदय,

मुझे आपसे यह कहने का निदेश हुआ है कि राज्य कर्मचारियों का भविष्य निर्वाह निधि के लेखों (प्रोवीडेण्ट फण्ड एकाउण्ट्स) के सन्तोषजनक रखरखाव

एवं निधि के अन्तिम रूप से देय हो जाने पर उनके अविलम्ब भुगतान की कठिनाइयों पर विचार करने हेतु महालेखाकार एवं शासन के बीच एक बैठक हुई थी जिसमें समय-समय पर जारी किए गए शासन के आदेशों एवं निर्देशों के बावजूद भविष्य निर्वाह निधि के अन्तिम भुगतान के प्रार्थनापत्र महालेखाकार को भेजने में अस्वाभाविक विलम्ब हुआ है और किन्हीं मामलों में यह बिलम्ब एक वर्ष से अधिक अवधि का है। उन्होंने शासन की जानकारी में ऐसे भी मामले लाए हैं जिनमें कर्मचारियों के प्रोवीडेण्ट फण्ड शैड्यूल्स में लेखा शाखा अथवा अभिदान की धनराशि या अग्रिम की वसूली की धनराशियों को जाने या अनजाने से गलत दिखाया गया है। शासन ने इस प्रकार की गड़बड़ियों को चिन्ता की दृष्टि से देखा है और यह आवश्यक समझा है कि उनकी पुनरावृत्ति न हो। इस उद्देश्य की पूर्ति हेतु मुझे शासन के निम्न निर्णयों से आपको सूचित किए जाने का निदेश हुआ है—

(क) भविष्य निर्वाह निधि के अन्तिम भुगतान के प्रार्थना-पत्रों को वित्त विभाग के राजाज्ञा संख्या जी-४-७१-दस-५१३-७२ दिनांक ११ जनवरी १९७३ में उल्लिखित प्रक्रिया के अनुसार अभिदाता की अधिवार्षिकी तिथि को एक वर्ष पूर्व अवश्य प्राप्त करना तथा प्राप्ति के दिनांक से डेढ़ महीने के अन्दर अग्रसारित करने सम्बन्धी सारी औपचारिकताएँ पूरी करके उन्हें महालेखाकार को रजिस्टर्ड पत्र द्वारा भेजने एवं उनकी प्राप्ति स्वीकार कराने के लिए भविष्य में कार्यालयाध्यक्ष स्वयं व्यक्तिगत रूप से उत्तरदायी होंगे।

(ख) महालेखाकार द्वारा प्रोवीडेण्ट फण्ड शैड्यूल्स में बताई गई सामान्य किस्म की त्रुटियाँ (जिन्हें बताने के लिए उन्हें अलग से लिखा जा रहा है) को महालेखाकार से आवश्यक सूचना प्राप्त होने से तुरन्त दूर कर दिया जाय तथा पेंशन पार्टियों की तरह भविष्य निर्वाह निधि के मामलों को सही करने के लिए महालेखाकार के कार्यालय में आनेवाली पार्टी को आपके द्वारा पूरा सहयोग प्रदान किया जाए।

(ग) आपके विभाग/कार्यालय से कुछ प्राधिकृत व्यक्ति वर्ष में एक बार एक निर्दिष्ट कार्यक्रमानुसार महालेखाकार उत्तर प्रदेश के कार्यालय जावें और प्रोवीडेण्ट फण्ड शैड्यूल्स के आधार पर भविष्य निधि लेखों में डेबिट एवं क्रेडिट का मिलान करें। यदि मिलान के दौरान विभागीय तथा महालेखाकार के आँकड़ों में कोई भिन्नताएँ पाई जाएँ तो उन्हें यथाशीघ्र दूर करने का भरसक प्रयास किया जाय।

२. आशा है कि भविष्य में अन्तिम भुगतान प्रार्थना-पत्रों को महालेखाकार के कार्यालय के विलम्ब से अग्रसारित करने अथवा प्रोवीडेण्ट फण्ड शैड्यूल्स में प्रविष्टि सम्बन्धी त्रुटियों की पुनरावृत्ति को रोकने का प्रयास किया जाएगा।

भवदीय

(हस्ताक्षर)............

आयुक्त एवं वित्त सचिव

संख्या सा० ४-२६१ (१) दस-५०३-७५

प्रतिलिपि सूचनार्थ एवं आवश्यक कार्यवाही हेतु—

१. समस्त विभागाध्यक्ष/प्रमुख कार्यालयाध्यक्ष/कार्यालयाध्यक्ष, उत्तर प्रदेश

२. सचिवालय के समस्त अनुभाग

३. महालेखाकार उत्तर प्रदेश, इलाहाबाद को इस अभ्युक्ति के साथ कि सभी कार्यालयाध्यक्ष अन्तिम भुगतान के प्रार्थना-पत्रों के अग्रसारित करने के लिए सक्षम हैं।

आज्ञा से
पी० घोष
अनुसचिव

(२) शासकीय या सरकारी पत्र (Office Letter)

शासकीय पत्रों का सर्वाधिक प्रयोग शासकीय कार्यप्रणाली के अन्तर्गत होता है क्योंकि पत्रों का आदान-प्रदान केन्द्र एवं प्रान्तीय सरकारों, दूतावासों, अन्तर्राष्ट्रीय संगठनों तथा स्वदेश स्थित विभिन्न मंत्रालयों के साथ होता रहता है। राज्य स्तर पर सरकार द्वारा दूसरी प्रान्तीय सरकार, स्थानीय स्वायत्त निकायों, सरकारी और गैरसरकारी संगठनों, कर्मचारी संघों के लिए पत्र-व्यवहार किया जाता है। ऐसे पत्र शासकीय कार्य व्यवस्था के अन्तःसूत्रों को जोड़ते हैं अतः इन्हें 'शासकीय या सरकारी पत्र' कहा जाता है। लेकिन अन्तःविभागीय पत्राचार या मंत्रालयों के मध्य आपसी पत्र-व्यवहार 'शासकीय या सरकारी पत्र' की कोटि में नहीं लिया जा सकता है।

शासकीय पत्र में पत्रलेखक (अधिकारी) यह लिखता है कि—'मुझे यह सूचित करने/आपसे यह अनुरोध करने का निदेश हुआ है'—तो इसका अर्थ यही होता है कि सरकार की ओर से प्राप्त आदेशों/निदेशों के अनुसार यह पत्र लिखा जा रहा है। लेकिन स्वायत्त संस्थाएँ पत्र का आरम्भ 'सादर निवेदन किया जाता है कि…' वाक्य से करती हैं, क्योंकि उनको सार्वजनिक जीवन से अधिक सम्पर्क रखना होता है।

उदाहरण—

उत्तर प्रदेश शासन
शिक्षा (१५) अनुभाग
संख्या २६२८/१५-(१५)/८४-४१(२७)८०

प्रेषक—

श्री देवी शंकर शुक्ल
संयुक्त सचिव

उत्तर प्रदेश शासन

सेवा में,

कुल सचिव

कुमाऊँ विश्वविद्यालय

नैनीताल

लखनऊ, दिनांक १७ अगस्त, १९८४

विषय—कुमाऊँ विश्वविद्यालय, नैनीताल के हिन्दी विभाग में कार्यरत डॉ.............का वेतन संरक्षण

महोदय,

उपर्युक्त विषयक कुलपति, कुमाऊँ विश्वविद्यालय, नैनीताल के पत्र-संख्या वीसी/केयू/मान्यता/३०९ दिनांक २३ मई, १९८४ की ओर आपका ध्यान आकर्षित करते हुए मुझे यह कहने का निदेश हुआ है कि राज्यपाल महोदय ने डॉ०............को कुमाऊँ विश्वविद्यालय, नैनीताल के हिन्दी विभाग में प्रवक्ता के पद पर रु० ७००-४०-११००-५०-१६०० के वेतनमान में कार्यभार ग्रहण करने की तिथि.........से रु० ९८०/- के प्रक्रम पर वेतन संरक्षित किए जाने की सहर्ष स्वीकृति प्रदान कर दी है। उपर्युक्त वेतनमान में डॉ०............की अगली वेतनवृद्धि की तिथि.........होगी।

२. यह आदेश वित्त विभाग की अशासकीय संख्या ई—११/२१४५-दस-८४ दिनांक ९ अगस्त, १९८४ में प्राप्त सहमति से निर्गत किए जा रहे हैं।

भवदीय

(ह)............

संयुक्त सचिव

संख्या २६२८(१)/१५(१५)/८४-४१(२७/८०) तद् दिनांक......

प्रतिलिपि निम्नलिखित को सूचनार्थ एवं आवश्यक कार्यवाही हेतु—

(१) परीक्षक स्थानीय निधि लेखा, उत्तर प्रदेश, इलाहाबाद

(२) वित्त अधिकारी, कुमाऊँ विश्वविद्यालय, नैनीताल

(३) वित्त (ई-११) अनुभाग।

आज्ञा से

(ह०)............

संयुक्त सचिव

(३) अर्द्धशासकीय या अर्द्धसरकारी पत्र (D. O.)

अर्द्धशासकीय या अर्द्धसरकारी या डी० ओ० (Demi Official Letter)

नाम से अर्द्ध सरकारी पत्र दिखाई देता है, पर होता पूर्ण सरकारी पत्र ही है, परन्तु इस पत्र में पत्रप्रेषक औपचारिकता का निर्वाह नहीं करता है। वह 'प्रेषिती' (पत्र प्राप्तकर्त्ता) के साथ व्यक्तिगत सम्पर्क रखने का उल्लेख शासकीय पत्र-व्यावहारिक-विधि में भी करता है क्योंकि कार्य के शीघ्र सम्पादन के निमित्त अपने सहयोगी या अधीनस्थ अथवा कभी उच्च पदस्थ अधिकारी द्वारा किसी ओर ध्यानाकर्षण कराने, स्पष्टी करण देने या लेने अथवा सूचना-संकलन कराने अथवा किसी कार्य को तुरत्प्रभाव से कराने के लिए अर्द्ध शासकीय पत्र का माध्यम अपनाना पड़ता है।

अर्द्ध शासकीय पत्र लिखने की आवश्यकता इसलिए पड़ती है कि जिस अधिकारी या प्रेषिती को अर्द्ध शासकीय पत्र लिखा जा रहा है, उसके कार्यालय से भेजे गए पत्र का उत्तर प्राप्त नहीं हो सका है अथवा वांछित समय में सूचना प्राप्त नहीं हो सकी है तथा काम में शीघ्रता और तत्परता बरतने के लिए निर्देश देने और तुरत कार्यवाही किए जाने की अपेक्षा की जाती है।

उदाहरण—

अर्द्ध शासकीय पत्र (D. O.)

डॉ० माधुरी शाह
अध्यक्ष

अर्द्ध शासकीय पत्र संख्या.........
कार्यालय
विश्वविद्यालय अनुदान आयोग,
बहादुरशाहजफर मार्ग
नई दिल्ली-११०००१,
दिनांक............

प्रिय श्री त्रिपाठी,

कृपया इस कार्यालय के पत्र-संख्या.........दिनांक.........और उसके साथ सम संख्यक अनुस्मरण पत्र दिनांक.........का अवलोकन करने का कष्ट करें।..........................।

कृपया आप अपने व्यक्तिगत स्तर पर इस कार्य की प्रगति पर विशेष ध्यान दें और वांछित सूचना शीघ्रातिशीघ्र भिजवाएँ।

आशा है, आप सानन्द हैं।

आपका सद्भावी
....
[डॉ० माधुरी शाह]

सेवा में
श्री गिरिराज चन्द्र त्रिपाठी

सचिव,
शिक्षा (क) विभाग
सचिवालय, उत्तर प्रदेश
लखनऊ।

(४) गैर-सरकारी या अशासकीय पत्र (Unofficial Letter or U. O. Note)

गैर-सरकारी या अशासकीय पत्र का दूसरा पर्याय अनौपचारिक पत्र या टिप्पणी (Un official Note/U. O. Note) है। ऐसे अशासकीय पत्र या टिप्पण विभिन्न मंत्रालयों के मध्य किसी प्रस्ताव पर उनके विचार या टिप्पणियाँ प्राप्त करने या किसी पूर्वादेश का स्पष्टीकरण करवाने या उनके यहाँ से कोई जरूरी कागज या सूचना मँगवाने के लिए प्रयोग किए जाते हैं।

अशासकीय पत्र या टिप्पण का प्रयोग प्राय: दो रूपों में किया जाता है—

(क) पत्रावली (File) पर ही यथावश्यक टिप्पणी लिखकर पत्रावली को ही दूसरे मंत्रालय या कार्यालय में भेज दिया जाता है।

(ख) अपने आप में पूर्वपत्र या टिप्पणी या ज्ञापन (Memo) बनाकर अलग से ही सम्बन्धित मंत्रालय को भेजा जाता है।

ऐसे पत्र में 'प्रेषक' और 'प्रेषिती' का उल्लेख नहीं होता है और न किसी प्रकार के 'सम्बोधन' और 'स्वनिर्देश' का ही।

'विषय' पत्र या टिप्पणी के मध्य में लिखकर 'शीर्षक' दिया जाता है।

अन्त में अधिकारी या पत्र-प्रेषक के हस्ताक्षर के नीचे कोष्ठक में नाम, बाद में नीचे पदनाम तथा दूरभाष (फोन) नम्बर भी सम्पर्क स्थापित करने हेतु दे दिया जाता है।

ऐसे पत्र डाक से नहीं भेजे जाते हैं, किसी अधीनस्थ व्यक्ति के माध्यम से सम्बन्धित विभाग में पहुँचा दिये जाते हैं।

उदाहरण—

अशासकीय/गैर-सरकारी पत्र (U. O. Note)
शिक्षा (१५) विभाग
विषय :.........

.........विषय में ऐसा कुछ नियमों से स्पष्ट नहीं है कि वेतन-निर्धारण करते समय प्रान्तीय महाविद्यालयों से विश्वविद्यालय में सेवारत कर्मचारियों का वेतन संरक्षित किया जा सकता है या प्रान्त के बाहर से आए हुए कर्मचारी को भी वेतन संरक्षित किया जा सकता है।

इस सम्बन्ध में विधि मंत्रालय से परामर्श करना उचित जान पड़ता है। यदि विधि मंत्रालय इस सम्बन्ध में स्पष्ट निर्देश या स्पष्टीकरण दे सके तो शिक्षा विभाग आभारी होगा।

(ह०)............

[कृष्ण कुमार वर्मा]

अवर सचिव

दूरभाष............

विधि (ग) मंत्रालय

(५) परिपत्र (Circular)

परिपत्र शासन द्वारा उस समय तैयार कराया जाता है, जब कोई एक ही सूचना या आदेश या निर्देश या अनुदेश कई मंत्रालयों, विभागीय कार्यालयों एवं अधीनस्थ या सम्बद्ध विभागों को भेजना होता है। ऐसी स्थिति में उसे शासकीय पत्र (Official Letter) के स्थान पर 'परिपत्र' (Circular) का रूप दिया जाता है।

शासकीय पत्र और परिपत्र में मौलिक अन्तर यह होता है कि शासकीय पत्र की मूल प्रति में उन सम्बद्ध अधिकारियों, विभागों, या कार्यालयों का नाम पृष्ठांकन में नहीं रहता है जबकि परिपत्र के मूल में ही उन सभी अधिकारियों और विभागों का उल्लेख कर दिया जाता है जिनसे उसका सम्बन्ध होता है। 'प्रेषक' का भी उल्लेख परिपत्र में नहीं होता है। प्रारूपकार को परिपत्र तैयार करते समय निम्नलिखित ध्यान रखा जाता है—

फोन नं० ७४३२८

उ० प्र० भारत स्काउंट्स एवं गाइड्स

प्रादेशिक प्रधान केन्द्र

गोलमार्केट, महानगर, लखनऊ-२२६००६

परिपत्र संख्या : ३५/८३-८४ — २१ फरवरी ८४

परिपत्र संख्या : १९/८४-८५ — ३० अगस्त ८४

प्रेषक,

डॉ० (कु०) कंचनलता सब्बरवाल
स्टेट चीफ कमिश्नर,
उ० प्र० भारत स्काउंट्स एवं गाइड्स

सेवा में,

समस्त कुलपति,
विश्वविद्यालय, उत्तर प्रदेश।
समस्त प्राचार्य, प्रशिक्षण विद्यालय।

विषय—बी० एड० विभाग में स्काउंटिंग/गाइडिंग का प्रशिक्षण शिविर ।

महोदय,

मुझे यह जानकर अत्यन्त प्रसन्नता है कि आपके विश्वविद्यालय ने स्काउंटिंग/गाइडिंग के महत्त्व को स्वीकार कर अपने अन्तर्गत बी० एड० पाठ्यक्रम में इसको उचित स्थान दिया है और ५ दिवसीय कैम्प भी इसके प्रयोगात्मक कार्य को पूरा करने हेतु रक्खा है। मैं इसके लिए आपको संस्था की ओर से भी तथा अपनी ओर से विशेष बधाई देती हूँ और आशा करती हूँ कि आप इस कार्यक्रम को सही रूप से चलाने के लिए अपने अन्तर्गत सभी प्रशिक्षण विद्यालयों को आदेश देने की कृपा करेंगे।

२. इस सम्बन्ध में आपका ध्यान इस ओर भी आकृष्ट करना चाहूँगी कि छात्राध्यापकों के इन शिविरों का संचालन और निर्धारित पाठ्यक्रम पूरा कराने का कार्य उन्हें प्रमाणपत्र देने का अधिकार संस्था द्वारा निर्धारित योग्यता प्राप्त ट्रेनर को ही है। इसके अतिरिक्त न तो कोई प्रमाणपत्र दे सकता है और न ही शिविर कर सकता है। उसके अतिरिक्त यदि कोई व्यक्ति इन शिविरों का संचालन करने पहुँचते हैं या प्रमाणपत्र देते हैं या कोई शुल्क वहाँ से एकत्र करते हैं तो वह अवैध समझें। मैं आपकी जानकारी हेतु अधिकृत और योग्यताप्राप्त व्यक्तियों की सूची नीचे दे रही हूँ—

स्काउंट विभाग—

१. डॉ० हरिश्चन्द्र जैन—क्षमा निवास, नेहरू रोड, बड़ौत, मेरठ (लीडर ट्रेनर)
२. श्री पी० एल० चूड़ामणि—पीपल वाली कोठी, कृष्णापुरी, मथुरा (लीडर ट्रेनर)
३. श्री कैलाश चन्द्र जैन—स्टेट ओरगेनाइजिंग कमिश्नर एवं स्टेट ट्रेनिंग कमिश्नर (स्काउंट)
४. श्री गंगाविष्णु पाठक—फरुखाबाद (लीडर ट्रेनर)
५. श्री प्रेमबिहारी भानु—२२२, बढ़ागाँवगेट, झांसी (सहायक लीडर ट्रेनर)
६. श्री नरेश चन्द्र भारद्वाज—सहायक प्रादेशिक संगठन कमिश्नर (स्काउंट)
७. श्री रामाधार यादव—सहायक प्रादेशिक संगठन कमिश्नर (स्काउंट)
८. श्री कृष्ण मुरारी लाल सारस्वत—मथुरा (सहायक लीडर ट्रेनर)
९. श्री शिवनाथ शर्मा—मथुरा (सहायक लीडर ट्रेनर)
१०. श्री एन० पी० सिंह—"सालिक"—लखनऊ (सहायक लीडर ट्रेनर)
११. श्री पी० डी० सेमुवाल—सहायक लीडर ट्रेनर, राजकीय इण्टर कालेज, चमोली।
१२. श्री लक्ष्मीचन्द्र कपिल—राजकीय इण्टर कालेज, रुड़की, सहारनपुर

(सहायक लीडर ट्रेनर)

१३. श्री ब्रजभूषण गुप्ता—मु० नगर (सहायक लीडर ट्रेनर)

१४. श्री मदनलाल त्रिगुणायक (सहायक लीडर ट्रेनर)

१५. श्री गिरीराज किशोर सक्सेना—(सहायक लीडर ट्रेनर)

गाइड विभाग—

१. कु० उषा गुप्ता—स्टेट ट्रेनिंग कमिश्नर एवं प्रादेशिक संगठन कमिश्नर (गाइड)

२. कु० ओम जिन्दल—सहायक प्रादेशिक संगठन कमिश्नर (गाइड)

३. कु० वीणा विष्ट—सहायक प्रादेशिक संगठन कमिश्नर (गाइड)

शिविर संचालन करने के लिए ट्रेनर की माँग कम से कम एक माह पूर्व प्रादेशिक संगठन कमिश्नर—श्री कैलाशचन्द्र जैन, व कु० उषा गुप्ता को प्रधान केन्द्र स्काउट भवन, गोलमार्केट, महानगर, लखनऊ को भेजने का कष्ट करें ताकि शिविर निर्धारित समय पर प्रारम्भ हो सके।

मैं आपकी अत्यन्त आभारी हूँगी। यदि यह सूचना आप सभी विभाग के सम्बन्ध में प्रशिक्षण विद्यालयों के प्राचार्यों को व अध्यापकों को दें। इस सम्बन्ध में किसी भी प्रकार की मेरे सहयोग की आवश्यकता होगी तो मैं सदैव तत्पर हूँ।

धन्यवाद

भवदीया

(ह०)...............

(डॉ० (कु०) कंचनलता सब्बरवाल)

स्टेट चीफ कमिश्नर

(६) कार्यालय ग्रादेश (Office Order)

इसका प्रयोग किसी मंत्रालय, सम्बद्ध विभागों, अनुभागों, प्रभागों एवं कार्यालय के आन्तरिक प्रशासन सम्बन्धी अनुदेश जारी करने के लिए किया जाता है। अवकाश की स्वीकृति या अस्वीकृति, नियुक्ति, पदोन्नति की सूचना, स्थायीकरण अथवा स्थानान्तरण की सूचना, अधिकारियों तथा अनुभागों के बीच काम का वितरण, कार्य सम्पादन हेतु उच्चाधिकारी द्वारा की गई वैकल्पिक व्यवस्था आदि के लिए कार्यालय आदेश प्रसारित किए जाते हैं।

कुमायूँ विश्वविद्यालय नैनीताल

पत्रांक : सामान्य/पी० ई० आर०/१५८/१००२/ दिनांक ८-८-८४

कार्यालय आदेश

निम्नांकित को दैनिक देहाड़ी पर उनके सम्मुख अंकित तिथियाँ अथवा कार्य

पर उपस्थित होने की तिथि से ३१ अगस्त, १९८४ तक के लिए नितान्त अस्थायी रूप से रखा जाता है।

यह व्यवस्था नितान्त अस्थायी है तथा बिना पूर्व सूचना के किसी भी समय समाप्त की जा सकती है। नियुक्तियों की समाप्ति की दशा में किसी व्यक्ति का किसी भी पद पर कोई दावा मान्य नहीं होगा। कार्यभार ग्रहण करने के लिए किसी प्रकार का मार्ग व्यय देय नहीं होगा।

क्र० सं०	नाम	कार्य अनुभाग	मजदूरी	अवधि
१	२	३	४	५
(१) विश्वविद्यालय कार्यालय—				
	१. श्री नन्दन सिंह	मान्यता	१२/-	२-८-८४ से ३१-८-८४
	२. श्री एम० सी० शर्मा	लेखा	१२/-	,, ,,
	३. श्री मदनमोहन पाण्डे	परीक्षा	१२/-	,, ,,
	४. कु० सुशीला रावत	सामान्य	१२/-	,, ,,
	५. श्री नरेश चन्द्र पाण्डे	सामान्य	१२/-	,, ,,

नोट—श्री नन्दन सिंह वर्तमान में सघटक महाविद्यालय, नैनीताल में आशुलिपिक पद के सापेक्ष वेतनमान ३५४-५५० में कार्यरत है, यदि आशुलिपिक पद पर नियमित नियुक्ति हो जाती है तो उस दशा में वे दैनिक देहाड़ी पर कार्य करेंगे।

(२) संघटक महाविद्यालय, नैनीताल—				
	१. तृतीय श्रेणी	—१०	१२/-	२-८-८४ से ३१-८-८४
	२. चतुर्थ श्रेणी	—८	१०/-	,, ,,
(३) संघटक महाविद्यालय अल्मोड़ा				
	१. तृतीय श्रेणी	—१७	१२/-	२-८-८४ से ३१-८-८४
	२. चतुर्थ श्रेणी	—१२	१०/-	,, ,,

नोट—उक्त में शैलजा छात्रावास हेतु स्वीकृत चतुर्थ श्रेणी भी सम्मिलित हैं। तृतीय श्रेणी के १६ कर्मचारियों के अन्तर्गत भौतिक विज्ञान विभाग में दैनिक वेतन पर स्वीकृत प्रयोगशाला सहायक का पद भी सम्मिलित है।

उक्त तालिका में दर्शायी गई नियुक्तियाँ कुलपति जी की स्वीकृति के आधार पर दी जा रही हैं। दैनिक दर पर रखे गए समस्त व्यक्तियों को अवगत कराया जाता है कि उन्हें सेवा में बनाए रखने की विश्वविद्यालय की किसी प्रकार की जिम्मेदारी नहीं होगी तथा दैनिक दर पर कार्यरत व्यक्तियों को किसी भी समय बिना पूर्व सूचना के कार्य से पृथक किया जा सकता है।

दैनिक मजदूरी का भुगतान केवल विश्वविद्यालय/महाविद्यालय के वास्तविक

कार्य दिवसों पर कार्य होने पर ही किया जाएगा तथा किन्हीं परिस्थितियों में विश्वविद्यालय/महाविद्यालय बन्द रहता है या कार्य नहीं हो पाता है उन तिथियों का कोई भुगतान नहीं होगा।

(बद्रीनारायण सिंह)

कुलसचिव।

पत्रांक : सामान्य/पी० ई० आर०/१५८/१००२ तद्दिनांक

प्रतिलिपि निम्नांकित को सूचनार्थ एवं आवश्यक कार्यवाही हेतु—

१. सम्बन्धित दैनिक दरों पर नियुक्त कर्मचारियों को।
२. सम्बन्धित अनुभाग अधिकारियों को।
३. वित्त अधिकारी, कुमायूँ विश्वविद्यालय, नैनीताल।
४. परिसर निदेशक, संघटक महाविद्यालय, नैनीताल/अल्मोड़ा को इस आशय से कि दैनिक दर पर नियुक्त व्यक्तियों को कोई पदनाम न दिया जाय।
५. सहायक लेखाधिकारी, संघटक महाविद्यालय, नैनीताल/अल्मोड़ा।
६. निजी सचिव कुलपति को कुलपति जी के सूचनार्थ।
७. अभिलेख पत्रावली।

(ह०)·········

कुलसचिव।

(७) कार्यालय ज्ञापन (Office Memorandum/Memo)

कार्यालय ज्ञापन (Office Memorandum) के रूप में कोई विशेष अन्तर नहीं है। कार्यालय ज्ञापन का प्रयोग सरकार में एक मंत्रालय से दूसरे मंत्रालय, एक सचिवालय या मंत्रालय के अधीनस्थ एक प्रभाग से दूसरे प्रभाग आदि के बीच सूचनाओं के आदान-प्रदान के लिए किया जाता है तथा इसका प्रयोग कर्मचारियों द्वारा प्राप्त प्रार्थना-पत्रों, याचिकाओं आदि का उत्तर तथा पत्रों की प्राप्ति-सूचना देने के लिए भी होता है। कार्यालय या निदेशालय या मंत्रालय के आन्तरिक आदेश एवं निर्देश भी कभी-कभी कार्यालय ज्ञापन के रूप में प्रसारित किए जाते हैं।

उत्तर प्रदेश सरकार

राज्य सम्पत्ति अनुभाग-१

संख्या-ई-४३३/३२-एन-टी-५२६/७६ लखनऊ, १२ मई, १६८०

कार्यालय ज्ञापन

राज्य सम्पत्ति विभाग के अधीन नैनीताल में स्थित भवनों के किराये का निर्धारण कार्यालय ज्ञाप संख्या ई-५७०/३२-एन-टी-३२-७५/२८७/७१, दिनांक

१ मई, १९७५, संख्या ई-४६३४/३२-७५/२८७/७१, दिनांक २३-८-७५, संख्या ई-७४६२/३२-७६/२८७/७१, दिनांक २१-७-७६ तथा संख्या ई-३१६/एन-टी-३२-७९ (५०२/७९), दिनांक २ मई, १९७९ एवं संख्या ई-३४९७-३२-एन-टी-५२९/७९, दिनांक १७-४-८० में किया गया था। उक्त सभी शासनादेशों का अतिक्रमण करते हुए राज्य सम्पत्ति विभाग के अधीन नैनीताल में स्थित भवनों का किराया संलग्न परिशिष्ट "ख" के अनुसार निर्धारित करने की राज्यपाल महोदय सहर्ष स्वीकृति प्रदान करते हैं। यह आदेश दिनांक १७ अप्रैल, १९८० से लागू माने जाएँगे।

२. यह आदेश वित्त विभाग की सहमति से, जो उनके अशासकीय संख्या ई-८/१७५७/दस-दिनांक १२-५-८० में प्राप्त हुई है, जारी किए जा रहे हैं।

[प्रभुनाथ मिश्र]

उपसचिव एवं राज्य सम्पत्ति अधिकारी।

संख्या ई-४३३(१)/३२-एन-टी-५२९-९७ तद्दिनांक.........

प्रतिलिपि निम्नांकित को सूचनार्थ एवं आवश्यक कार्यवाही हेतु प्रेषित—

१—महालेखाकार, उत्तर प्रदेश, इलाहाबाद।

२—राज्य सम्पत्ति अधिकारी, उ० प्र० शासन, लखनऊ।

३—मुख्य अभियन्ता, सार्वजनिक निर्माण विभाग, उ० प्र० लखनऊ।

४—अधीक्षण अभियन्ता, सार्वजनिक निर्माण विभाग, नैनीताल।

५—अधिशासी अभियन्ता, प्रान्तीय खण्ड, सार्वजनिक निर्माण विभाग, नैनीताल।

६—सहायक अभियन्ता, आवास, प्रान्तीय खण्ड, सार्वजनिक निर्माण विभाग, नैनीताल।

७—मैनेजर, नैनीताल क्लब, नैनीताल।

८—वित्त (ई-८) अनुभाग।

आज्ञा से

(ह०).............

[प्रभु नाथ मिश्र]

उप सचिवएवं राज्य सम्पत्ति अधिकारी।

उत्तर प्रदेश शासन वित्त (वेतन आयोग)

अनुभाग-१

कार्यालय ज्ञाप

लखनऊ, ४ अक्तूबर, १९८३ ई०

सं० वे० आ०-२२९९/दस-८३—२१(एम)-८३

विषय—अखिल भारतीय सेवा के अधिकारियों को दिनांक १ मार्च, १९८३, १ मई, १९८३, तथा १ जुलाई, १९८३ से स्वीकृत किए जाने वाले महँगाई भत्ते की किस्तों का भुगतान।

अधोहस्ताक्षरी को यह कहने का निदेश हुआ है कि भारत सरकार के वित्त मंत्रालय (व्यय विभाग) के कार्यालय ज्ञाप संख्या १३०१७/१/८३-संस्था-११(ख), दिनांक २२ सितम्बर, १९८३ द्वारा केन्द्रीय सरकारी कर्मचारियों को अनुमन्य अतिरिक्त महँगाई भत्ते की दरों को दिनांक १ मार्च, १९८३, १ मई, १९८३ तथा १ जुलाई, १९८३ से संशोधित किया गया है।

२. अखिल भारतीय सेवा के अधिकारियों को उक्त तिथियों के अतिरिक्त महँगाई भत्ते की किस्तों के भुगतान हेतु आदेश भारत सरकार द्वारा अलग से प्रसारित किए जाएँगे। अधोहस्ताक्षरी को यह कहने का आदेश हुआ है कि अखिल भारतीय सेवा के अधिकारियों को, जो प्रदेश शासन के प्रशासकीय नियन्त्रणाधीन पदों पर कार्यरत हैं या सार्वजनिक उद्यमों में प्रबन्ध निदेशक/अध्यक्ष अथवा अन्य पदों पर अथवा प्रदेश शासन के अन्तर्गत अन्यत्र प्रतिनियुक्ति पर कार्यरत हैं, उक्त अतिरिक्त महँगाई भत्ते की किस्तों के फलस्वरूप दिनांक १ मार्च, १९८३ से ३० सितम्बर, १९८३ तक की अवधि में देय धनराशि उनके भविष्य निधि खाते में जमा की जाएगी तथा दिनांक १ अक्तूबर, १९८३ से (जिसका भुगतान नवम्बर, १९८३ में होगा) देय धनराशि का नकद भुगतान किया जाएगा। कृपया तदनुसार आवश्यक कार्यवाही सुनिश्चित करने का कष्ट करें और सम्बन्धित अधिकारियों को भी इस निर्णय से अवगत करा दें।

(ह०).........

सचिव,
नियुक्ति विभाग।

जगमोहन लाल बजाज,
सचिव।

(८) ज्ञापन (Memorandum/Memo)

ज्ञापन भी एक प्रकार से कार्यालय से ही सम्बन्धित प्रारूपण का अंग है। इस का प्रयोग मुख्यतः प्रार्थनापत्रों, नियुक्ति के लिए दिए गए आवेदन-पत्रों के उत्तर में, पत्रों की प्राप्ति और अधीनस्थ अधिकारियों को सूचना देने के सम्बन्ध में किया जाता है, जो शासकीय आदेश या राजाज्ञा में नहीं दी जाती है।

ज्ञापन का प्रारूप सदैव अन्य पुरुष में तैयार किया जाता है।

इसमें 'प्रेषक' का नामोल्लेख नहीं किया जाता, विभाग का नाम मध्य में लिखने के बाद पत्रांक और दिनांक यथावत् रूप से रहते हैं। 'प्रेषिती' का भी उल्लेख नहीं होता है।

उदाहरण—

..............शासन

..............विभाग

पत्रांक दिनांक

ज्ञापन

ऐसे समस्त कर्मचारियों को जिनको अस्थायी पद पर या हडहाक पद पर कार्य करते हुए पाँच वर्ष से अधिक हो गया है, के विषय में सरकार ने निर्णय किया है कि यदि वे पद सम्बन्धी अन्य वांछित अर्हताएँ पूरी करते हैं और उनका पिछला कार्य सन्तोषजनक रहा है तो उन्हें दिनांक.........से उनके पद पर नियमित नियुक्ति दी जा सकती है। परन्तु उनका नाम स्थानीय रोजगार कार्यालय में पंजीयत होना आवश्यक है।

इस सम्बन्ध में उनको अपनी पिछली सेवाओं के आधार पर कोई भी वेतन-वृद्धि आदि का लाभ जो स्थायी सेवा में मिलते हैं, नहीं मिलेंगे।

(ह०)............

संयुक्त सचिव

सामान्य प्रशासन

(९) अधिसूचना या विज्ञप्ति (Notification)

अधिसूचना को 'घोषणा' भी कहा जाता है। सरकार की ओर से जन-साधारण या शासकीय कार्यालयों, अधीनस्थ कर्मचारियों एवं अधिकारियों की सूचनार्थ विभागीय विशिष्ट नियुक्तियों, स्थानान्तरणों, वेतनवृद्धि, अवकाश, पदत्याग, सेवा-निवृत्ति, सार्वजनिक उपभोग के निमित्त कृषि भूमि के अधिग्रहण से सम्बन्धित जो सूचनाएँ शासकीय गजट (Gazette) और कभी-कभी समाचार-पत्रों में प्रकाशित की जाती हैं, उन्हें 'अधिसूचना' (Notification) विज्ञप्ति या घोषणा कहा जाता है।

उदाहरण—१

उत्तर प्रदेश सरकार

सार्वजनिक निर्माण अनुभाग-२

संख्या—७५7३/२३-सा०नि० दो-१३(१४)८३

लखनऊ, दिनांक ४-४-१९८४

विज्ञप्ति

यू० पी० रोड साइड एक्ट १९४५ (एक्ट संख्या १०, १९४५) की धारा ३ की उपधारा (२) के अधीन उत्तर प्रदेश के राज्यपाल सर्वसाधारण की सूचना के

लिए विज्ञप्ति करते हैं कि राज्य सरकार का यह प्रस्ताव है कि यहाँ संलग्न अनुसूची में वर्णित भूमि को उक्त एक्ट के प्रयोजनों के लिए नियन्त्रित क्षेत्र घोषित किया जाए।

२. कोई व्यक्ति, जिसका भूमि में हित हो, लखीमपुर खीरी के कलेक्टर द्वारा इस विज्ञप्ति के प्रकाशित किए जाने के अन्तिम दिनांक से तीस दिन व्यतीत होने के पूर्व किसी भी समय, उक्त घोषणा किए जाने अथवा उसकी भूमि या भूमि के किसी भाग को, यहाँ संलग्न अनुसूची में निर्दिष्ट सीमाओं के भीतर सम्मिलित किए जाने के सम्बन्ध में उक्त एक्ट की धारा ३ की उपधारा (३) के अधीन आपत्ति कर सकता है।

अनुसूची

भूमि जो नीचे वर्णित सड़क के दोनों ओर उन सीमा रेखाओं के भीतर पड़ती है जो सड़क की मध्य रेखा से ६७.०५६ मीटर की दूरी पर उसके समानान्तर खींची गई हो।

क्र० सं०	सड़क का विवरण	प्रारम्भिक और अन्तिम बिन्दुओं सहित उस सड़क की लगभग लम्बाई जिसके दोनों ओर प्रस्तावित नियन्त्रित क्षेत्र पड़ता है।		गाँव कस्बा या नगर जिससे वह क्षेत्र पड़ता है जिसे नियन्त्रित क्षेत्र घोषित करने का प्रस्ताव है।	परगना जिला
१	२	३	४	५	६
१.	मोतीपुर-तिकोनिया कोडियाला, घाट मार्ग (अन्य जिला मार्ग)	१०.४० कि० मी०	स्तम्भ २ में उल्लिखित मार्ग के शून्य कि० मी० से आरम्भ होकर इसी मार्ग के १०.४० कि० मी० पर समाप्त होता है।	१. हरद्वाही २. उमरा ३. निबोरिया ४. सोथना बरसोला ५. बरसोला कला	खेरीगढ़ लखीमपुर पुर खीरी

टिप्पणी—उक्त भूमि का नकशा लखीमपुर खीरी के कलेक्टर के कार्यालय में देखा जा सकता है।

ओ० पी० शर्मा
संयुक्त सचिव

उदाहरण—२

उत्तर प्रदेश शासन

ग्राम्य विकास विभाग

अनुभाग-१

सं० २३६२/३८-१—८०-११बी-७६ दिनांक १६ अप्रैल १९८० ई०

अधिसूचना

उत्तर प्रदेश साधारण खण्ड अधिनियम, १९०४ (उत्तर प्रदेश अधिनियम संख्या १, १९०४) की धारा २१ के साथ पठित उत्तर प्रदेश क्षेत्र समिति तथा जिला परिषद् अधिनियम, १९६१ (उत्तर प्रदेश अधिनियम संख्या ३३, १९६१) की धारा ३ के अधीन शक्ति का प्रयोग करके और सरकारी अधिसूचना संख्या ५४४५/३८-३—४७८—७०, दिनांक १८ सितम्बर, १९७२ का आंशिक उपान्तर करके राज्यपाल इस अधिसूचना के गजट में प्रकाशन के दिनांक से जिला नैनीताल के ओखल कांडा, रामगढ़, ज्योलीकोट, हल्द्वानी, रामनगर तथा गरमपानी खण्ड के क्षेत्रों में परिवर्तन करते हैं और उक्त जिले में दो नए खण्ड अर्थात् 'धारी' तथा 'कोटा बाग' सृजित करते हैं। नीचे दी गई अनुसूची के स्तम्भ २ में नामित खण्डों के भाग और क्षेत्र वही होंगे, जो इस अनुसूची के स्तम्भ ३ में प्रत्येक के सामने नामित न्याय पंचायत सर्किलों में समाविष्ट क्षेत्रों में है :

अनुसूची

जिले का नाम	खण्ड का नाम	न्याय पंचायत सर्किल जो खण्ड में सम्मिलित होगी।
१	२	३
नैनीताल	धारी	मज्यूली, सरना, चौखुटा, पिनरो, काला
	ओखलकांडा	आगर, ओखल कांडा, सुनकोट, तुसराड, नाई, डालकन्या
	रामगढ़	प्यूडा, पाथरी, सुयाल बाडी, सिरमौली, नथुवाखान, रामगढ़
	ज्योलीकोट	खुर्पाताल, ज्योलीकोट, थपलिया, महरागाँव, ओखलढूंगा, रानी बाग, सागुड़ी गाँव
	कोटाबाग	कोटाबाग, कालाढूंगी, डोला, स्यात, अमगड़ी
	हल्द्वानी	कुंवरपुर, लाखनमंडी, देवलचौड़, बमोरी, मुनीपुर, जीवानन्द, हरिपुर बच्ची

गरमपानी	रातीघाट, गरमपानी, घघरेटी, सिमलखा, दारिम, बेतालघाट
राभनगर	सावल्दे, चिलकिया, छोई, जोगीपुर, वेलपड़ाव

आज्ञा से,
शशि कान्त भटनागर,
सचिव।

(१०) उद्‌घोषणा (Proclamation)

किसी राष्ट्रीय महत्त्व या प्रान्तीय स्तर पर सार्वजनिक महत्त्व या हित के विषय में शासन अपना निश्चय अथवा निर्णय प्रसारित करना चाहती है तो वह 'उद्‌घोषणा' तैयार करके समाचार-पत्रों में देती है या प्रकाशित कराती है। केन्द्र शासन और प्रान्तीय शायन अलग-अलग स्थितियों में ऐसी उद्‌घोषणाएँ करने के लिए सक्षम होती हैं।

उद्‌घोषणा की भाषा विधि-सम्मत और नपी-तुली होती है तथा वह शासकीय गजट में केन्द्र या प्रान्तीय सरकार द्वारा 'असाधारण गजट' के रूप में प्रकाशित की जाती है तथा प्रारूपकार को यह निर्देश करना आवश्यक होता है कि यह गजट के किस भाग में प्रकाशित की जाएगी। सामान्यतः यह उद्‌घोषणाएँ राष्ट्रपति या राज्यपाल की ओर से निर्गत की जाती हैं तथा इन पर शासन सचिव के हस्ताक्षर होते हैं।

ये उद्‌घोषणाएँ राष्ट्रपति अथवा राज्यपाल, जैसी भी स्थिति होती है, के हस्ताक्षरों से ही प्रसारित होती हैं।

भारत सरकार ने सन् १९६२ के चीनी आक्रमण १९६५ एवं १९७१ के पाक आक्रमण के समय राष्ट्रीय संकट (National Emergency), २५ जून, १९७५ में आपात्काल स्थिति की उद्‌घोषणाएँ की हैं। इस प्रकार जब किसी अन्तर्राष्ट्रीय या राष्ट्रीय व्यक्ति के देहावसान के समय तीन या सात दिन के राष्ट्रीय शोक मनाए जाने आदि की उद्‌घोषणा भी की गई हैं।

अधिसूचना (Notification) और उद्‌घोषणा (Proclamation) में अन्तर

अधिसूचनाएँ प्रायः सरकारी विभाग के मुख्य सचिव, सह सचिव, उपसचिव, संयुक्त सचिव आदि द्वारा निर्गत की जाती हैं और इनका प्रकाशन राजकीय राजपत्र में किया जाता है तथा उनका उपयोग सामान्य सरकारी कार्यों में किया जाता है। अधिसूचना जारी करते समय सम्बन्धित विभाग के सचिव द्वारा हस्ताक्षर

किए जाते हैं।

उद्घोषणाएँ राज्य के सर्वोच्च अधिकारी राष्ट्रपति या राज्यपाल द्वारा ही निर्गत की जाती हैं। इनका प्रकाशन राजकीय राजपत्र में किया जाता है तथा इनका उपयोग केवल विशेष अवसरों पर ही किया जाता है। अतः ये अनियमित और आवश्यकता होने पर ही प्रसारित एवं प्रकाशित की जाती हैं। इन पर राष्ट्रपति या राज्यपाल के पूर्व हस्ताक्षर होते हैं फिर भले ही मुख्य सचिव या विशेष सचिव द्वारा राजकीय राजपत्र में प्रकाशनार्थ भेजी जा सकती हैं।

उदाहरण—१

भारत का संविधान

भूमिका (Preamble)

हम भारत के लोग भारत को एक सम्पूर्ण प्रभुत्व सम्पन्न लोकतंत्रात्मक गण-राज्य बनाने के लिए तथा उसके समस्त नागरिकों को सामाजिक, आर्थिक व राज-नीतिक न्याय, विचार अभिव्यक्ति, विश्वास, धर्म और उपासना की स्वतन्त्रता, प्रतिष्ठा और अवसर की समता प्राप्त कराने के लिए एवं उन सब में व्यक्ति की गरिमा और राष्ट्र की एकता सुनिश्चित करने वाली बन्धुता बढ़ाने के लिए दृढ़-संकल्प होकर अपनी इस संविधान सभा में आज २६ जनवरी, १९५० को इस संविधान को अंगीकृत, अधिनियमित और आत्मार्पित करते हैं।

(डॉ०) राजेन्द्र प्रसाद
राष्ट्रपति

(विशेष—उक्त उद्घोषणा भारत के संविधान में अंकित है।)

उदाहरण—२

राजस्थान सरकार

सामान्य (क) प्रशासन

क्रमांक : साप्र (१५/चांद-२७/८३/१४४२ दिनांक १५ दिसम्बर, १९८३

उद्घोषणा

सर्वसाधारण की सूचनार्थ यह घोषित किया जाता है कि निम्नलिखित क्षेत्र में अगले माह १५ जनवरी १९८४ से सेनाभ्यास के लिए स्थान आरक्षित किया जा रहा है।

अतः १० जनवरी से लेकर २४ जनवरी १९८४ तक इस क्षेत्र में किसी भी असैनिक व्यक्ति के आवागमन, पशुचारण आदि वर्जित किए जाते हैं। यदि कोई व्यक्ति इस उद्घोषणा के विरुद्ध आचरण करता पाया जाएगा तो उसे शासनादेश समसंख्यक पत्र दिनांक.........में जारी आदेशों के अन्तर्गत दण्डनीय अपराधी

मानकर कार्यवाही की जाएगी।

जिला	तहसील	चाँदमारी क्षेत्र स्थान	वर्जित क्षेत्र
जयपुर	चौमू	चंदनवाजी	रकबा १६/१२६ से १८/१२६ उत्तर में पहाड़ी, पूर्व में सेना निर्मित दीवाल और दक्षिण में चंदनवाजी का टीला, पश्चिम में खुले खेत (१) श्री........ ...(२) श्री........... (३) श्री...............

राज्यपाल के आदेश से

(ह०)...............

शासन सचिव।

(११) सूचना (Notice)

सूचना शासकीय पत्रों का ही एक अंग है। सूचनाएँ व्यक्तिगत रूप में भी दी जाती हैं, पर प्रायः समाचार-पत्रों में भी उन्हें सर्वसाधारण के लिए प्रकाशित कराया जाता है। कभी-कभी पोस्टर्स के रूप में दीवारों एवं सूचनापट्टों तथा सार्वजनिक स्थानों या ऐसे स्थानों पर जहाँ जनता की दृष्टि सरलता से पड़ सके, ये सूचनाएँ चिपका दी जाती हैं।

सूचनाओं के अनेक भेद हैं यथा—

(अ) सरकारी पदों के रिक्त होने की सूचनाएँ,
(आ) नीति सम्बन्धी सूचनाएँ,
(इ) नीलाम सम्बन्धी सूचनाएँ,
(ई) न्यायालय सम्बन्धी सूचनाएँ,
(उ) सार्वजनिक उपक्रमों की बैठकों की सूचनाएँ,
(ऊ) स्वायत्त संस्थाओं के निर्णयों सम्बन्धी सूचनाएँ,
(ए) आयोग के कार्य-सम्बन्धी सूचनाएँ,
(ऐ) व्यावसायिक संस्थानों के अंशधारियों की सभा सम्बन्धी सूचनाएँ,

(ओ) अनुशासनात्मक कार्यवाही किए जाने सम्बन्धी सूचनाएँ।

उदाहरण—१

महानगर बरेली के टेलीफोन उपभोक्ताओं के लिए

सूचना

टी० आर० ए० फोन्स बरेली द्वारा निम्नलिखित टेलीफोन के किराये, लोकल काल तथा ट्रंक काल के बिल दि० १-४-८४ को जारी किए गए हैं जिनके भुगतान की अन्तिम तिथि १६-४-८४ थी।

टेलीफोन नं० ७२००० से ७२३९९, ७२८०० से ७३१९९
७३६०० से ७३९९९, ७४४०० से ७४८९९
७५३०० से ७५७९९ तथा ७६५०० से ७६८९९

जिन उपभोक्ताओं ने यह बिल या कोई पिछला बिल यदि अभी तक भुगतान न किए हों तो वे अपने बिल टी० आर० आफिस के भुगतान काउन्टर पर २४-४-८४ तक अवश्य भुगतान कर दें अन्यथा वह टेलीफोन जिनके उक्त बिलों का भुगतान २४-४-८४ तक न होगा, २४-४-८४ को सायं काट दिये जाएँगे।

यदि उपर्युक्त नम्बरों से सम्बन्धित बिल किसी को न मिला हो तो कृपया बिल की दूसरी कापी लेकर उक्त तारीख तक भुगतान अवश्य कर दें।

टेलीफोन उपभोक्ता कृपया ध्यान दें कि यदि टेलीफोन बिल के भुगतान न होने के कारण काटा जाएगा तो टेलीफोन जुड़वाने के लिए उनको बिल की राशि के अलावा एक साल के किराये की धनराशि का भी भुगतान करना होगा जो अग्रिम जमाखाते में रखी जाएगी अन्यथा टेलीफोन पुनः न जोड़ा जा सकेगा।

मण्डलीय अभियन्ता फोन्स
बरेली

(अमर उजाला से साभार)

उदाहरण—२

(अ) अनुशासनिक कार्यवाही विषयक सूचना

सूचना

श्री बफाती पुत्र श्री नियाजउद्दीन,
मोहल्ला चौबुर्जी, मालखाना रोड,
शाहजहाँपुर,
चतुर्थ श्रेणी कर्मचारी, औद्योगिक प्रशिक्षण संस्थान, शाहजहाँपुर,
को इस नोटिस द्वारा सूचित किया जाता है कि दिनांक २०-७-८२ से आप

निरन्तर संस्थान नहीं आ रहे हैं, और इस प्रकार आप कार्यालय से अनधिकृत रूप से अनुपस्थित रहने के दोषी हैं।

उक्त सूचना के प्रकाशन की तिथि से एक माह के अन्दर अपनी स्थिति स्पष्ट करें अन्यथा आपके मामले में एकतरफा निर्णय लेकर आपकी सेवायें समाप्त कर दी जाएँगी।

ए० आर० सिंह
प्रधानाचार्य
औद्योगिक प्रशिक्षण संस्थान
शाहजहाँपुर
नियुक्ति अधिकारी
(अमर उजाला से साभार)

(ब) श्री यशपाल सिंह ला० मैन
विद्युत वितरण उपखण्ड
रुद्रपुर

सूचना

आपको समाचार पत्र दैनिक अमर उजाला के माध्यम से सूचित किया जाता है कि आपको विद्युत वितरण उपखण्ड रुद्रपुर के कार्यालय ज्ञापन सं० १५८५ वि० वि० उपखण्ड (ख)/पी० एफ० दिनांक ८-६-८४ के द्वारा कार्यमुक्त करा दिया गया है। आपको निर्देश दिए गए हैं कि आप अपने नव तैनाती स्थान 'विद्युत नलकूप खण्ड' (विश्व बैंक) बरेली में अपनी योगदान सूचना प्रस्तुत करें।

आपको यह भी अवगत कराना है कि आपके द्वारा कार्यमुक्त आदेश जानबूझकर नही लिए गए जिन्हें आपके निवास पर चस्पा कर दिया गया। परिषद आदेशों का पालन न करना आपकी स्वयं की जिम्मेदारी होगी यह खण्ड आपके कार्यमुक्त होने की तिथि से आपके किसी भी क्लेम के लिए जिम्मेदार नहीं होगा। भविष्य में आप जो भी पत्र-व्यवहार करें वे अपने नव तैनाती स्थान को करें।

आर० के० माहेश्वरी
अधिशासी अभियन्ता
विद्युत वितरण खण्ड
हल्द्वानी
(अमर उजाला से साभार)

उदाहरण—३

आम सूचना

आम जनता को सूचित किया जाता है कि मैं श्रीमती सावित्री देवी पत्नी

श्री मोतीलाल पोरवाल निवासी कस्बा पं० फतेहगंज, बरेली की हूँ। मैं स्थिति जुमला रिहायशी मकानात दो मय दुकानात व मय जमीन की तन्हा मालिक काबिज व दाखिल हूँ। यह उक्त अचल सम्पत्तियाँ मैंने अपने पैसे से खरीदी हैं। उक्त अचल सम्पत्तियों से श्री मोतीलाल पोरवाल, मुन्नालाल व अन्य दीगर शख्स का कोई ताल्लुक वास्ता नहीं है। यदि कोई लेनदारी या देनदारी किसी बाबत श्री मोतीलाल पोरवाल या मुन्नालाल पुत्रगण स्व० डोरी लाल निवासी कस्बा पं० फतेहगंज बरेली से करेगा तो उसकी अपनी जिम्मेदारी होगी। मेरी या मेरी चल या अचल सम्पत्ति से नहीं।

श्रीमती सावित्री देवी पत्नी
श्री मोतीलाल पोरवाल
निवासी कस्बा पं० फतेहगंज
बरेली।

उदाहरण—४

कार्यालय अधिशासी अभियन्ता
प्रान्तीय खण्ड, सा० नि० वि०, ललितपुर

नीलामी सूचना

सर्वसाधारण को सूचित किया जाता है कि दिनांक ५-५-८४ को ३.०० बजे अपराह्न में खण्डीय भंडार प्रा० खण्ड सा० नि० वि० ललितपुर में मैक्सफाल्ट के खाली ड्रमों की नीलामी की जाएगी। इच्छुक व्यक्ति यदि नीलामी योग्य सामग्री देखना चाहें तो किसी भी कार्य-दिवस/नीलामी की दिनांक से पूर्व प्रातः ११.०० बजे से सायं ४.०० बजे तक नीचे लिखे स्थानों पर देख सकते हैं। बाद में कोई प्रत्यावेदन मान्य न होगा।

१. मैक्सफाल्ट के खाली ड्रम	१६०० अदद	(मडाणा)
२. ,, ,, ,,	८५० ,,	(स्टोर ललितपुर)
३. ,, ,, ,,	२५० ,,	(महरौनी रेस्ट हाउस)

१. बोली बोलने वाले व्यक्ति को बोली बोलने से पूर्व १००० रु० नकद धनराशि के रूप में जमा करना होगा जो कि बोली समाप्त होने से तुरन्त बाद उच्चतम बोली बोलने वाले को छोड़कर वापिस कर दिया जाएगा।

२. जिस व्यक्ति की सबसे उच्चतम बोली होगी उसे कुल धनराशि का २५प्रति० तत्काल जमा करना होगा एवं सक्षम अधिकारी द्वारा बोली स्वीकृत किए जाने के उपरान्त बोली देने वाले का पत्र प्राप्ति के ७ दिन के भीतर नीलाम किए गए २५ प्रतिशत धनराशि राजकीय कोष में जमा कर दी जाएगी।

३. नीलामकर्ता अधिकारी को यह अधिकार सुरक्षित होगा कि वे किसी भी बोली अथवा सभी को बिना कारण बताए निरस्त कर सकता है।

४. नीलामी की गई सामग्री ऊपर लिखे स्थानों से उठानी होगी।

५. सामग्री की उपरोक्त मात्रा में घट-बढ़ हो सकती है।

६. ड्रमों के पूरे लौट को एक तरफ से ही गिनकर उठाना होगा।

अधिशासी अभियन्ता
प्रान्तीय खण्ड, सा० नि० वि०
ललितपुर

(१२) आदेश/आज्ञा (Order)

सामान्यतः कार्यालयों में या मुख्य कार्यालय के अधीनस्थ कार्यालयों एवं अनुभागों में वित्तीय स्वीकृतियों और अनुशासनिक मामलों में सम्बन्धित कर्मचारियों को सरकारी आदेशों की सूचना देने के लिए आदेश, आज्ञा या 'आर्डर' का प्रयोग किया जाता है। वस्तुतः यह आदेश राज्यादेश या कार्यालय ज्ञापन या शासकीय पत्र के रूप से किंचित परिवर्तित होता है।

उदाहरण—१

उत्तर प्रदेश शासन
कार्यालय प्रमुख अभियन्ता, उ० प्र०
सार्वजनिक निर्माण विभाग
व्यवस्थापन (क) वर्ग
लखनऊ

संख्या ३४५३-ई०ए०जी/२-ईए-८३ (वि०/यां) दिनांक २८ दिसम्बर ८३

आज्ञा

संयुक्त सचिव, उत्तर प्रदेश शासन, सार्वजनिक निर्माण अनुभाग-४ के अ० शा० पत्र सं० ३३७४-ई बी आर/२३(३)-३(१७४)-८३ दिनांक ३ दिसम्बर १९८३ में दिए गए शासन के आदेशों के अनुपालन में श्री अजीज रफी, सहायक अभियन्ता (वि०/यां) को वि० नि० ई० सा० नि०, हरदोई के अस्थायी (वि०/यां) खण्ड नं० २, सा० नि० वि० बरेली, स्थानान्तरण करने के आदेश दिए जाते हैं, जो तात्कालिक प्रभावी होगा।

इस स्थानान्तरण का श्री अजीज रफी, सहायक अभियन्ता (वि०/यां) को कोई यात्रा भत्ता आदि देय न होगा।

(ह०) शीतलाशरण
प्रमुख अभियन्ता

उदाहरण—२

उत्तर प्रदेश शासन

कार्यालय जिला अधिकारी, मुजफ्फरनगर

संख्या४१२१-३८/स्था० पंचायत दिनांक २६ दिसम्बर, १९८३

आज्ञा

श्री भगवतशरण गुप्ता, जिला पंचायत राजअधिकारी मुजफ्फरनगर के दिनांक ३१ दिसम्बर १९८३ से सेवानिवृत्ति होने के फलस्वरूप रिक्त हुए पद पर अन्य नियुक्ति होने तक श्री के० सी० मिश्र संख्याधिकारी, मुजफ्फरनगर अपने कार्य के साथ-साथ जिला पंचायत राज अधिकारी का कार्य भी करेंगे, उनको इसके लिए पृथक से कोई भत्ता देय नहीं होगा।

(ह०) करनैल सिंह
जिलाधिकारी

(१३) अनुस्मरण पत्र/अनुस्मारक (Reminder)

अनुस्मरण पत्र या अनुस्मारक पत्र मूल पत्र का उत्तर प्राप्त न होने पर पुनः सम्बन्धित कार्यालय एवं अधिकारी को कार्य-सम्पादन कर सूचना शीघ्र भिजवाने के लिए भेजा जाता है। अनुस्मरण या अनुस्मारक या स्मरणपत्र किसी भी सरकारी पत्र, कार्यालय ज्ञापन आदि के लिए हो सकता है, जिनका उत्तर एक निश्चित अवधि में प्राप्त होना चाहिए, पर निर्धारित अवधि में उत्तर न प्राप्त होने के अभाव में भेजा जाना आवश्यक होता है।

अनुस्मरण या अनुस्मारक पत्र का प्रारूप तो पहले पत्र के समान ही रहता है, पर अन्त में इस बात पर खेद भी प्रकट किया जाता है कि सम्बन्धित विभाग से उत्तर-प्राप्ति की अवधि बीत चुकी है, जिसके परिणामस्वरूप कार्य की प्रगति में बाधा हो रही है।

उदाहरण (अ)

............शासन

............विभाग

पत्रांक......... . ... दिनांक.........

प्रेषक...............

....

प्रेषिती............

....

विषय—अनुस्मरण पत्र

महोदय,

इस कार्यालय के समसंख्यक पत्र संख्या दिनांक———के सन्दर्भ में मुझे आपसे यह पूछने का निदेश हुआ है कि वांछित सूचना के सम्बन्ध में आपके उत्तर की प्रतीक्षा कब तक की जाए ?

आशा है कि इस सम्बन्ध में उच्च प्राथमिकता बरतते हुए एक सप्ताह की अवधि में आप वांछित सूचना भेज देंगे।

भवदीय

....

[क ख ग]

....

(ब)

.............शासन

.... विभाग

पत्रांक.............. दिनांक........

अनुस्मरण पत्र संख्या............

विषय : ....

महोदय,

उक्त विषय में भेजे गए पत्र का उत्तर एक सप्ताह की अवधि में अविलम्ब भिजवायें तथा इसे प्राथमिकता दें।

भवदीय

....

[क ख ग]

.... पदनाम

(१४) पृष्ठांकन (Endorsement)

शासकीय पत्र-व्यवहार में पृष्ठांकन चार रूपों में प्रयुक्त होता है। प्रथम रूप में पृष्ठांकन तब किया जाता है, जब कोई मूल रूप में पत्र प्रेषक को ही वापस किया जाता है। द्वितीय रूप में पृष्ठांकन का प्रयोग तब किया जाता है, जब मूल पत्र की प्रतिलिपि प्रेषिती के अतिरिक्त किसी अन्य मंत्रालय या उससे सम्बद्ध किसी अन्य विभाग, प्रभाग तथा कार्यालयों को जानकारी दिए जाने अथवा टिप्पणी करने और

अन्तिम रूप से कार्य निपटाने के लिए भेजा जाता है। तृतीय रूप पृष्ठांकन तैयार करने का जब आता है, अब किसी पत्र की प्रतिलिपियाँ मूल पत्र के प्रेषिती के अतिरिक्त दूसरे अन्य सम्बन्धित व्यक्तियों की सूचनार्थ भेजी जानी आवश्यक होती हैं। चतुर्थ रूप में पृष्ठांकन मूल पत्र को अविकल रूप में सम्बन्धित व्यक्तियों को भेजा जाता है तो नीचे प्रेषित करने वाला कार्यालय पृष्ठांकन संख्या तथा दिनांक लगाकर सम्बन्धित व्यक्तियों को अग्रिम कार्यवाही का निर्देशन करने के लिए किया जाता है।

प्रारूपकार को इन चारों रूपों का ध्यान रखना बहुत आवश्यक होता है। प्रथम रूप में मूल पत्र पर ही कार्यालय कार्यवाही करता है और उस मूल पत्र पर नीचे बचे हुए स्थान पर अथवा उसके पीछे ही अपने विभाग का नाम, पत्रांक एवं दिनांक का उल्लेख कर "मूल पत्र इस टिप्पणी के साथ लौटाया जा रहा है कि···" वाक्य से आरम्भ कर उत्तर लिखा जाता है। परन्तु शासकीय कार्यालयों में प्रायः मूल पत्र वापस नहीं किए जाते हैं। तृतीय रूप में पृष्ठांकन करते समय पृष्ठांकन पर निम्नरूपेण शब्दावली प्रयोग की जाती है—

(अ) मूल पत्र के साथ उसके उत्तर की यह प्रतिलिपि सूचनार्थ अथवा पत्र-प्रदर्शन के लिए

(आ) आवश्यक कार्यवाही हेतु,

(इ) शीघ्र अनुपालनार्थ,

(ई) रिकार्ड के लिए,

(उ) उत्तर देने की कृपा करने के लिए प्रेषित की जा रही है,

(ऊ) प्रतिलिपि आवश्यक कार्यवाही एवं सूचनार्थ प्रेषित,

(ए) प्रतिलिपि सूचनार्थ।

मूल पत्र ही वापस किया जाए तो उस पर अपने कार्यालय का नाम, "पत्रांक एवं दिनांक का उल्लेख किया जाए।

इसमें सम्बोधन एवं स्वनिदेश नहीं होता है। मूल कथ्य की समाप्ति पर अधिकारी के हस्ताक्षर का स्थान छोड़कर नीचे कोष्ठक में अधिकारी का नाम, उसके नीचे पद-नाम अंकित किया जाता है।

भाषा शासकीय पत्रों की भाँति सुस्पष्ट, सरल होती है।

पृष्ठांकन अन्य पुरुष में ही होता है।

उदाहरण—

राज्य सम्पत्ति अनुभाग-१

संख्या ई-४३३(१) ३२ एन-टी-५२९-६७ दिनांक·········

प्रतिलिपि निम्नांकित को सूचनार्थ एवं आवश्यक कार्यवाही हेतु प्रेषित—

(१) महालेखाकार, उत्तर प्रदेश, इलाहाबाद,

(२) राज्य सम्पत्ति अधिकारी, उ० प्र० शासन, लखनऊ,

(३) मुख्य अभियन्ता, सार्वजनिक निर्माण विभाग, उ० प्र०, लखनऊ,

(४) अधीक्षण अभियन्ता, सार्वजनिक निर्माण विभाग, नैनीताल,

(५) अधिशासी अभियन्ता, प्रान्तीय प्रखण्ड, सार्वजनिक निर्माण विभाग, नैनीताल,

(६) सहायक अभियन्ता आवास, प्रान्तीय खण्ड, सार्वजनिक निर्माण विभाग, नैनीताल,

(७) मैनेजर, नैनीताल क्लब, नैनीताल,

(८) वित्त (ई-८) अनुभाग, सचिवालय, उ० प्र० शासन, लखनऊ।

(१५) प्रस्ताव (Proposal)

प्रस्ताव शासकीय पत्र व्यवहार एक महत्त्वपूर्ण स्वरूप है। विभिन्न प्रकृति के अनुसार इस प्रस्ताव के निम्नलिखित रूप स्वीकार किये जाते हैं—

(i) प्रस्ताव या संकल्प (Resolution)

(ii) प्रस्ताव या प्रज्ञप्ति (Proposal)

(iii) प्रस्ताव या उपस्ताव (Motion)

(अ) विशेषाधिकार (Priviledge Motion)

(आ) अविश्वास उपस्ताव (Non-confidence Motion)

(इ) धन्यवाद उपस्ताव (Thanks Motion)

(ई) निंदा उपस्ताव (Censor Motion)

(iv) शोक या सम्वेदना प्रस्ताव (Condolence)

उपर्युक्त वर्गीकरण से 'प्रस्ताव' नाम से विभिन्न शब्दों का भिन्न अर्थ मिलता है।

संकल्प (Resolution) का प्रयोग प्रायः निम्नलिखित अवस्थाओं में किया जाता है—

(अ) नीति सम्बन्धी सरकारी निर्णयों की घोषणाओं के हेतु,

(आ) जाँच आयोगों तथा समितियों की नियुक्ति तथा ऐसे अन्य निकायों के प्रतिवेदनों की जाँच के आँकड़ों को सार्वजनिक रूप से घोषित करने के लिए।

संकल्प शासन द्वारा सर्वप्रथम राजकीय राजपत्र या गजट में प्रकाशित किया जाता है।

प्रस्ताव या प्रज्ञप्ति (Proposal) अपनी योजनाओं को कार्यान्वित करने के लिए शासन द्वारा प्रस्तुत किये जाते हैं। निकायों निगमों आदि में भी विभिन्न

कार्यों के संचालन के लिए भी प्रस्ताव पारित किये जाते हैं। इनमें योजना या कार्य का स्वरूप, उसके निमित्त वित्तीय प्रावधान तथा क्रियान्वयन का स्वरूप प्रज्ञप्त किया जाता है। ऐसे प्रस्ताव शासन मंत्रिमण्डल द्वारा पारित कराता है। इसको विशेष परिस्थिति में ही राजकीय राजपत्र में प्रकाशित किया जाता है, पर सार्व-जनिक रूप से इसके व्यापक प्रचार के लिए समाचार पत्रों में प्रकाशित कराया जाता है।

जब कुछ प्रस्ताव मंत्रिमण्डल द्वारा सदन के पटल पर विचारार्थ सांसद अथवा विधायकों द्वारा सरकार के विचारार्थ रखे जाते हैं तो वे प्रस्ताव के स्थान पर संस्ताव (Motion) कहे जाते हैं। कभी-कभी सरकार के किसी प्रस्ताव या निर्णय पर विरोधी सांसद अथवा विधायकों या विरोध पक्ष पर सदन में एक प्रकार का प्रस्ताव रखा जाता है उसे 'निन्दा प्रस्ताव' (Censor Motion) कहा जाता है। संसद या विधानसभा आदि में सदस्यों को कुछ विशेषाधिकार प्राप्त हैं तथा इनके सदस्य कभी-कभी सरकार के निर्णय पर अपने विशेष प्रस्ताव रखकर पुन-र्विचार के लिए सरकार को बाध्य करते हैं तो उसे विशेषाधिकार उपस्ताव (Priviledge Motion) कहा जाता है। इसी प्रकार सरकार के विरुद्ध जो उपस्ताव या प्रस्ताव रखा जाता है उसे (Non-Confidence Motion) कहा जाता है। प्रशंसा करने के लिए विपक्ष एवं पक्ष द्वारा तथा सत्रारम्भ में राष्ट्रपति अथवा राज्यपाल के अभिभाषण पर धन्यवाद प्रस्ताव (Thanks Motion) भी विधा-यिकाओं में रखा जाता है।

प्रस्ताव का एक अन्य रूप और है जो 'शोक प्रस्ताव' (Condolence Mo-tion) कहलाता है जो किसी दुर्घटना, सार्वजनिक क्षति, महान व्यक्ति के निधन या सहकर्मी अधिकारी या कर्मचारी या अधीनस्थ कर्मचारी की मृत्यु या उसके निकटतम सम्बन्धी की मृत्यु पर शोक प्रस्ताव पारित करके भेजा जाता है।

शासकीय पत्र-व्यवहार में विशेषकर कार्लालयों में जिस रूप का प्रचलन है, वह प्रस्ताव (Proposal) का ही है। स्वायत्त संस्थाओं, निकायों तथा निगमों में नए कार्य संचालन के लिए पहले संचालक मण्डल में जो प्रस्ताव रूप प्रचलित है, वह संकल्प या संस्ताव (Resolution) कहा जाता है। कार्यालयों में तीसरा रूप सम्वे-दनापरक अभिव्यक्ति से सम्बन्धित शोक प्रस्ताव (Condolence Motion) होता है।

प्रारूपकार जब शासकीय व्यवस्था के अन्तर्गत किसी नये कार्य-संचालन अथवा वित्तीय व्यय हेतु जो भी व्यवस्था उच्चाधिकारियों अथवा मंत्रालय के समक्ष रखने के लिए प्रस्ताव रूप में रखता है तो उसमें—

(अ) पृष्ठभूमि और समस्या (Preamble)

(आ) पूर्व निर्गत शासकीय आदेश या निर्णयों का उल्लेख (Observations)

(इ) वर्तमान स्थिति (Present Position)

(ई) भावी व्यवस्थाओं का प्रारूप Resolution order

आदि का क्रमबद्ध उल्लेख करता है।

प्रस्ताव जिन-जिन उच्चाधिकारियों को प्रेषित किया जाएगा इसकी निर्देश भी प्रारूपकार नीचे करता है।

प्रस्ताव की भाषा सरल एवं सुस्पष्ट होती है ताकि शीघ्र ही समझ में आ सके।

प्रस्ताव अन्य पुरुष में लिखा जाता है।

उदाहरण—१

संकल्प (Resolution)
क्रमसंख्या २४/वि/७८/३-व्य/३७५
भारत सरकार
वित्त मंत्रालय
(व्यय अनुभाग)

नई दिल्ली, दिनांक २० जुलाई, १९८२

संकल्प

गत कुछ समय से भारत सरकार इस प्रश्न पर विचार कर रही है कि केन्द्रीय सरकार के कर्मचारियों को दिए जाने वाले मँहगाई भत्ते के कुछ अंश को मूल वेतन का ही एक भाग मान लिया जाय। अब भारत सरकार ने इस जाँच-पड़ताल हेतु तथा इस सम्बन्ध में सरकार की सिफारिश प्रस्तुत करने के लिए एक समिति के निर्माण का निर्णय किया है जिसमें सरकारी तथा गैर-सरकारी दोनों ही वर्गों के सदस्य होंगे।

श्री·········भूतपूर्व न्यायाधीश, भारत के सर्वोच्च न्यायालय (सुप्रीम कोर्ट आफ इडिण्या) इस समिति के अध्यक्ष होंगे तथा अन्य दो सदस्य होंगे—

(१) श्री············अवकाश प्राप्त नागरिक सेवा संवर्गीय

(२) श्री············सांसद

इस समिति का विचार-क्षेत्र निम्नलिखित होगा—

(अ) क्या महँगाई भत्ते को वेतन के अंश के रूप में मान लिया जाय?

(आ) क्या कर्मचारियों के वेतनक्रमों में संशोधन की आवश्यकता है?

(इ) उपयुक्त संशोधन क्या होने चाहिए?

(ह०)·················

सह सचिव,

भारत सरकार

क्रम-संख्या·········　　　　　　　　　　　　　　　　　　दिनांक···············

आदेश—आदेश दिया गया कि प्रस्ताव जनसाधारण की जानकारी हेतु भारत शासन के राजपत्र (गजट) में प्रकाशित किया जाए।

(ह०)···············

सह सचिव,

भारत सरकार,

उदाहरण—२

प्रज्ञप्ति (Proposal)

राजस्थान राज्य शीर्ष सहकारी उपभोक्ता भण्डार लि०

राजस्थान जयपुर

प्रस्ताव

राजस्थान राज्य शीर्ष सहकारी उपभोक्ता भण्डार लि०, राजस्थान, जयपुर की एक विशेष बैठक केन्द्रीय सभागार में राज्य के मुख्यमंत्री, वित्तमंत्री और सहकारिता एवं ग्रामीण विकास मंत्री के सान्निध्य में हुई और निम्नलिखित प्रस्ताव पारित किया गया—

"राजस्थान राज्य शीर्ष सहकारी उपभोक्ता भण्डार लि० राजस्थान, जयपुर की यह आवश्यक कार्य परिषद सर्वसम्मत रूप में यह पस्ताव करती है कि राज्य के प्रत्येक विकास खण्ड स्तर पर सहकारी उपभोक्ता भण्डार की शाखाएँ खोली जाएँगी और चीनी, किरासिन तेल, उपभोक्ता वस्तुएँ तथा रासायनिक खाद वितरण का समस्त कार्य यही शाखाएँ करेंगी तथा उनके सुदृढ़ संचालन के लिए विकास अधिकारी, प्रधान, तहसीलदार के प्रतिनिधित्व के अतिरिक्त जिला सहकारी भण्डार के अध्यक्ष एवं व्यवस्थापक तथा सहकारी जिला बैंक के अध्यक्ष एवं व्यवस्थापक और स्थानीय विधायक की एक समिति गठित की जाएगी।

(ह०)············	(ह०)············
सचिव,	अध्यक्ष,
राजस्थान राज्य शीर्ष सहकारी	राजस्थान राज्य शीर्ष सहकारी
उपभोक्ता भण्डार लि०	उपभोक्ता भण्डार लि०
राजस्थान, जयपुर	राजस्थान, जयपुर

(ह०)·········

महा प्रबन्धक

राजस्थान राज्य शीर्ष सहकारी उपभोक्ता
भण्डार लि०, राजस्थान
जयपुर

उदाहरण—३

शोक-प्रस्ताव

...............को यह आम सभा.........परिसर में कार्यरत श्री......के पूज्य पिताश्री.........की अकाल मृत्यु पर गहरा शोक प्रकट करती है तथा यह अनुभव करती है कि श्री...... ....के निधन से परिवार को अपार क्षति हुई है।

इस सभा में उपस्थित सभी ईश्वर से प्रार्थना करते हैं कि वह दिवंगत आत्मा को शान्ति प्रदान करे और श्री.........के परिवार के सभी सदस्यों को इस दारुण और असह्य दुख को सहन करने की शक्ति प्रदान करे।

हम हैं आपके दुख में सहभागी
.... के सभी सदस्य

दिनांक...............

(१६) प्रेस विज्ञप्ति (Press Note)

शासन या सरकार को जब सर्वसाधारण की जानकारी हेतु अपने निर्णय की सूचना देनी होती है तो प्रेस विज्ञप्ति प्रकाशित की जाती है। चूँकि प्रेस विज्ञप्ति या प्रेस नोट सरकार के किसी निर्णय, प्रस्ताव अथवा आदेश के विस्तृत प्रचार के लिए निर्गत किया जाता है अतः समाचारपत्रों में वह अविकल रूप से ही प्रकाशित किया जाता है। प्रेस विज्ञप्ति में काट-छाँट करने या परिवर्तन करने या सम्पादित करने का अधिकार समाचारपत्र के सम्पादक को भी नहीं होता है। लेकिन यदि प्रेस विज्ञप्ति नहीं है, समाचार ही शासकीय कार्यालय से निर्गत किया गया है, तो उसको सम्पादित किया जा सकता है।

शासन द्वारा प्रेस विज्ञप्ति को 'प्रेस कम्यूनीकेशन' या 'प्रेस कम्यूनीक' भी कहा जाता है। ऐसी विज्ञप्तियों को प्रसारण के लिए आवश्यक वैधिक निषेधों की परिपालना करना भी आवश्यक है क्योंकि सरकार एक निश्चित अवधि से पूर्व सभी समाचारपत्रों को अपनी ओर से विज्ञप्ति प्रकाशनार्थ प्रेषित करते हुए एक तिथि और निश्चित समय के पूर्व प्रकाशित किए जाने पर प्रतिबन्ध लगा देती है तथा स्वयं प्रेस विज्ञप्ति तैयार करके केन्द्रीय सरकार प्रेस सूचना ब्यूरो को और राज्य सरकारें अपने जनसम्पर्क निदेशालयों या लोकसम्पर्क निदेशालयों को अवधिपरक प्रतिबन्ध के साथ भेजती है।

परन्तु प्रकाशनार्थ मूल प्रेस विज्ञप्ति सूचना अधिकारी, जनसम्पर्क अधिकारी के पास प्रसारित किए जाने के लिए भी भेजी जाने से पूर्व अधिकृत अधिकारी द्वारा हस्ताक्षरित की जाती है।

अग्रसरित करनेवाले या हस्ताक्षर करनेवाले अधिकारी एवं पदनाम का दाईं ओर उल्लेख हो जाने के बाद बाईं ओर स्थान छोड़कर विज्ञप्ति प्रसारित करने-वाले अधिकारी को उसकी प्रति प्रकाशनार्थ कार्यवाही करने हेतु भेज दी जाती है।

प्रेस विज्ञप्ति करनेवाले मंत्रालय एवं विभाग का नाम भी अंकित किया जाता है।

प्रेस विज्ञप्ति

जनपद शाहजहाँपुर में कुछ ग्राम पंचायत अधिकारियों के अस्थायी रिक्त पद जो घट-बढ़ सकते हैं। आरक्षण शासनादेशानुसार हेतु आवेदन पत्र दिनांक २-७-८४ तक आमंत्रित किए जावेंगे।

फरवरी १९८२ में उक्त पद के लिए समाचारपत्र में प्रकाशित विज्ञप्ति संख्या ६१९-२१/प०/स्था० दिनांक ८-२-८४ के अन्तर्गत प्रेषित आवेदनपत्रों के प्रार्थियों को सूचित किया जाता है कि वे प्रार्थनापत्र निरस्त कर दिए गए हैं। यदि वे इस परीक्षा में भाग लेना चाहते हैं और सभी शर्तें पूरी कर रहे हैं तो उन्हें भी निर्धारित आवेदनपत्र के प्रारूप पर पुनः आवेदन करना आवश्यक होगा तथा साथ ही आवेदन शुल्क जो उन्हें गत प्रार्थनापत्र के साथ जमा किया था उसका चालान सं०, ट्रेजरी अथवा बैंक का नाम व स्थान आवेदन पत्र में अंकित करना होगा। शुल्क की शेष धनराशि अंकन ५-०० रुपया का चालान आवेदन पत्र के साथ भेजा जाए तभी विचार संभव हो सकेगा।

१-वेतनक्रम:-३३०-४९५

२-शैक्षिक योग्यता:-माध्यमिक शिक्षा परिषद की इंटरमीडियेट परीक्षा या उसके समकक्ष मान्यता प्राप्त कोई परीक्षा उत्तीर्ण की हो।

३-आयु प्रतिबंध:- १-१-८४ को १८ वर्ष से कम न हो तथा ३० वर्ष से अधिक न हो। अनुसूचित जाति, अनु० जन जाति पिछड़े वर्ग तथा स्वतंत्रता सेनानी आदि के अभ्यर्थियों की आयु में शासनादेशानुसार छूट।

४-आवेदन पत्र के साथ-शैक्षिक योग्यता, आयु, जाति, चरित्र आदि के आवश्यक प्रमाणपत्रों की सत्य प्रतिलिपियाँ संलग्न की जानी अनिवार्य हैं।

५-परीक्षा शुल्क:-परीक्षा शुल्क एवं फार्म का मूल्य ७.०० रुपया जो ट्रेजरी चालान से तीन प्रतियों में लेखा शीर्षक (८४३-पी० एल० ए०-जिला गाँव फंड) की मद में जनपद शाहजहाँपुर के किसी भी कोषागार में जमा कर एक प्रति चालान की आवेदन पत्र के साथ संलग्न कर भेजी जाए।

६-लिखित परीक्षा एवं साक्षात्कार :-लिखित परीक्षा दिनांक ८-७-८४ को आयोजित की जाएगी व सफल अभ्यर्थियों को साक्षात्कार हेतु पृथक से सूचित किया जाएगा।

परीक्षा के लिए निर्धारित केन्द्र व समय की सूचना प्रवेश पत्र में अंकित रहेगी। बिना प्रवेश पत्र के परीक्षा में बैठने की अनुमति नहीं दी जाएगी। आवेदन पत्र के साथ पास पोर्ट साइज के दो फोटो लगे होने चाहिए। आवेदनपत्र अपूर्ण अथवा गलत होने की दशा में निरस्त कर दिया जाएगा।

आवेदनपत्र का प्रारूप पंचायत उद्योग मिश्रीपुर जो फूस वाले बंगले में कैन्टूनमेंट एरिया में स्थित है प्रातः ११ बजे से ३ बजे सायं तक दिनांक २-७-८४ तक प्राप्त किया जावेगा। प्रवेश पत्र परीक्षा की तिथि से दो दिन पूर्व जिला पंचायत राज अधिकारी, शाहजहाँपुर के कार्यालय में प्राप्त करने होंगे। फार्म के साथ सेवा योजन कार्यालय के रजिस्ट्रेशन कार्ड की फोटो कापी लगना अनिवार्य होगा।

वी० एन० मिश्र
पंचायत राज अधिकारी, शाहजहाँपुर
(अमर उजाला से)

(१७) स्वीकृति / मंजूरी पत्र (Sanction Letter)

कुछ स्थितियों में शासकीय कार्य सम्पादन के निमित्त राष्ट्रपति या राज्यपाल से, जैसी भी स्थिति हो, किसी कार्य विशेष के सम्पादन की स्वीकृति किसी मंत्रालय, विभाग या कार्यालय को प्राप्त करना आवश्यक हो जाता है। यद्यपि यह शासकीय पत्र ही होता है, पर वह राष्ट्रपति या राज्यपाल, जैसी भी स्थिति हो, के नाम पर ही तैयार किया जाता है। स्वीकृति पत्र का प्रारूप ठीक शासकीय या सरकारी पत्र जैसा ही होता है। जिन अधिकारियों एवं कर्मचारियों पर इससे सम्बन्धित कार्य करने का दायित्व होता है अथवा जो प्रभावित होते हैं, उनके लिए इसका पृष्ठांकन किया जाता है। चूंकि इस स्वीकृति पत्र के साथ वित्तीय प्रश्न भी जुड़े होते हैं, अतः इसकी प्रतियाँ वित्त मंत्रालय और महालेखाकार को भी भेजी जाती हैं।

स्वीकृति या मंजूरी पत्र का प्रारूप तैयार करते समय प्रारूपकार को शासकीय पत्र की अर्हताओं का निर्वाह ही यहाँ करना होता है तथा उत्तम पुरुष में लिखा जाता है।

उदाहरण—१

पत्र संख्या...............
...............सरकार

सूचना एव प्रसारण मत्रालय

(पता)............

नई दिल्ली-११०००१

दिनांक............

प्रेषक—

मणिकान्त पाण्डेय,

.........सचिव

भारत सरकार

प्रेषिती—

क्षेत्रीय निदेशालय

सूचना एवं प्रसारण मंत्रालय

राजस्थान क्षेत्र

५-गोविन्द मार्ग

जयपुर-३०२००।

विषय : डूंगरपुर-बाँसवाड़ा इकाई में क्षेत्रीय प्रचार कार्यालय में अधिकारी की नियुक्ति

महोदय,

आपको यह सूचना देने का मुझे निदेश मिला है कि राष्ट्रपति ने कृपापूर्वक आपकी क्षेत्रीय इकाई डूंगरपुर-बाँसवाड़ा के लिए वेतन शृंखला...... में एक प्रचार अधिकारी पद की स्वीकृति प्रदान कर दी है।

इस सम्बन्ध में होनेवाला व्यय वर्तमान वित्तीय वर्ष के निर्धारित बजट में से ही किया जाएगा।

भवदीय

....

(क ख ग)

...सचिव

गृहमंत्रालय,

दिनांक.........

पत्रांक..............

प्रतिलिपि सूचनार्थ प्रेषित

सूचनार्थ एवं आवश्यक कार्यवाही हेतु

(१)..........................

(२)..........................

आज्ञा से

....

......सचिव

उदाहरण—२

उ० प्र० शासन

पर्वतीय विकास (?) विभाग

पत्र संख्या............ दिनांक.........

स्वीकृति पत्र

प्रेषक—

.........नाम

(पदनाम)

.........स्थान

प्रेषिती—

कुलपति

कुमाऊँ विश्वविद्यालय

नैनीताल

विषय : डी० एस० बी० संघटक कालेज, नैनीताल के क्षतिग्रस्त कला भवन के निर्माण के सम्बन्ध में

सन्दर्भ : आपका पत्र-संख्या............

दिनांक

प्रिय महोदय,

सन्दर्भगत विषय में मुझे यह कहने का निदेश हुआ है कि डी० एस० बी० संघटक कालेज, नैनीताल के आग में क्षतिग्रस्त भवन के पुनर्निर्माण के लिए पर्वतीय विकास विभाग से ३० लाख रुपए की राशि सार्वजनिक निर्माण विभाग को हस्तान्तरित कर दी गई है ताकि सार्वजनिक निर्माण विभाग निर्माण कार्य तुरत्प्रभाव से आरम्भ कर सके।

भवदीय

....

(क ख ग)

संयुक्त सचिव

पर्वतीय विकास विभाग

पत्र-संख्या......... दिनांक............

प्रतिलिपि सूचनार्थ एवं आवश्यक कार्यवाही हेतु प्रेषित—

(१) शिक्षा (१५) विभाग

(२) निदेशक उच्च शिक्षा, उ० प्र०, इलाहाबाद

(३) मुख्य अभियन्ता सार्वजनिक निर्माण विभाग, उ० प्र०, इलाहाबाद
(४) अधीक्षण अभियन्ता, सा० नि० वि० नैनीताल
(५) अधिशासी अभियन्ता, प्रान्तीय प्रखण्ड, सा० नि० वि० नैनीताल
(६) जिला अधिकारी, नैनीताल
(७) वित्त (ई-११) विभाग

आज्ञानुसार
....
(क ख ग)
संयुक्त सचिव

(१८) निविदा सूचना (Tender Notice)

निविदा या टेण्डर (Tender) शासकीय पत्र-व्यवहार का ऐसा रूप है जिसके द्वारा शासकीय विभागों एवं कार्यालयों में काम आनेवाली आवश्यक वस्तुओं का क्रय करने, एक सुनिश्चित राशि तक के किसी भी निर्माण कार्य, वस्तु सम्भरण आदि के लिए प्रसारित एवं प्रकाशित किया जाता है जिसके लिए शासन के पास निश्चित दरों के अनुबन्ध (Rate Contracts) नहीं होते हैं तथा किसी भी विभागाध्यक्ष को ऐसे शासकीय कार्य के निर्माण या किसी भी वस्तु के क्रय करने के स्वैच्छिक अधिकार नहीं होते हैं।

निविदा या टेण्डर एक प्रकार से शासकीय 'सूचना' (Notice) के रूप में ही होता है जिसके अन्तर्गत क्रय की जानेवाली वस्तु या निर्माण की जाने वाली वस्तु अथवा कार्यालय उपयोग में न आनेवाली वस्तु को बेचने का पूरा विवरण प्रकाशित कराया जाकर, अपनी निहित शर्तों के आधार पर वस्तु के क्रय-विक्रय या निर्माण के लिए इच्छुक निविदादाताओं से दरें (Rates) माँगी जाती हैं।

निविदा के निम्नलिखित प्रकार होते हैं—

(१) नीलामी सूचना (Tender for Sale)
(२) अल्पकालीन निविदा (Short Term Tender)
(३) कथित मूल्य/बाजार भाव (Quotation)
(४) सार्वभौम/विश्वव्यापी निविदा (Global Tender)

उपर्युक्त में जब किसी वस्तु को सार्वजनिक रूप से बेचने की सूचना प्रकाशित की जाती है तो उसे नीलामी सूचना (Tender for Sale) कहते हैं। इसी प्रकार किसी कार्य को सार्वभौमिक या विश्वव्यापी स्तर पर अच्छे ढंग से करना होता है तो उसके लिए विश्वव्यापी निविदा (Global Tender) आमन्त्रित किए जाते हैं। जब कार्य शीघ्र ही समाप्त कराया जाना होता है तो अल्पकालीन निविदा (Short Term Tender) माँगा जाता है। जब बाजार-भाव पर

वस्तु क्रय की जानी है तो उस दशा में कोटेशन (Quotation) आमन्त्रित किए जाते हैं। जिसमें धरोहर राशि (अर्नेस्ट मनी) जमा नहीं कराई जाती। निविदा आमन्त्रण मुहरबन्द (सीलबन्द) लिफाफे में वस्तुओं के नमूने या डिजायन एवं निश्चित धरोहर राशि (अर्नेस्ट मनी) सहित, एक निश्चित अवधि में या घोषित तिथि तक कार्य समाप्त करने के अनुबन्ध सहित विभाग या कार्यालय द्वारा निश्चित शर्तों पर किया जाता है, जिसमें निविदाकर्ता अधिकारी में उन निहित शक्तियों का उल्लेख भी रहता है जिनके अन्तर्गत वह किसी निविदा का निरस्त कर सकता है तथा उसे न्यायालय में चुनौती नहीं दी जा सकती है।

इफको

(बिक्री हेतु मुहरबन्द निविदा)

इफको, क्षेत्रीय कार्यालय बरेली द्वारा निम्न भण्डारागारों में खाली 'सी' क्लास बोरों की बिक्री हेतु अधोहस्ताक्षरकर्ता के कार्यालय में दिनांक ५.५.८४ की अपराह्न ४ बजे तक शील्डबन्द लिफाफे में पंजीकृत डाक द्वारा निविदाएँ आमंत्रित की जाती हैं। निविदाएँ ७-५-८४ की सुबह ११ बजे निविदादाताओं के समक्ष खोली जाएँगी।

इच्छुक खरीददार भण्डारागारों में बोरी का निरीक्षण जहाँ जैसे है कर सकते हैं।

निविदा के साथ ५००/- (पाँच सौ रुपए) का ड्राफ्ट सिक्योरिटी के रूप में जोकि इफको लखनऊ को देय होगा, संलग्न करना आवश्यक है अन्यथा निविदा निरस्त समझी जावेगी। नकद धनराशि स्वीकार नहीं की जावेगी।

अधोहस्ताक्षरकर्ता को पूर्ण अधिकार होगा कि वे किसी एक अथवा सभी निविदाओं को बिना कारण बताए रद्द कर सकते हैं।

भण्डारागार का नाम	खाली बोरों की संख्या	
	यूरिया	एन० पी० के०
१. परसाखेड़ा, बरेली	३००	६९७
२. पीलीभीत	—	१५३६
३. शाहजहाँपुर	१३४५	१८२५
४. बरेली सिटी	१२१६	१९०७
५. बदायूं	२५४०	१०५१

पूरनसिंह मेहरा
क्षेत्रीय प्रबन्धक, इफको
३५-एम/सी-१, रामपुर बाग, बरेली (उ. प्र.)

चूरू जिला सहकारी दुग्ध उत्पादक संघ लि०, सरदार शहर

क्रमांक : निर्माण: ८३-८४/४८८४-४५०३ दिनांक : १७-१२-८३

निविदा सूचना

परियोजना अधिकारी, चूरू जिला सहकारी दुग्ध उत्पादक संघ लि० सरदार शहर की ओर से निम्नलिखित निर्माण कार्य हेतु मोहरबन्द निविदाएँ 'अ' व 'ब' श्रेणी के सी० पी० डब्लू० डी० सार्वजनिक निर्माण विभाग, एम० ई० एस० जन स्वास्थ्य अभियांत्रिकी विभाग, से पंजीकृत ठेकेदारों से ही आमंत्रित की जाती हैं। कार्य से संबंधित जानकारी अधोहस्ताक्षरकर्ता के कार्यालय से किसी भी कार्य दिवस को प्राप्त की जा सकती है। निविदाएँ कार्य के सामने अंकित तिथि से एक दिन पूर्व कार्यालय से विक्रय की जावेंगी तथा प्राप्ति तिथि के दिन २ बजे तक प्राप्त की जाकर उसी दिन सायं ४ बजे उपस्थित ठेकेदारों के सामने खोली जावेंगी। धरोहर राशि निविदा प्रति लेने से पूर्व जमा करवानी होगी। एवं निविदा स्वीकृत होने के पश्चात ही लौटाई जा सकेगी। तार द्वारा प्रेषित निविदाएँ स्वीकार नहीं की जावेंगी। अधोहस्ताक्षरकर्ता को यह अधिकार होगा कि प्राप्त निविदाएँ बिना किसी सूचना के अस्वीकृत कर सकते हैं।

क्र०सं०	कार्य का नाम	अनुमानित लागत लाखों में	धरोहर राशि रु०	निविदा शुल्क रु०	कार्य अवधि	निविदा तिथि
१.	कार्यालय भवन का निर्माण	४.००	८,०००	५०	३माह	१.२.८४
२.	प्रबन्धक आवासगृह एक	१.३०	२,६००	३५	,,	,,
३.	सहायक परियोजना अधि० आवासगृह दो	१.२०	२,४००	३५	,,	,,
४.	चतुर्थ श्रेणी कर्मचारी आवास-गृह दो	०.८०	१,६००	२५	,,	,,
५.	गेरेज व गोदाम	१.००	२,०००	२५	,,	,,
६.	आन्तरिक सड़क	२.००	४,०००	३५	३माह	,,

नोट : १. काट-छाँट व बिना हस्ताक्षर की निविदाएँ अस्वीकृत समझी जाएँगी।

२. कार्य की मात्रा घटाई अथवा बढ़ाई जा सकती है।

३. निविदाकर्ता द्वारा दी गई किसी प्रकार की शर्त मान्य नहीं होगी।

४. सीमेन्ट तथा बिटुमन संघ देने के लिए बाध्य नहीं है, उपलब्ध होने

पर ही दिया जा सकेगा। अन्यथा ठेकेदार स्वयं प्रबन्ध करेगा।

५. कार्यालय आदेश देने के बाद १० दिन के अन्दर कार्य शुरू करना होगा।

सी-२०४ परियोजना अधिकारी

कार्यालय अधिशासी अभियन्ता,
खारा परियोजना निर्माण
खण्ड-प्रथम,
बादशाही बाग (सहारनपुर)
निविदा सूचना सं० ४/८४-८५

राज्यपाल, उत्तर प्रदेश की ओर से अधोहस्ताक्षरकर्ता द्वारा निम्न कार्य हेतु मोहरबन्द निविदा दिनांक १६-५-८४ को ३-०० बजे अपराह्न तक आमंत्रित की जाती हैं, जो उसी दिन ३-३० बजे अपराह्न में अधोहस्ताक्षरकर्ता अथवा उसके अधिकृत प्रतिनिधि द्वारा उपस्थित निविदादाताओं अथवा उनके अधिकृत प्रतिनिधियों के समक्ष खोली जाएँगी। प्रत्येक निविदा प्रपत्र के साथ धरोहर धनराशि जो डाकघर की बचत पास बुक, राष्ट्रीय बचत पत्र, काल डिपोजिट रसीद अथवा एफ० डी० आर० के रूप में, जो अधिशासी अभियन्ता, खारा परियोजना निर्माण खण्ड-प्रथम, बादशाही बाग (सहारनपुर) के नाम बन्धक होगी, संलग्न होनी चाहिए। बिना धरोहर राशि के कोई भी निविदा मान्य नहीं होगी। अधोहस्ताक्षरकर्ता को यह अधिकार सुरक्षित होगा कि वह किसी भी निविदा अथवा समस्त निविदाओं को अस्वीकार कर सकते हैं।

कार्य का नाम : खारा टेलरेस चैनल के किमी. १.३२ से १.६६ तक बोल्डर पिचिंग का कार्य।

धरोहर राशि रु० में : २६,०००.००

निविदा प्रपत्र का मूल्य रुपए में १००.००

कार्य पूर्ण होने का समय : १२ माह (बारह माह)

नोट : डाक द्वारा निविदा मँगाने पर रु० १०/- (दस रुपए) अतिरिक्त धन देना होगा।

डाक द्वारा निविदा प्रपत्र मिलने में विलम्ब का उत्तरदायित्व इस कार्यालय का नहीं होगा। निविदादाता निविदा देने से पूर्व कार्यस्थल का निरीक्षण कर लें।

२. खाली निविदा प्रपत्र, मूल्य जमा करने पर, जो वापस नहीं होगा, किसी भी कार्य दिवस में इस कार्यालय से प्राप्त किए जा सकते हैं। निविदा प्रपत्र का विक्रय दिनांक १६-५-८४ के एक बजे अपराह्न तक किया जाएगा।

३. निविदा प्रपत्र के साथ पांच रुपए का स्टाम्प पेपर संलग्न करना अनिवार्य है।

(भीमसैन)
अधिशासी अभियन्ता
D-२६७२१

(१९) तार (Telegram)

शासकीय कार्यालयों या विभागों में जब कोई सन्देश तत्क्षण कार्यवाही के लिए भेजना होता है अथवा जब शासकीय पत्र एवं तत्सम्बन्धी अनुस्मारक पत्रों (तीन-तीन पत्रों) या अर्द्ध शासकीय पत्र का कोई उत्तर प्राप्त नहीं होता है, तब तार का प्रयोग किया जाता है। 'तार' का प्रयोग किसी विषय अथवा समस्या की गम्भीरता तथा तत्क्षण कार्य सम्पादन के ज्ञापन के लिए किया जाता है।

तार का कलेवर अत्यन्त संक्षिप्त किन्तु सटीक एवं स्पष्ट होना चाहिए। अतएव शब्दचयन करते समय इस बात का ध्यान रखना आवश्यक है कि संक्षिप्तता के साथ-साथ स्पष्टता बनी रहे।

तार के प्रकार सामान्यत: निम्नलिखित हैं—

१. स्पष्ट भाषा तार (Enclair Telegram)
२. कूट भाषा तार (Code Telegram)
३. सामान्य तार (Ordinary Telegram)
४. द्रुतगामी तार (Express Telegram)
५. उच्च प्राथमिकता तार (Top Priority Telegram)
६. बधाई तार (Greeting Telegram)

स्पष्ट भाषा तार की भाषा स्पष्ट होती है और ये किसी भी कार्यालय द्वारा डाक के निर्दिष्ट पते पर भेजे जाते हैं। कूट भाषा तार के माध्यम से गोपनीय समाचार भेजे जाते हैं तथा गोपनीयता तथा सार्वजनिक हित का ध्यान रखते हुए कूट शब्दों (Code words) में ही भेजे जाते हैं। इस प्रकार के तार विदेश मंत्रालय के केन्द्रीय बीजांक कार्यालय द्वारा भेजे जाते हैं तथा इन्हें भेजते समय विदेश मंत्रालय द्वारा निर्धारित अनुदेशों का पालन करना जरूरी होता है। सामान्य कोटि के तार सामान्य कार्य-व्यवहार के लिए तथा द्रुतगामी तार शीघ्रातिशीघ्र उत्तर प्राप्ति के लिए प्रयोग में लिए जाते हैं। उच्च प्राथमिकता तार भी कभी-कभी कार्यालय की विशिष्ट कार्य वरीयता के स्तर पर प्रयोग किए जाते हैं। सरकारी प्रेस रिलीज या आकाशवाणी के लिए 'प्रेस टेलीग्राम' इसी कोटि में आते हैं। बधाई तार मूलत: कार्यालय के कार्य-व्यवहार के अन्तर्गत नहीं आता।

इसके अतिरिक्त शासकीय तारों की प्राथमिकता भी निम्नलिखित रूप में निर्धारित है—

(अ) जीवन रक्षा हेतु संकट सन्देश (S.O.S.)

(आ) अति तात्कालिक (Most Immediate)

(इ) सैन्य तात्कालिक (Operation Immediate)

(ई) तात्कालिक (Immediate)

(उ) आवश्यक (Important)

रिलेशन्स=जनसम्पर्क निदेशालय, इन्फारमेशन=सूचना निदेशालय, युगवार्ता= आल इण्डिया रेडियो आदि कभी-कभी कुछ व्यावसायिक संस्थान भी अपने संक्षिप्त नाम पंजीयत करा लेते हैं। यथा—रिलैक्स, प्रसादसंस, आरकौन (ARCON), विश्वविद्यालय, नागरी, कल्पतरु, आदि उक्त नाम लिखकर, स्थान का नाम लिखते हैं, पिनकोड भी लिखा जाना चाहिए। पिनकोड निर्मूल्य रहता है। पता लिखकर रेखा खींची जाती है।

मूल्य कथ्य अत्यन्त संक्षिप्त, परन्तु पूरे सन्दर्भ सहित लिखा जाता है।

हिन्दी में तार करते समय विभक्तियों एवं सहायक क्रियाओं को मिलाकर लिखा जाता है तथा उन्हें एक शब्द गिना जाता है। यथा—

'कमलेश कल प्रातः पहुंचरहीहै' अथवा

१ २ ३ ४

समसंख्यक पत्र दिनांकित सत्ताईस जून केउत्तरमें राममोहनको

१ २ ३ ४ ५ ६ ७

तुरत्प्रभावसे मुख्यालयमें स्थानान्तरितकियाजाताहै

८ ९ १०

मूल कथ्य समाप्त होने के बाद दाईं ओर प्रेषक अधिकारी का पदनामोल्लेख किया जाता है तथा उसके नीचे बाएं से दाएं रेखा खींच दी जाती है।

रेखा के नीचे 'तार में सम्मिलित नहीं किया जाए' का वाक्यांश लिखकर 'डेश' लगाकर तार प्रेषण का कार्यालय का पत्रांक व दिनांक लिखा जाता है।

प्रेषण अधिकारी के हस्ताक्षर के नीचे कोष्ठक में अधिकारी का नाम, उसके नीचें पदनाम एवं कार्यालय का पूरा पता लिखा जाता है।

तार की पुष्टि के लिए प्रारूप की तीन प्रतियाँ टंकित कराके एक प्रति डाक द्वारा मूल रूप से 'प्रेषिती' को भेज दी जाती है।

उदाहरण—

तार सरकारी तुरत/मामूली

सहकारिता
जयपुर—३०२००४
संख्या ३६७२ दिनांकित सात जून तारांकित प्रश्न (विराम)
उत्तर भेजदियागयाहै (विराम)

उपरजिस्ट्रार

तार में सम्मिलित न किया जाए
संख्या सविरा/१२(२०) क/८३ दिनांक..............

(ह०)..................

(गोविंद कान्त शर्मा)
उपरजिस्ट्रार
सहकारी समितिया
उदयपुर खण्ड, उदयपुर

(२०) तारपुष्टि पत्र (Confirmation Letter of Telegram)

शासकीय कार्यालय द्वारा अपने अधीनस्थ या उच्चाधिकारी को दिए गए तार की पुष्टि के प्रमाणस्वरूप तार के तैयार प्रारूप की एक टंकित प्रति डाक से प्रेषिती के नाम, पदनाम तथा पूरे पते के उल्लेख के साथ भेजा जाना आवश्यक होता है।

प्रारूपकार को तार के मूल प्रारूप को तैयार करते समय ही सारी अर्हताएँ पूरी करनी होती हैं ही, अन्त में अधिकारी के हस्ताक्षर से पूर्व लिखना होता है—'तार की प्रति पुष्टि के प्रमाण हेतु सामान्य डाक से प्रेषित कर तुरन्त कार्यवाही अपेक्षित है।' इसके उपरान्त प्रेषिती का पूरा नाम, पदनाम, कार्यालय का पता निर्दिष्ट किया जाता है।

उदाहरण—

तार सरकारी मामूली

............(प्रेषिती)
............(मूल पता)
............(स्थान)

............(विराम)

............प्रेषक

तार में सम्मिलित नहीं किया जाए—
संख्या............ दिनांक............

तार की प्रति पुष्टि के प्रमाण हेतु सामान्य डाक से प्रेषित कर तुरन्त कार्यवाही अपेक्षित है।

(ह०)............
नाम ....
पदनाम ....

श्री............(प्रेषिती)
............(पदनाम)
............(कार्यालय का पूरा पता)
............(स्थान पिनकोड)

(२१) मितव्यय पत्र (Savingram)

शासकीय कार्यालयों में किसी अधीनस्थ कार्यालय या इकाई अथवा मुख्यालय से किसी कार्यवाही की शीघ्रता की अपेक्षा करके तारघर से न भेजकर मितव्ययता करते हुए 'तार' तैयार करके डाक से भेज दिया जाता है। लेकिन ऐसा ही मितव्यय पत्र कभी-कभी विदेशी राष्ट्रों में स्थित दूतावासों के लिए कूट भाषा में सामान्य कूटनीतिक थैलों के माध्यम से भेजे जाते हैं तथा उनके प्रारूप तैयार करते समय प्रारूपकार सबसे ऊपर 'मितव्यय पत्र' का उल्लेख करता है। शेष रूप 'तार' के समान ही रहता है।

(२२) द्रुत पत्र (Express Letter)

जब सरकारी समाचार, सन्देश, सूचना, निर्णय आदि बहुत शीघ्र ही भेजे जाने होते हैं तो दुत पत्र का प्रयोग किया जाता है। पत्र का प्रारूप तैयार करते समय सबसे ऊपर द्रुत पत्र (Express Letter) लिख दिया जाता है, शेष प्रारूप शासकीय पत्रों, ज्ञापनों, आदेशों आदि का तदनुरूप ही रहता है। पत्र के लिफाफे के ऊपर पता लिखने से पहले ही तुरत या द्रुत पत्र (Express Letter) लिखा जाता है। डाक-तार विभाग पहले अतिरिक्त शुल्क लेकर ऐसे द्रुत पत्रों के वितरण में प्राथमिकता देकर 'तार' की भाँति ही वितरण करता था। लेकिन डाक-तार विभाग ने अब इस प्राथमिकता से वितरण सेवा समाप्त कर दी है।

(२३) रेडियोग्राम (Radiogram)

रेडियोग्राम तुरत कार्यवाही के लिए तार की श्रेणी के ही शासकीय पत्र-व्यवहार का एक रूप है जिसमें मंत्रालय अपने अधीनस्थ विभागों या कार्यालयों को अविलम्ब कार्यवाही करने हेतु किसी भी समय प्रयोग में लाता है। मंत्रालय बेतार के तार जिला मुख्यालयों तथा पुलिस थानों पर आवश्यक सन्देश प्रेषित कर देता

है और सम्बन्धित प्रभारी उसे अपने यहाँ रिकार्ड कर जिस अधिकारी, कार्यालय अथवा विभाग को उक्त समाचार या पत्र को भेजा जाना आवश्यक होता है, विशेष सन्देशवाहक से लिखित रूप में या तुरंत दूरभाष से अवगत करा देता है।

रेडियोग्राम तैयार करते समय सबसे पहले रेडियोग्राम भेजने के स्थान का कोड सहित उल्लेख किया जाता है तथा उसके साथ ही रेडियोग्राम का कोड नम्बर भी अंकित किया जाता है। फिर दूसरी पंक्ति में प्रेषिती का पदनाम तथा स्थान और तीसरी पंक्ति में प्रेषक का पदनाम लिखा जाता है। चौथी पंक्ति में रेडियोग्राम का क्रमांक और दिनांक रहता है। उसके पश्चात् मूल सन्देश लिखा जाता है।

उदाहरण—

रेडियोग्राम

कखग लखनऊ से नैनीताल (कोड) एन आर ३४७ सी आर २७०

प्रेषिती—कुलपति कुमाऊँ विश्वविद्यालय

प्रेषक—सचिव, उत्तर प्रदेश शासन, शिक्षा विभाग

क्रमांक ३६६४/एक्स वी/१५/८४ २७/८ यू एन सी

यह सूचना मिली है कि उत्तर प्रदेश आवासीय विश्वविद्यालय शिक्षक संघ के संकेत पर अपनी मांगें मनवाने के लिए आवासीय विश्वविद्यालय के शिक्षक अनिश्चित काल के लिए हड़ताल पर हैं। यह भी सूचना मिली है कि शिक्षकों ने वैतनिक एवं अन्य प्रकाशकीय कार्यों से भी त्यागपत्र दे दिए हैं। अपने विश्व-विद्यालय के शिक्षकों द्वारा की गई हड़ताल के सम्बन्ध में पूरा विवरण भेजिए।...

उक्त सूचना विशेष सन्देशवाहक के हाथ तुरन्त सरकार को उपलब्ध कराएँ।

(२४) प्राप्ति स्वीकृति/पावती पत्र (Acknowledgement Letter)

शासकीय पत्रों का औपचारिक एवं संक्षिप्त उत्तरात्मक पत्र होता है। प्रधानमंत्री, मुख्यमंत्री एवं मुख्य निदेशालयों तथा कार्यालयों के नाम अनेक अधि-कारियों एवं कार्यालय के कार्य-व्यवहार के विरुद्ध शिकायतें आती हैं, पर इनमें सम्बोधित किए गए अधिकारी के पास इतना समय ही नहीं होता कि उन पर ध्यान दे सकें। केवल गोपनीय या कुछ विशेष पत्रों को सम्बन्धित अधिकारी के समक्ष रखा जाता है, अन्य पत्रों, शिकायतों आदि को सम्बन्धित अधिकारियों, विभागों एवं कार्यालयों को भेज दिया जाता है, परन्तु पत्र-प्रेषक के सन्तोष के लिए मंत्रालय या मुख्यालय या निदेशालय द्वारा एक पूर्वमुद्रित प्राप्ति स्वीकृति पत्र में दिनांक भरकर इस सम्बन्ध में अधिकृत अधिकारी (निजी सचिव/कार्यालय अधीक्षक)

या प्रभागाधिकारी के हस्ताक्षर से प्रेषक को भेज दिया जाता है।

उदाहरण—

प्रधानमंत्री
भारत सरकार
सफदरजंग,
नई दिल्ली—११०००१

श्री ....
....

प्रिय महोदय/महोदया,

आपका पत्र दिनांक————प्रधानमंत्रीजी को मिल गया है। उस पर उचित कार्यवाही की जा रही है।

भवदीय
....
निजी सचिव/सहायक
प्रधानमंत्री का निजी सचिवालय

(२५) विज्ञापन (Advertisement)

केन्द्रीय या प्रान्तीय शासन या सरकार अपनी योजनाओं के प्रचार-प्रसार के लिए जहाँ प्रेस विज्ञप्ति या सूचनाएँ निर्गत करती हैं; वहीं कार्यक्रमों, नियुक्तियों अथवा सार्वजनिक क्षेत्र के उत्पादों के व्यापक प्रचार हेतु विज्ञापन का आश्रय भी लेती है क्योंकि विज्ञापन सम्प्रेषण का सर्वोत्तम माध्यम होता है तथा अन्य प्रारूपों की अपेक्षा जनता तक शीघ्रातिशीघ्र पहुँचता है।

विज्ञापन को निम्नलिखित रूप में वर्गीकृत किया जा सकता है—

(i) नियुक्ति विज्ञापन (Appointments Advt.)
(ii) सामान्य विज्ञापन (Ordinary Advt.)
(iii) वर्गीकृत विज्ञापन (Classified Advt.)
(iv) संक्षिप्त विज्ञापन (Short Advt.)
(v) पैनल विज्ञापन (Panel Advt.)
(vi) डिसप्ले विज्ञापन (Display Advt.)
(vii) पोस्टर विज्ञापन (Poster Advt.)
(viii) दीवार विज्ञापन (Wall Advt.)

शासकीय विज्ञापन प्रायः नियुक्ति, सामान्य प्रचार, संक्षिप्त, डिसप्ले, पोस्टर, दीवार पैनल आदि में वर्गीकृत रहते हैं। केन्द्रीय सरकार के विज्ञापन दृश्य एवं

प्रचार निदेशालय (D.A.V.P.) द्वारा तथा प्रान्तीय स्तर पर सूचना या जन सम्पर्क या लोकसम्पर्क निदेशालय या विभाग द्वारा निर्गत किए जाते हैं। शासकीय उपक्रम (undertakings) के भी विज्ञापन शासकीय तंत्र के अनुसार ही विज्ञाप्ति किए जाते हैं।

विज्ञापन के माध्यमों के प्रकार :

विज्ञापन के अनेक माध्यम हैं, उनमें से कुछ निम्नलिखित हैं—

(अ) प्रेस विज्ञापन (आ) बाह्य विज्ञापन (इ) डाक विज्ञापन

(ई) मनोरंजन विज्ञापन (उ) क्रयबिन्दु विज्ञापन (ऊ) विविध विज्ञापन—

(i) रेडियो (ii) टेलीविजन (iii) सिनेमा (iv) नाटक

(v) संगीत (vi) प्रदर्शनी (vii) केटलॉग (viii) पुस्तिकाएँ

(ix) फोल्डर (x) ब्रॉचर्स (xi) हैण्डबिल (xii) पोस्टर्स

जीवन के प्रत्येक क्षेत्र में विज्ञापन का विशेष महत्त्व है। वह मात्र व्यवसायी के लिए ही नहीं, अपितु जीवन के प्रत्येक क्षेत्र में भी उपयोगी है। राजकीय या प्रशासकीय कार्यों में भी विज्ञापन का विशेष महत्त्व है। देश की आर्थिक एवं सामाजिक प्रगति, सरकार या प्रशासन द्वारा जनता के लिए की गई कार्यव्यवस्था उपलब्ध कराना, नयी योजनाओं के प्रचार-प्रसार आदि के लिए विज्ञापन का माध्यम श्रेष्ठ है।

विज्ञापन की सामग्री के साथ शासन या विभाग या निदेशालय द्वारा सहपत्र (Covering Letter) भी भेजा जाता है जिसमें प्रकाशित करने की अवधि के साथ विज्ञापन-दरों तथा विभागीय भुगतान सम्बन्धी आवश्यक निर्देश भी लिखे होते हैं।

शासकीय विज्ञापनों में विज्ञापन की भाषा व्यावसायिक संस्थानों की भाषा के अनुरूप न होकर संयत एवं शिष्ट तथा सोद्देश्य होती है। व्यावसायिक संस्थानों के विज्ञापनों की भाषा अपने उत्पाद की विक्रय-वृद्धि के उद्देश्य से चमत्कारिक रखी जाती है।

उदाहरण—१

स्वाधीनता दिवस के पुनीत पर्व पर

कानपुर विकास प्राधिकरण

महानगर के नागरिकों का अभिनन्दन करता है

—तथा—

उनकी सेवा में सतत् प्रयत्नशील

महानगर के त्वरित विकास में आपका सहयोग अपेक्षित है :

आर० डी० पाठक — सचिव

रोशनलाल आई० ए० एस — उपाध्यक्ष

जनसम्पर्क विभाग कानपुर विकास प्राधिकरण द्वारा प्रसारित

उदाहरण—२

आवश्यकता है

पंजाब सहकारी डेयरी का उत्पादन 'अम्बर' शुद्ध घी के वितरण के लिए बड़े शहर एवं जिलेवार वितरक नियुक्त करने हैं। आर्थिक स्थिति से सुदृढ़ व्यापारी ३१-४-८४ से पहले पत्रव्यवहार करें।

ब्रांच आफिस

दी पंजाब स्टेट को० मिल्क प्रोड्यूसर्स फैडरेशन लि०

C/O **फेअर ट्रेड ऐजेन्सीज**

D/३५, पत्रकार कालोनी, जवाहर नगर पुलिया नं० १, जयपुर

फोन : ४०७२६

उदाहरण—३

पर्वतीय क्षेत्र की पालीटेकनिकों की प्रवेश सूचना

संस्था का नाम	कामर्शियल फार्मेसी प्रैक्टिस	स्टेनोग्राफी एवं सेक्रेटेरियल प्रैक्टिस
१. राजकीय पालीटेकनिक उत्तरकाशी—	४०	३०
२. राजकीय पालीटेकनिक द्वाराहाट (अलमोड़ा)—	४०	३०
३. राजकीय पालीटेकनिक लोहाघाट (पिथौरागढ़)—	—	३०
४. राजकीय पालीटेकनिक श्रीनगर (गढ़वाल)—	४०	—
५. राजकीय पालीटेकनिक देहरादून—	४०	—
६. राजकीय पालीटेकनिक गोचर (चमोली)—	४०	—

(१) स्टैनोग्राफी एवं सेक्रेटेरियल प्रैक्टिस पाठ्यक्रम केवल महिलाओं के लिए

है, परन्तु महिला अभ्यर्थी के पर्याप्त मात्रा में उपलब्ध न होने की दशा में पुरुष अभ्यर्थियों को प्रवेश दिया जा सकेगा।

(२) स्टेनोग्राफी एवं सेक्रेटेरियल प्रैक्टिस के लिए अभ्यर्थी को इन्टरमीडियट परीक्षा हिन्दी तथा अँग्रेजी विषयों के साथ उत्तीर्ण होना अनिवार्य होगा।

(३) फार्मेसी पाठ्यक्रम में प्रवेश निमित्त अभ्यर्थी को विज्ञान तथा गणित से तथा जीवविज्ञान विषयों के साथ हाई स्कूल परीक्षा उत्तीर्ण होना अनिवार्य है।

प्रवेश हेतु आयु सीमा

अभ्यर्थियों की आयु दिनांक ३० जून, १९८४ को कम से कम १४ वर्ष तथा अधिक से अधिक २२ वर्ष होनी चाहिए। अनुसूचित जाति/जनजाति के अभ्यर्थियों को प्रवेश हेतु निर्धारित आयु सीमा में ३ वर्ष की छूट प्रदान की जाएगी।

आरक्षित स्थान

अनुसूचित जाति के लिए १८ प्रतिशत स्थान, जनजाति के अभ्यर्थियों के लिए २ प्रतिशत तथा पिछड़े वर्ग के अभ्यर्थियों के लिए १५ प्रतिशत एवं स्वतंत्रता संग्राम सेनानी/सैनिक के पुत्रों तथा पुत्रियों के लिए ५ प्रतिशत स्थान सुरक्षित हैं। सीमा क्षेत्र के विद्यार्थियों तथा सीलोन एवं पूर्वी अफ्रीका से आए हुए शरणार्थियों के लिए भी स्थान सुरक्षित हैं। परन्तु उनको सम्बन्धित जिलाधिकारी द्वारा इस आशय का प्रमाण पत्र प्रस्तुत करना होगा। पर्वतीय क्षेत्रों के मूल निवासियों के लिए कुल प्रवेश क्षमता ३३-१/३ प्रतिशत सीटें आरक्षित हैं।

सामान्य :- प्रवेश हेतु निर्धारित आवेदन पत्र संबंधित प्रधानाचार्य के कार्यालय से जहाँ पर अभ्यर्थी प्रवेश चाहता है से रु० २/- नकद मूल्य जमा करके अथवा डाक द्वारा प्रवेश फार्म मँगवाने हेतु रु० २/- का पोस्टल आर्डर तथा १०×२३ से० मी० का स्वयं पता लिखा लिफाफा जिस पर साधारण डाक द्वारा मँगवाने के लिए ७५ पैसे का टिकट तथा रजिस्टर्ड डाक द्वारा मँगवाने हेतु रु० ३.५० पैसे अथवा वर्तमान पोस्टल दरों के आधार पर लिफाफा भेजना अनिवार्य होगा।

प्रवेश हेतु अन्तिम तिथि

संस्थाओं से प्रवेश फार्म प्राप्त करने तथा जमा करने की अन्तिम तिथि ५ जुलाई, १९८४ होगी।

उपनिदेशक प्राविधिक शिक्षा, उ० प्र०

(अमर उजाला से साभार)

व्यावसायिक पत्र : परिभाषा, अर्थ, महत्त्व एवं भेद

परिभाषा—"व्यावसायिक पत्र से आशय ऐसे पत्रों से है जो व्यक्ति और संस्थान अथवा दो व्यावसायिक संस्थानों के मध्य व्यवसाय से सम्बन्धित उद्देश्यों की पूर्ति के निमित्त लिखे जाते हैं।"

उक्त परिभाषा के अतिरिक्त कुछ अन्य परिभाषाएँ निम्नलिखित रूप में मिलती हैं—

— श्रेष्ठ व्यावसायिक पत्र संस्थान या लेखक का प्रतिनिधि होता है।
— व्यावसायिक पत्र की श्रेष्ठता में लेखक का व्यक्तित्व झलकता है।
— संस्थान की गरिमा और विशिष्टता उसके द्वारा प्रेषित पत्रों के माध्यम से जानी जा सकती है।
— किसी बिक्री के होने या न होने का निर्णय एक व्यावसायिक पत्र कर सकता है, वही किसी की शिकायत दूर कर सकता है, नये ग्राहक बना सकता है या पुराने ग्राहक भी तोड़ सकता है।
— व्यावसायिक पत्र-व्यवहार एक टंकित रूप में ही परस्पर वार्ता है।
— व्यावसायिक पत्र में निहित तर्कपूर्ण शैली पाठक में व्यवसाय के प्रति विश्वास उत्पन्न कर साख जमाती है।
— व्यावसायिक पत्र में सदैव ग्राहक या पत्र-प्राप्तकर्ता का दृष्टिकोण सर्वोपरि महत्त्व पाता है।
— व्यावसायिक पत्र संस्थान के ग्राहक के साथ गहरे मैत्री सम्बन्धों को प्रभावकारी बनाता है।
— व्यावसायिक पत्र लिखित विवरण रखकर व्यवसाय को प्रोत्साहित कर साख बढ़ाने का प्रमुख साधन है।

अर्थ—विभिन्न व्यवसायों के मध्य वाणिज्यिक कार्यों से सम्बन्धित पत्र-व्य-

वहार 'व्यावसायिक पत्र' के अन्तर्गत आता है जिनमें पारस्परिक व्यावसायिक मूल्यों, सुविधाओं, ग्राहक-विस्तार, उत्पादक और विक्रेता के सम्बन्धों, माल के उधार विषयक निश्चयों का उल्लेख रहता है।

व्यावसायिक पत्र व्यक्तिगत, पारिवारिक एवं कार्यालयीय पत्रों से भिन्न होते हैं। ये पत्र दो व्यावसायिक संस्थाओं या व्यावसायिक संस्था और ग्राहक, ग्राहक और संस्था, उत्पादक और विक्रेता के बीच लिखे जाते हैं।

क्षेत्र

व्यावसायिक पत्रों के क्षेत्र में वे सभी पत्र सम्मिलित किये जाते हैं, जो वाणिज्यिक मामलों से सम्बन्धित हों। इन वाणिज्यिक मामलों में व्यापारिक कार्यों के अतिरिक्त इसमें बैंक एवं बीमा विषयक सभी कार्य आते हैं। अतः व्यावसायिक पत्रों के क्षेत्र का उल्लेख निम्न प्रकार किया जा सकता है—

(१) भाव की पूछताछ, निर्ख व आदेश (२) व्यावसायिक सन्दर्भ एवं साख
(३) आदेशों की अस्वीकृति और निरसन (४) आदेशों की पुष्टि एवं पूर्ति
(५) शिकायत एवं समायोजन (६) तकादे या वसूली
(७) गश्ती, सिफारिश एवं अनुगमन (८) सार्वजनिक अधिकारी एवं कार्यालय
(९) बैंकिंग व बीमा (१०) एजेन्सी (११) विदेशी व्यापार

व्यावसायिक पत्रों का उद्देश्य

व्यावसायिक पत्र सदैव किसी न किसी उद्देश्य की पूर्ति के लिए लिखे जाते हैं अतः श्रेष्ठ व्यावसायिक पत्र वही होता है, जो विधिवत् रूप में निम्नलिखित उद्देश्यों की पूर्ति कर सकता है —

(१) वस्तुओं के विक्रय हेतु प्रोत्साहन
(२) ग्राहक सेवाओं का विस्तार एवं नये बाजार की खोज
(३) खोये ग्राहक की पुनः प्राप्ति एवं नये ग्राहकों से सम्पर्क
(४) विक्रय प्रतिनिधियों हेतु आवश्यक भूमिका की तैयारी
(५) व्यापारियों के लिए नवप्रेरणा
(६) साख का निर्माण
(७) अशोध्य ऋण की आसान वसूली
(८) शिकायतों का समायोजन
(९) नवीन विपणियों की खोज
(१०) व्यवसाय के प्रति अभिरुचि जगाना

यहाँ यह कहना अनिवार्य है कि किसी व्यापार की सफलता काफी सीमा तक पत्र-व्यवहार की कुशलता पर निर्भर करती है। यदि व्यापारिक पत्र निर्धा-

रित रूप में आकर्षक ढंग से लिखा गया है तो यह लिखने वाले के 'दूत' के रूप में कार्य करता है क्योंकि यह पत्र-व्यवहार व्यावसायिक सफलता का द्वार खोलता है, ग्राहकों से परिचय बढ़ाता है तथा अधिक से अधिक व्यवसाय दिलाने के साथ व्यावसायिक क्षेत्र में अपनी साख-वृद्धि करने में सहायक होता है।

व्यावसायिक पत्र-लेखन समय की बचत और लिखित रूप में व्यावसायिक वार्ताओं का लिखित प्रमाण का काम करके व्यावसायिक सम्प्रेषण के उद्देश्य पूरे करने में महत्त्वपूर्ण भूमिका अदा करता है।

व्यावसायिक पत्र का महत्त्व

वर्तमान औद्योगिक युग में व्यावसायिक पत्रों का महत्त्व बढ़ गया है। आज प्रत्येक क्षेत्र में उत्पादन-तकनीक की उन्नतावस्था के कारण उत्पादन-वृद्धि जिस मात्रा में बढ़ी है उसी अनुपात में व्यावसायिक पत्रों की महत्ता का भी विस्तार होता गया है।

व्यावसायिक पत्र का महत्त्व निम्नलिखित रूप में जाना जा सकता है—

(१) **प्रभावी व्यक्तिगत सम्पर्क**—व्यावसायिक क्षेत्रों में जो प्रभाव पत्र-व्यवहार से होता है, वह व्यक्तिगत सम्पर्क से कहीं अधिक होता है, क्योंकि पत्र के माध्यम से वे सारी बातें स्पष्ट कही जा सकती हैं जिन्हें व्यक्तिगत रूप से कहे जाने में संकोच रहता है।

(२) **श्रेष्ठ साक्ष्य**—व्यावसायिक क्षेत्रों में उत्पन्न न्यायिकवाद में लिखा हुआ पत्र न्यायालय में श्रेष्ठ साक्ष्य के रूप में प्रस्तुत किया जा सकता है।

(३) **प्रभावोत्पादक**—व्यावसायिक पत्र की भाषा व्यक्ति-भाषा से कहीं अधिक प्रभावशाली एवं लिखित रूप में प्रामाणिक होती है तथा पारस्परिक व्यावसायिक सम्बन्धों की वृद्धि में सहायक होती है।

(४) **पुष्टीकरण**—व्यावसायिक क्षेत्रों में अनेक बार फोन पर व्यावसायिक वार्ताएँ निश्चित हो जाती हैं, पर उनका कोई लिखित प्रमाण नहीं होता है। पर व्यावसायिक संस्थान फोन पर हुई वार्ता को पत्र के माध्यम से पुष्टि प्रदान करता है ताकि भविष्य में तत्सम्बन्धी भ्रम या विवाद उत्पन्न न हो। इसी प्रकार तार भेजने की दशा में भी पुष्टि हेतु पत्र ही भेजा जाता है।

(५) **समाधान**—व्यावसायिक क्षेत्र में अनेक मुद्दों पर उत्पन्न गहन एवं जटिल समस्याओं के सुलझाने का माध्यम व्यावसायिक पत्र लेखन ही होता है तो सक्षम तर्क से समाधान प्रस्तुत करने का सर्वोत्कृष्ट माध्यम होता है।

(६) **लम्बे पत्र**—व्यावसायिक संस्थान में समयाभाव और ग्राहकों की उपस्थिति में दीर्घवार्तालाप अनपेक्षित रहता है और उसके लिए समय का भी आभाव रहता है, पर पत्र लम्बा भी हो तो उससे व्यावसायिक संस्थान को उकताहट नहीं

होती, उपेक्षा तो कदापि सम्भव नहीं है। पर अधिकांशतः लम्बे पत्र व्यावसायिक क्षेत्रों में कम ही होते हैं।

(७) **कठोरता का व्यवहार**—किसी भी व्यावसायिक संस्थान में क्रेता-विक्रेता उत्पादक और ग्राहक के बीच व्यवहार में कठोरता व्यवसाय के प्रति आघात पैदा करती है। पर पत्र के माध्यम से किसी भी अनुरोध को अस्वीकार करने और इसके लिए कम से कम व्यावहारिक कठोरतम शब्द प्रयोग किये जाने में सुविधा रहती है।

(८) **अनेक सम्पर्क-सूत्रों की उपलब्धता**—व्यावसायिक क्षेत्रों में वार्ता एक समय में एक व्यक्ति से ही की जा सकती है, पर व्यावसायिक पत्रों के माध्यम से एक ही समय में अनेक ग्राहकों से सम्पर्क किया जा सकता है। गश्ती पत्र इसी प्रकार के सम्पर्क करने का सबसे बड़ा साधन है।

व्यावसायिक पत्र के मूल तत्त्व

व्यावसायिक पत्र-व्यवहार को प्रभावी बनाने के लिए निम्नलिखित बातों पर ध्यान देना आवश्यक है—

(१) दीर्घकालीन विनियोग
(२) लिखित अनुबन्धता
(३) व्यवसाय की गारण्टी
(४) आश्वासनों की वैधिक पूर्ति
(५) तात्कालिकता एवं संक्षिप्तता
(६) अवसरानुकूलता
(७) सुव्यवस्थितता एवं सुस्पष्टता
(८) उपयुक्त रंगों द्वारा ध्यानाकर्षण
(९) प्रभावी प्रारम्भ एवं अंत
(१०) सुन्दर और सुस्पष्ट वाक्य व्यवस्था

उक्त तत्वों के आधार पर व्यावसायिक पत्रों के निम्नलिखित कार्य स्पष्ट होते हैं—

व्यावसायिक पत्रों का कार्य

(१) लिखित विवरण
(२) व्यवसाय को प्रोत्साहन
(३) साख-निर्माण
(४) सम्पर्क की निकटता
(५) साक्ष्य-प्रमाणांकन
(६) कुशल तात्कालिक सेवा

(१) **लिखित विवरण**—किसी भी व्यक्ति की स्मरणशक्ति इतनी तीव्र नहीं हो सकती कि वर्तमान जीवन की जटिलताओं में वह प्रत्येक वस्तु या बात स्मरण रख सके। ऐसी स्थिति में व्यावसायिक क्षेत्र में प्राप्त पत्रों के उत्तर क्या दिये गये हैं, यह स्मरण रख पाना नितान्त कठिन है। पत्र-व्यवहार करते समय व्यावसायिक संस्थान पत्रों की प्रतिलिपि या कार्बन कापी सँभालकर रख ली जाती है जो भविष्य में पत्र पाने वाले और भेजने वाले के मध्य हुए करार अथवा अनुबन्धों का भविष्य के लिए लिखित विवरण सिद्ध होता है। इससे भविष्य में मतभेद की स्थिति आने पर मतभेद सुलझाने में सहायता मिलती है।

(२) **व्यवसाय का प्रोत्साहन**—उत्पादकों के समक्ष यह कठिनाई होती है कि अपने उत्पाद के विवरण की कैसे व्यवस्था करें, अतः पत्र-व्यवहार द्वारा ही व्यवसाय में उत्पादन, प्रबन्धन से लेकर वितरण तक की कार्यवाही की जाती है तथा विक्रय को प्रोत्साहन दिलाया जा सकता है। पत्र ही वे माध्यम हैं जो सम्भावित ग्राहकों से सम्पर्क जुटाते हैं, उत्पाद से उन्हें परिचित कराते हैं तथा उत्पाद विषयक माँग पैदा करते हैं। इस प्रकार व्यावसायिक पत्र व्यवसाय को प्रोत्साहित करते हैं।

(३) **साख-निर्माण**—व्यावसायिक संस्थानों में एक-दूसरे के प्रति साख-निर्माण की दिशा में पत्र-व्यवहार का महत्त्वपूर्ण योग है क्योंकि पत्र ही व्यवसाय की साख जमाने का कार्य करते हैं। कभी-कभी विनम्रतापूर्वक इन्कार, ऋण-वसूली में कठोरता, उधार चुकाने के लिए तात्कालिक व्यवस्था कराने के लिए भी पत्र-व्यवहार की भूमिका महत्त्वपूर्ण है। किसी भी व्यवसाय की उक्त सभी क्षेत्रों में साख-निर्माण का कार्य पत्र-व्यवहार पर ही आधारित रहता है।

(४) **सम्पर्क की निकटता**—व्यावसायिक संस्थान अपने उत्पादन और वितरण के क्षेत्र में व्यस्त रहकर पत्रों के माध्यम से ही ग्राहकों से निकट सम्पर्क स्थापित करने में सफल रहते हैं। व्यावसायिक पत्रों का काम व्यावसायिक प्रतिनिधि बनकर दुनिया के कोने-कोने में अपने विपणियों एवं ग्राहकों की खोज करते हैं। इस प्रकार निकट सम्पर्क स्थापित करने में पत्र अत्यन्त सुगम साधन है। व्यावसायिक प्रतिनिधि पर व्यावसायिक संस्थान को अधिक व्यय करना होता है, पर पत्र-व्यवहार में अत्यन्त कम व्यय पर सम्पर्कों की निकटता अधिकतम प्राप्त की जाती है।

(५) **साक्ष्य-प्रमाणांकन**—व्यावसायिक संस्थानों में पत्र-व्यवहार परस्पर व्यवहार और आश्वासनों तथा अनुबन्धों का एक ऐसा लिखित साक्ष्य-प्रमाण होता है जो वैधिक स्वीकृति का स्वरूप लिए होता है। किसी भी संस्थान में व्यावसायिक क्षेत्र में किसी प्रकार का मतभेद उत्पन्न होने पर मामलों को सुलझाने में पत्र-व्यवहार साक्ष्य-प्रमाणांकन का कार्य करता है। जबकि टेलीफोन की वार्ता का कोई साक्ष्य न्यायालय में प्रस्तुत कर पाना कठिन होता है।

(६) **कुशल तात्कालिक सेवा**—व्यावसायिक संस्थान पत्रों के माध्यम से ही अपने ग्राहकों को कुशल एवं तात्कालिक सेवा प्रदान करने में सक्षम है। व्यावसायिक पत्र तात्कालिक रूप से अपने ग्राहकों को कुशल सेवा प्रदान कर उन्हें लम्बी प्रतीक्षा नहीं कराते हैं। कभी-कभी ये पत्र अपने स्थान के लिए बड़ी कुशलता से ग्राहकों को आश्वासन देकर भविष्य की सेवाओं का संयोजन भी करते हैं।

प्रभावी व्यावसायिक पत्र के गुण

किसी भी व्यावसायिक संस्थान की प्रतिष्ठा एवं गौरव व्यक्तिगत सेवा की तुलना में पत्र-व्यवहार द्वारा अधिक मात्रा में अर्जित किया जाता है। अतः उसके लिए आवश्यक है कि पत्र-लेखन के अतिरिक्त उसके बाह्य स्वरूप और विषय-सामग्री पर विशेष ध्यान दिया जाये।

श्रेष्ठ व्यावसायिक पत्रों के गुण निम्नलिखित होते हैं—

(अ) पत्र का बाह्य रूप

(आ) विषय सामग्री का रूप

(अ) **पत्र का बाह्य रूप**—व्यावसायिक पत्र के बाह्य रूप का आकर्षण सुन्दर होना चाहिए। इस बाह्य स्वरूप को निर्धारित करने वाले घटक निम्नलिखित हैं—

(i) **स्टेशनरी**—व्यावसायिक पत्रों में स्टेशनरी व्यावसायिक स्तर से मेल रखती हुई रखनी चाहिए। स्टेशनरी न तो अधिक कीमती होनी चाहिए और न निम्नकोटि की, पर साधारण से श्रेष्ठ तो होनी चाहिए। सामान्यतः बैंक पेपर ही व्यावसायिक पत्रों में काम लिया जाता है। प्रतिलिपियों के लिए साधारण या राइस पेपर भी काम में लिया जाता है।

(ii) **कागज का रंग**—सामान्यतः व्यावसायिक पत्रों में सफेद कागज प्रयोग किया जाता है, पर कभी-कभी संस्थान अपनी विशिष्ट पहचान हेतु किसी रंग विशिष्ट के कागज का ही प्रयोग करते हैं। ऐसे रंग बहुत गहरे होना उचित नहीं है और व्यवसाय का नामालंकरण ऐसी स्याही में मुद्रित किया जाना चाहिए जो पूरी तरह स्पष्ट होता हो।

(iii) **कागज का साइज**—व्यावसायिक पत्रों के लैटर हैड के विभिन्न आकार मिलते हैं। सामान्यतः इसके लिए कोई नियम नहीं है, वह व्यापारिक आवश्यकताओं के अनुरूप होता है। फिर भी निम्नलिखित साइज प्रचलित हैं—

(क) ११$\frac{1}{2}$ इंच × ८$\frac{3}{4}$ इंच

(ख) १० इंच × ८ इंच

(ग) ८$\frac{1}{2}$ इंच × ६ इंच

(घ) ८$\frac{1}{2}$ इंच × ५$\frac{1}{2}$ इंच

(vi) **लिफाफा**—व्यावसायिक संस्थान प्रायः आयताकार लिफाफे ही प्रयोग

करते हैं। फिर लैटर हैड के उपयुक्त साइज के अलग-अलग लिफाफे भी प्रयोग किये जाते हैं। कुछ संस्थान लिफाफे के भी विभिन्न रंग चुनते हैं। इन लिफाफों पर बायें कोने में नीचे प्रेषक का नाम व पता छपा रहता है। कभी-कभी यह पता अमेरिकन पत्र-व्यवहार के ढंग पर बायीं ओर सबसे ऊपर के कोने में भी मुद्रित रहता है।

(v) **रूप-सज्जा**—व्यावसायिक संस्थानों में प्रायः टंकित रूप में पत्र-व्यवहार किया जाता है। टंकण कार्य सभी ओर पर्याप्त स्थान छोड़कर तथा डबल स्पेस में किया जाना चाहिए। रंगीन लैटर हैड के साथ ऐसे टाइप रिबन का प्रयोग करना चाहिए जो टंकित पत्र को स्पष्ट उभार सके। पत्र में बायीं ओर कम से कम दो इंच का तथा दायीं ओर आधा इंच हाशिया या मार्जिन छोड़ देना चाहिए।

(vi) **लिखने का ढंग**—व्यावसायिक पत्र-लेखन में प्रायः दो ढंग अपनाये जाते हैं— (i) इंगलिश, (ii) अमेरिकन। इंगलिश ढंग के अनुसार अनुच्छेद का आरम्भ ढाई इंच छोड़कर किया जाता है, पर अमेरिकन ढंग में प्रत्येक अनुच्छेद हाशिये से ही तिहरा स्पेस देकर शुरू किया जाता है। यही नहीं, पत्र की समाप्ति पर अमेरिकन ढंग में स्वनिर्देश, हस्ताक्षर का स्थान तथा पद नाम आदि का उल्लेख भी बायीं ओर किया जाता है।

(vii) **मुद्रांकन**—पत्र डाक में डालने से पूर्व उचित मुद्रांकन किये जाना आवश्यक होता है। अतः उनका भार किये जाने के पश्चात् अनुकूल पोस्टेज टिकट लगाने चाहिए। बड़े-बड़े व्यावसायिक संस्थानों में फ्रैंकिंग मशीन द्वारा मुद्रांकन किया जाता है, अतः उन्हें पत्रों पर पोस्टेज स्टाम्प्स लगाने की आवश्यकता नहीं होती है।

(आ) विषय-सामग्री का रूप—प्रभावी व्यावसायिक पत्र की विषय-सामग्री सम्बन्धी गुण या लक्षण निम्नलिखित हैं—

(i) **पूर्णता**—पत्र में सभी आवश्यक बातों का समावेश होना चाहिए। कोई ऐसी बात लिखने से छूटनी नहीं चाहिए जिसके पूछने के लिए पुनः अनावश्यक व्यय और समय लगे। पत्र लिखने पर उसे पूर्णतः पढ़कर इस बात का विश्वास कर लेना चाहिए कि वह अपने आपमें पूर्ण है।

(ii) **नम्रता**—व्यावसायिक पत्र में ऐसी भाषा का प्रयोग किया जाना चाहिए जो नम्रता-युक्त हो। नम्रतापूर्ण भाषा ही संस्थान के प्रति विश्वास एवं सहानुभूति दिलाती है। व्यावसायिक संस्थानों में इस नम्रता का परिचय पत्र-व्यवहार में शिष्ट भाषा एवं शीघ्र उत्तर देने से स्वतः प्रकट हो जाता है। शिकायत तथा भुगतान में विलम्ब सम्बन्धी पत्रों का उत्तर भी अत्यन्त नम्रता से दिया जाना उचित है।

(iii) **शुद्धता**—जो कुछ लिखा जाये वह भाषा की दृष्टि से पूर्णरूप से शुद्ध होना आवश्यक है क्योंकि बिल, प्रोनोट, हुण्डी, बीजक, खाता-विवरण आदि

महत्त्वपूर्ण प्रलेखों को अति सावधानी से शुद्ध रूप में तैयार करना ही व्यावसायिक संस्थान की साख-निर्माण करते हैं।

(iv) **तथात्मकता**—व्यावसायिक पत्रों में कोई भी बात असत्य और भ्रामक नहीं होनी चाहिए। इसके लिए आवश्यक है कि पत्र में यथा वांछित सारी सूचनाएँ सही और तथ्यपरक दी जानी चाहिए क्योंकि व्यवसाय की सफलता में तथ्यों का सही होना या तथ्यपरक होना आवश्यक है।

(v) **स्पष्टता**—व्यावसायिक पत्र की भाषा बहुत स्पष्ट होनी चाहिए ताकि जो कहना चाहते हैं उसका आशय सही रूप में ही पत्र प्राप्त करने वाले की समझ में आ जाये। इसके लिए ऐसे शब्दों, वाक्यों या वाक्यांशों के प्रयोग से सदैव बचना चाहिए जो द्विअर्थक हों या भ्रम उत्पन्न कर सकते हों। पत्र की भाषा इतनी स्पष्ट होनी चाहिए कि सामान्य बुद्धि का व्यक्ति भी पत्र का आशय स्पष्ट रूप में समझ ले।

(vi) **एकरूपता**—व्यावसायिक पत्र प्रायः टंकित होते हैं। अतः उसमें यह सावधानी रखी जानी चाहिए कि टंकित पत्र आरम्भ से ही एकरूपता ग्रहण करे जिससे प्राप्तकर्ता का ध्यान स्वतः उसके प्रति आकर्षित हो। हस्तलिखित पत्रों में भी अनुच्छेद बनाने तथा पंक्तियों में समान दूरी रहनी चाहिए तभी एकरूपता आ सकती है।

(vii) **संक्षिप्तता**—व्यावसायिक पत्रों का व्यवहार व्यवसायियों के बीच होता है और उनके पास इतना समय नहीं होता कि पत्र के विस्तार को पढ़ सकें और अपने काम की व्यस्तता छोड़ दें। अतः व्यावसायिक पत्र संक्षिप्त ही होने चाहिए तथा अपने मूल मन्तव्य को सीधे ही स्पष्ट करते हों। इस संक्षिप्त रूप में भी शिष्टाचार की पालना भी आवश्यक है।

(viii) **प्रभावपूर्णता**—पत्र की भाषा एवं शब्द चयन ऐसा प्रभावपूर्ण होना चाहिए कि प्राप्तकर्ता पर प्रभाव डाल सके। उसमें ऐसी तर्क शैली भी अपनानी चाहिए कि जो पाठक को उसी दिशा में सोचने के लिए बाध्य कर सके।

(ix) **सरलता**—व्यावसायिक पत्रों की भाषा अत्यन्त सरल एवं सुबोध होनी चाहिए। साहित्यिक भाषा, अत्यन्त मुहावरेदार तथा उच्चकोटि की नहीं होनी चाहिए। सरल भाषा ही पत्र का आशय सहज ढंग से स्पष्ट करती है।

(x) **चातुर्ययुक्त**—व्यावसायिक पत्र में 'चातुर्य' रखा जाना अत्यावश्यक है जो विचार की स्पष्टता, शुद्धता, सरलता और नम्रता के सामूहिक गुणों से ही सम्पन्न होती है, बात को बढ़ा-चढ़ाकर कहने से व्यावसायिक पत्रों में चातुर्य का कोई अर्थ नहीं है, वह स्थिति भ्रमोत्पादक ही हो सकती है।

(xi) **सन्तुष्टता**—पत्र में निहित सामग्री और भाषा इस प्रकार होनी चाहिए कि पत्र पढ़ते ही पाठक उसमें व्यक्त तर्कों से संतुष्ट हो जाए और अपनी शंका या

प्रश्न का समाधान पा सके। यह व्यावसायिक सफलता के लिए अत्यधिक महत्त्व-पूर्ण है।

(xii) **उपयुक्तता**—व्यावसायिक पत्र को आकर्षक और सरल बनाने के लिए उपयुक्त योजना बनाकर ही लिखना आरम्भ करना चाहिए अतः यह कहा जा सकता है कि व्यावसायिक पत्र-लेखन की उपयुक्त योजना निम्नलिखित बिन्दुओं पर आधारित रहती है—

(अ) उद्देश्य का ज्ञान
(आ) तथ्यों से परिचय
(इ) पाठकों का पूर्वानुमान
(ई) श्रेष्ठ ढंग से निवेदन
(उ) समन्वित प्रस्तुतीकरण

अच्छे व्यावसायिक पत्र-लेखक के गुण

एक अच्छे व्यावसायिक पत्र-लेखक के गुणों की चर्चा करते हुए संक्षेप में यह कहा जा सकता है कि किसी संस्थान में कार्यरत पत्र-लेखक में निम्नलिखित गुण होने चाहिए—

(१) पत्र-लेखन के सिद्धान्तों का परिचय
(२) भाषा पर अधिकार
(३) पर्याप्त कल्पनाशक्ति
(४) तीव्र निर्णायक शक्ति
(५) कर्त्तव्यनिष्ठता
(६) उदार भावना
(७) विनम्रता
(८) मैत्री भावना
(९) कथन-स्पष्टता
(१०) संस्था के प्रति पूर्ण निष्ठा

उक्त गुणों के समन्वय से ही कोई भी पत्र-लेखक किसी व्यावसायिक संस्थान में गौरव प्राप्त कर सकता है तथा संस्थान का नाम विख्यात कर सकता है तथा उस संस्थान के स्वरूप को अलंकृत कर सकता है।

व्यावसायिक पत्र : अंग और भेद

व्यावसायिक एक ऐसा सम्प्रेषण है जिसे प्राप्त करते ही पाठक एक दृष्टि डालते ही यह जान लेता है कि पत्र कहाँ से आया है और उसका आशय क्या है।

वर्तमान व्यावसायिक एवं औद्योगिक युग में व्यावसायिक पत्राचार का महत्त्व अधिक बढ़ गया है। आज किसी व्यक्ति द्वारा व्यावसायिक संस्थान को या संस्थान द्वारा व्यक्ति को या सह-व्यावसायिक प्रतिष्ठान को व्यावसायिक उद्देश्यों की पूर्ति के लिए पत्र-लेखन का महत्त्व बढ़ गया है।

व्यावसायिक पत्रों के अंग

व्यावसायिक पत्र वस्तुतः कई भागों में बँटा रहता है तथा उसके प्रत्येक भाग का महत्त्व होता है। विशेष रूप में व्यावसायिक पत्रों के मुख्यतः तीन अंग हैं—

(अ) शिरोभाग

(आ) मध्य भाग

(इ) अन्त्य भाग

(अ) शिरोभाग—व्यावसायिक पत्र का शिरोभाग वह है जिसमें व्यावसायिक संस्थान का नाम, पता, तार एवं दूरभाष (फोन) आदि का संकेताक्षर और नम्बर (यदि कोई है), पत्रांक एवं दिनांक लिखा रहता है। इसी भाग में पत्र पाने वाले का नाम तथा पता भी निहित रहता है। इसके साथ ही सम्बोधन एवं अभिवादन का उल्लेख भी रहता है।

(आ) मध्य भाग—व्यावसायिक पत्र का मध्य भाग अत्यन्त महत्त्वपूर्ण होता है क्योंकि इसमें विषय या संदर्भ का संकेत करते हुए मूल विषय-सामग्री का उल्लेख किया जाता है। इसके उपभाग में 'प्रारम्भिक भाग' परिचयात्मक होता है। जो अत्यन्त नम्रतापूर्ण, प्रभावशाली एवं सुरुचि पूर्ण होना चाहिए। 'मुख्य विषय' में वास्तविक विषय सामग्री का प्रतिपादन होता है और अन्त में सारांश होता है जो प्रारम्भिक की भाँति ही नम्रतापूर्वक, प्रभावोत्पादक और विश्वसनीय होता है।

(इ) अन्त्य भाग—व्यावसायिक पत्र का अन्त्य भाग भी अत्यन्त महत्त्वपूर्ण होता है क्योंकि उसमें प्रेषक के स्वनिर्देश के साथ हस्ताक्षर, पदनाम तथा संलग्नक (यदि कोई है) और 'पुनश्च' (किसी अन्य बात के स्मरण आने पर उल्लेख) के अतिरिक्त टंकक या लिपिक का संकेताक्षर एवं हस्ताक्षर निहित रहता है।

इस प्रकार से अलग-अलग अंगों का विवरण निम्न प्रकार है—

(१) शीर्षक/संस्थान का नाम		अ—शिरोभाग
(२) तार का संक्षिप्त नाम, टैलेक्स या फोन नम्बर		
(३) पत्रांक एवं दिनांक		
(४) प्रेषिती-पत्र प्राप्तकर्ता		
(५) सम्बोधन एवं अभिवादन		
(६) विषय शीर्षक		
(७) विषय-सामग्री	(i) आरम्भिक भाग	आ—मध्य भाग
	(ii) मुख्य विषय	
	(iii) अन्त्य भाग	
(८) सम्मानार्थं शब्द		इ—अन्त्य भाग
(९) स्वनिर्देश		
(१०) हस्ताक्षर		
(११) पदनाम		
(१२) संलग्न		
(१३) पुनश्च		
(१४) टंकक/लिपिक के संकेताक्षर		

व्यावसायिक पत्र लेखन का शिरोभाग

रामनारायण बेनीप्रसाद

संस्कृत वाङ्मय के प्रकाशक एवं विक्रेता

दूरप्रेष्य : सरस्वती पता..............

दूरभाष : २४३६४८ ....

पत्रांक............... दिनांक...............

श्री/सर्वश्री...............

पता ....

....

सम्बोधन : प्रिय श्री...........

अभिवादन : सादर नमस्कार।

व्यावसायिक पत्र-लेखन के शिरोभाग के अन्तर्गत आवश्यक बातें

(१) व्यावसायिक पत्र निम्नलिखित रूप में भेजे जाते हैं—

(i) व्यक्ति विशेष या ग्राहक को

(ii) व्यापारिक संस्थान को

(iii) किसी सीमित कम्पनी को

(iv) किसी समिति, निगम अथवा निकाय को

(v) सरकारी अधिकारी या कार्यालय को

ऐसे सभी पत्रों का प्रारूप तैयार करते समय आन्तरिक पता लिखने में प्रायः निम्नवत् ध्यान रखा जाता है—

(i) व्यक्ति या ग्राहक :

(क) प्रोफेसर दास बिहारी लाल अग्रवाल
लेखा विभाग
सेठ जी० बी० पोदार कालेज
नवलगढ़-३३३०४२

(ख) कुमारी कमलेश गुप्ता
१-त-२ जवाहरनगर
जयपुर-३०२००४

(ii) व्यापारिक संस्थान को :

(क) सर्वश्री व्यंजना प्रकाशन
पुस्तकालय के सामने
नवलगढ़-३३३०४२

(ख) सर्वश्री वाणी प्रकाशन
६१-एफ, कमला नगर
दिल्ली-११०००७

(iii) सीमित कम्पनी को :

(क) राजकमल प्रकाशन प्रा० लि०
दरियागंज
दिल्ली ११०००२

(ख) मेहरा एण्ड क०
१० ए, आदर्शनगर
जयपुर-३०२००४

(ग) प्रबन्ध संचालक
राजपाल एण्ड सन्स
कश्मीरी गेट
दिल्ली

(घ) प्रबन्धक
दी नैनीताल बैंक लि०
द माल
नैनीताल

(iv) किसी समिति, निगम अथवा निकाय को:

(क) प्रबन्धक
राजस्थान राज्य क्रय-विक्रय समिति
आकाशवाणी के सामने
जयपुर-३०२००१

(ख) अधिशासी अधिकारी (प्रशासन)
दिल्ली नगर निगम
नई दिल्ली ११०००२

(v) सरकारी अधिकारी या कार्यालय को

(क) कुलसचिव

(ख) निदेशक

कुमाऊँ विश्वविद्यालय उच्च शिक्षा निदेशालय
इलाहाबाद

(ग) श्री रमेशचन्द्र दुबे
संयुक्त सचिव
शिक्षा १२ (क)
सचिवालय, उत्तर प्रदेश, लखनऊ

(२) व्यावसायिक पत्रों में 'महोदय', 'आदरणीय महोदय','प्रिय महोदय आदि सम्बोधन लिखे जाते हैं।

(३) मूल पत्र की समाप्ति पर 'स्वनिर्देश' में प्रायः 'भवदीय', 'भवन्निष्ठ', 'आपका', 'आपके विश्वासभाजन', 'आपका हितैषी' आदि शब्द प्रयोग किये जाते हैं।

(४) संलग्नक, यदि आवश्यक है, का उल्लेख करके उसी व्यक्ति के हस्ताक्षर अनिवार्य होते हैं, जिसने पत्र पर हस्ताक्षर किए हैं।

व्यावसायिक पत्रों के भेद

व्यावसायिक पत्र सामान्य एवं कार्यालय पत्रों से भिन्न प्रकार के और विविध ढंग के होते हैं। उनका वर्गीकरण निम्न प्रकार किया जा सकता है—

१. पूछताछ पत्र
२. निर्ख पत्र
३. आदेश पत्र
४. मालप्रेषण पत्र
५. शिकायत पत्र
६. समायोजन पत्र
७. तगादा पत्र
८. गश्ती पत्र
९. सिफारिशी पत्र
१०. साख पत्र
११. अनुगमन पत्र
१२. एजेन्सी सम्बन्धी पत्र
१३. दावापूर्ति पत्र
१४. बैंक सम्बन्धी पत्र
१५. बीमा सम्बन्धी पत्र

व्यावसायिक पत्रों के प्रारूप

व्यावसायिक पत्रों के विषय में संक्षिप्त परिचय के साथ उनके प्रारूप प्रस्तुत किये जा रहे हैं—

(१) **पूछताछ पत्र**—व्यावसायिक पत्रों में पूछताछ पत्र का अपना महत्त्वपूर्ण स्थान है क्योंकि इस प्रकार के पत्र के माध्यम से विक्रेता अपने माल की किस्म, उपयोगिता, मूल्य तथा माल सम्बन्धी अन्य जानकारियाँ क्रेता को भेजता है या स्वयं अधिकृत व्यक्ति द्वारा देता है। क्रेता का अधिकृत व्यावसायिक पता अंकित रहने पर विक्रेता या उत्पादक अपने नये उत्पाद या माल के तैयार होने की सूचना, क्रेता के न चाहने पर भी अपनी ओर से देता है।

इन पत्रों में विक्रेता या उत्पादक अपने उत्पाद की किस्म, नमूना, भाव, मूल्य, पैकिंग का ढंग तथा व्यापारिक शर्तें अपने क्रेता को भेजता है। कभी-कभी क्रेता के चाहने पर भी विक्रेता ये सब सूचनाएं क्रेता को भेजता है। इसके साथ ही विक्रय की शर्तें तथा भुगतान की विधि का स्पष्ट उल्लेख किया जाता है।

उदाहरण—

पूछताछ पत्र

दूरभाष २४३६

चाटुर्ज्या एण्ड कम्पनी
पुस्तक प्रकाशक एवं विक्रेता

महात्मा गांधी रोड
कलकत्ता-७

पत्रांक......... दिनांक.........

सर्वश्री किताबघर
हाई कोर्ट रोड
ग्वालियर (म०प्र०)

विषय—पूछताछ

प्रिय महोदय,

निवेदन है कि हम निम्नलिखित पुस्तकें यहाँ के विद्यार्थियों के लिए मँगाना चाहते हैं। कृपया इन पुस्तकों का मूल्य और देय कमीशन आदि हमें सूचित करें :—

१. हिन्दी साहित्य का अद्यतन इतिहास (मोहन अवस्थी) ५० प्रतियाँ
२. हिन्दी रासो काव्य धारा (डॉ० विजय कुलश्रेष्ठ) ५० प्रतियाँ
३. कांचनमणि (डॉ० सत्येन्द्र) ५० प्रतियाँ
४. सूर सौरभ (डॉ० जगन्नाथ तिवारी) ५० प्रतियाँ
५. उपलब्धि (डॉ० गोविंद रजनीश) ३० प्रतियाँ

ये पुस्तकें पाठ्यक्रम में निर्धारित हैं अतः पर्याप्त संख्या में इनकी माँग भेजी जायेगी।

आशा है आप शीघ्र उत्तर देकर अनुगृहीत करेंगे।

भवदीय

कृते चाटुर्ज्या एण्ड कम्पनी

....

संचालक

(२) निर्ख पत्र—भाव की पूछताछ के उत्तर में प्रेषित पत्र को ही वाणिज्यिक भाषा में निर्ख या कोटेशन पत्र कहते हैं। कभी-कभी ग्राहक की ओर बिना पूछताछ किये हुए नियमित या सम्भावित ग्राहकों को प्रत्यक्ष निर्ख पत्र भी भेजे जाते हैं। ये पत्र बड़ी सावधानी से प्रभावशाली पर विनम्र शैली में समस्त आवश्यक बातों के उल्लेख सहित भेजे जाते हैं।

निर्ख पत्र में सावधानी के साथ वस्तु का नाम, किस्म, मात्रा, पैंकिंग पद्धति, विक्रय की शर्तें, भुगतान की विधि तथा मूल्य आदि सभी बातों के सम्बन्ध में स्पष्ट विवरण दिया जाता है।

उदाहरण—

वाणी प्रकाशन

उच्चकोटि प्रकाशक एवं पुस्तक विक्रेता

दूर प्रेष्य : वाणी

दूरभाष :२७६३७६१

दरियागंज

नई दिल्ली-११०००७

सर्वश्री मंगल प्रकाशन

गोविन्दराजियों का रास्ता

चांदपोल बाजार

जयपुर-३०२००१

विषय—मूल्य-सूची

प्रिय महोदय,

हम इस पत्र के साथ नयी प्रकाशित पुस्तकों की अपनी सूची भिजवा रहे हैं। आपको जिन पुस्तकों की आवश्यकता है, उनका विवरण निम्न प्रकार है—

१. राजभाषा हिन्दी : कानून और व्यवहार — मूल्य १५.००

२. संप्रेषण एवं संचार — मूल्य १५.००

३. व्यावसायिक हिन्दी — मूल्य १५.००

४. प्रारूपण एवं टिप्पण — मूल्य १५.००

५. प्रतियोगी निबन्ध — मूल्य १५.००

उपर्युक्त सभी पुस्तकें अनुभवी एवं विज्ञ अध्यापकों द्वारा निर्धारित नवीन पाठ्यक्रम के अनुरूप लिखी गई हैं।

इस सम्बन्ध में यह भी स्पष्ट कहना चाहते हैं कि सौ रुपये से अधिक की पुस्तकें क्रय करने पर हम २५% व्यापारिक छूट प्रदान करते हैं। और सम्बन्धित बिल का भुगतान एक माह के भीतर करने पर $1\frac{1}{2}$ प्रतिशत नकद छूट की सुविधा भी प्रदान करते हैं। आदेश के साथ बीस प्रतिशत राशि अग्रिम भिजवाना आवश्यक है। पैकिंग निःशुल्क है।

हमें पूर्ण विश्वास है कि आप शीघ्र ही अपना बहुमूल्य आदेश भेजकर हमें अनुगृहीत करेंगे।

भवदीय

कृते वाणी प्रकाशन

संलग्न : मूल्य-सूची। (ह०)...............

संचालक

(३) **आदेश पत्र**—किसी भी संस्था द्वारा अपना मूल्य सूचीपत्र भेजे जाने पर क्रेता द्वारा माल या उत्पाद मँगाये जाने के लिए लिखा जाने वाला पत्र 'आदेश पत्र' कहलाता है।

ऐसा आदेश पत्र लिखते समय वस्तु का नाम, किस्म, मात्रा, मूल्य तथा भुगतान सम्बन्धी शर्तें स्पष्ट रूप से लिखी जाती हैं। यही नहीं, पैकिंग के ढंग तथा उत्पाद प्राप्ति के माध्यम या साधन पोस्ट पार्सल, रेलवे पार्सल या यातायात पार्सल से मँगाने के सम्बन्ध में आवश्यक निर्देश भी किया जाता है और विक्रेता को उत्पाद के साथ में बीजक (बिल) भेजने का उल्लेख भी किया जाता है।

आर्य विनोद प्रकाशन मंदिर

राजामण्डी, आगरा २८२५०२

दिनांक.........

सेवा में

कमल प्रकाशन,

हिन्द पीढ़ी,

राँची (म० प्र०)

विषय—पुस्तकें भेजने हेतु

प्रिय महोदय,

कृपया हमारे पत्र दिनांक १५ मई १९८३ का अवलोकन करें। हमारे आदेश में जो पुस्तकें मँगाई गयी थीं, उनमें से तीन पुस्तकें आपके बण्डल में नहीं आई हैं लेकिन उसके स्थान पर बिना आदेश की दो पुस्तकें प्राप्त हुई हैं। कृपया हमारे आदेश की निम्न पुस्तकें शीघ्र भिजवाएँ तथा बिना आदेश की पुस्तकों के बीजक के स्थान पर नया बीजक भेजें :—

(१) जैनेन्द्र का जयवर्धन : वस्तु और विचार

(२) हिन्दी नाटक समीक्षा
(३) रासो काव्य धारा

भवदीय
(ह०)................
कृते आर्य विनोद प्रकाशन मन्दिर

(३) **आदेश प्राप्ति सूचना पत्र**—आदेश प्राप्ति सूचना पत्र वह होता है जिसमें विक्रेता अपने क्रेता के आदेश प्राप्ति की सूचना भेजकर उत्पाद या माल भेजने की स्वीकृति अथवा अस्वीकृति (यथास्थिति) अथवा उसके निरस्त करने के सम्बन्ध में सूचना देता है।

उदाहरण (क)

प्राप्ति सूचना

तार : व्यंजना
दूरभाष : २४३६७२

व्यंजना प्रकाशन
उच्चशैक्षिक एवं साहित्य के प्रकाशक

देवी मार्ग, जवाहरनगर
जयपुर-३०२००४
दिनांक.........

प्रिय महोदय,

आपका आदेश पत्र क्रमांक.........दिनांक...... प्राप्त हुआ। उसके लिए बहुत-बहुत धन्यवाद।

आप द्वारा वांछित पुस्तकें रजिस्टर्ड पार्सल द्वारा अलग से भेजी जा रही हैं तथा बीजक आपके निर्देशानुसार तीन प्रतियों में पत्र के साथ संलग्न है।

कष्ट के लिए क्षमा।

भवदीय
कृते व्यंजना प्रकाशन
(ह०).............
व्यवस्थापक

सेवा में
श्री रामावतार शर्मा
बड़े गोपीनाथ जी की गली
नवलगढ़-३३३०४२

उदाहरण (ख)

आदेश अस्वीकृति सूचना

तार : साहित्य सत्कार

दूरभाष : ७२३६२४

साहित्यागार प्रकाशन

उच्चकोटि के पुस्तक प्रकाशक एवं वितरक

धामाणी मार्केट के निकट

चौड़ा रास्ता, जयपुर-३

संख्या.........

दिनांक............

सर्वश्री आधुनिक पुस्तक भण्डार

रामनगर रोड,

हल्द्वानी (नैनीताल)

प्रिय महोदय,

आपका आदेश पत्र दिनांक.........प्राप्त हुआ उसके लिए धन्यवाद।

हमें खेद है कि हम आपके आदेशानुसार वांछित पुस्तकें भेज पाने में असमर्थ हैं क्योंकि आपके व्यवहार के सम्बन्ध में हमारा अपना विगत अनुभव सन्तोषजनक नहीं रहा है तथा वांछित पुस्तकें भी अभी तैयार नहीं हो पाई हैं

व्यवहार के सन्तोषजनक होने पर भविष्य में हम आपके आदेशों का पालन अवश्य करेंगे।

सधन्यबाद,

भवदीय

कृते साहित्यागार प्रकाशन

(ह०)............

भागीदार

(४) **माल प्रेषण पत्र**—जब किसी व्यक्ति या व्यावसायिक संस्थान से व्यवसायी को उसके उत्पाद के क्रयादेश प्राप्त होते ही सधन्यवाद आदेश का स्वीकृति पत्र भेजना व्यावसायिक शिष्टाचार या औपचारिकता होती है। यदि आदेश नया है तो उसका नाम ग्राहक सूची में प्रविष्ट कर लिया जाता है, पुराने ग्राहकों की दशा में औपचारिक स्वीकृति पत्र ही पर्याप्त होता है। दूसरी बार पत्र उस समय लिखा जाता है जब आदेशित माल ग्राहक को भेजा जा रहा होता है।

माल प्रेषण पत्र द्वारा व्यवसायी अपने ग्राहक को विधिवत् सूचना प्रेषित करता है कि माल किस तरह से पहुँच रहा है तथा किस रूप में आपको भुगतान करना होगा। इस पत्र के साथ बीजक की एक प्रति तथा पार्सल भेजने की रसीद या बिल्टी भी संलग्न कर दी जाती है।

उदाहरण (ग)

माल प्रेषण पत्र

तार : वाणी

दूरभाष : ७२२४३६

समीर प्रकाशन

उच्चकोटि के साहित्य प्रकाशक एवं वितरक

छायालोक

१११-ए/११८ अशोक नगर

कानपुर (उ० प्र०)

दिनांक............

सर्वश्री रत्न प्रकाशन मंदिर

राजामण्डी

आगरा-२८२००२

आदरणीय महोदय,

आपका आदेश पत्र संख्या......दिनांक......के लिए बहुत-बहुत धन्यवाद।

आपके आदेशानुसार हमने माल रेलवे पार्सल द्वारा आज ही प्रेषित कर दिया है तथा बीजक बाबत ६,५०० रुपये और रेलवे रसीद संख्या सी-६१६३५६१ आप द्वारा नामित बैंक आफ बड़ौदा के नाम भेज दी है।

हमें विश्वास है कि आप इसी प्रकार हमें आगे भी सेवा करने का अवसर प्रदान करेंगे।

भवदीय

संलग्न : बीजक की अग्रिम प्रति

कृते समीर प्रकाशन

(ह०)...............

प्रबन्धक

(५) **शिकायती पत्र**—एक व्यवसायी दूसरे व्यवसायी को तभी शिकायत करता है जब उसके द्वारा दिये गये आदेश के अनुसार माल नहीं आकर कम या अधिक या नमूनों के अनुसार नहीं होता है अथवा उसमें कोई टूट-फूट हो जाती है या शर्तों में सूचित दर से अधिक दर बीजक में लगी होती है। कभी-कभी माल में हानि या त्रुटि रेलवे या ट्रांसपोर्ट एजेन्सी के कारण हो जाती है तो उसकी शिकायत भी विक्रेता से की जाती है, पर उसके लिए ट्रैफिक मैनेजर/इन्चार्ज रेलवे से प्राप्त प्रमाण सहित हर्जाने की माँग भी उसमें की जाती है।

व्यावसायिक प्रतिष्ठानों में शिकायती पत्रों के विविध आधार होते हैं, उनका वर्गीकरण सामान्य रूप में निम्न प्रकार है —

१. विलम्ब से माल मिलने की दशा में
२. माल या बिल्टी न छुड़ाने की दशा में
३. गलत माल मिलने की दशा में—
    (क) नमूने के विरुद्ध
    (ख) आदेश के विरुद्ध
४. खराब माल मिलने की दशा में
५. गलत मात्रा में माल मिलने की दशा में—
    (क) मात्रा से कम
    (ख) मात्रा से अधिक
६. बीजक में गलत प्रविष्टि की दशा में
७. डाक, रेलवे तथा ट्रांसपोर्ट में हुई क्षति की दशा में
८. बैंक द्वारा चैक भुगतान न किये जाने की दशा में
९. त्रुटिपूर्ण पैकिंग की दशा में
१०. माल रास्ते में नष्ट होने की दशा में
११. खाली पैकिट्स प्राप्त होने की दशा में

उदाहरण—१

विलम्ब से माल प्राप्ति पर शिकायती पत्र

तार : व्यंजना

दूरभाष : २४३६७२

व्यंजना प्रकाशन

सार्वजनिक पुस्तकालय के सामने

नवलगढ़-३३३०४२

श्री प्रबन्धक

राजहंस प्रकाशन मंदिर

कैण्ट रोड

मेरठ (उ० प्र०)

आदरणीय महोदय,

हमारे आदेश पत्र की स्पष्ट शर्तों के बाद भी आपका माल बीस दिन विलम्ब से प्राप्त हुआ है और पैकिंग सही न होने के कारण इस वर्षा के मौसम में कई पुस्तकों के आवरण गलकर फट गए हैं इसलिए ग्राहक लेने में एतराज करते हैं। ऐसी दशा में आपका माल वापस ही करना पड़ेगा, क्योंकि अब न माँग शेष रही है और न माल विक्रय योग्य है। यदि आप इस माल के स्थान पर संलग्न आदेश के अनुसार दूसरा माल हमें पन्द्रह दिन की अवधि में भेज सकें तो भुगतान

का समायोजन कर लें अन्यथा आपके व्यय पर माल वापस भेज देना ही पड़ेगा।

भवदीय

कृते व्यंजना प्रकाशन

प्रबन्धक

उदाहरण—२

माल न छुड़ाने पर शिकायती पत्र

तार..............

दूरभाष............

जैन पुस्तक भंडार

प्रकाशक एवं बिक्रेता

२/२४ नाला भैरों

बेलनगंज

आगरा-२८२००४

प्रबन्धक

व्यंजना प्रकाशन

सार्वजनिक पुस्तकालय के सामने

नवलगढ़-३३३०४२

प्रिय महोदय,

आपके आदेश पत्र संख्या........दिनांक............के अनुसार आपको २५६०/-रुपये की पुस्तकें भेजी गयी थीं और आपकी इच्छानुसार बिल्टी बैंक आफ बड़ौदा, बाला किला, नवलगढ़ पर भेजी गयी थी; परन्तु सखेद लिखना पड़ रहा है कि आपने उक्त बिल्टी को समय पर नहीं छुड़ाया है अतः बैंक ने बिल्टी हमें वापस लौटा दी है।

हमने आपके विगत सम्बन्धों एवं विश्वास पर ही माल भेजा था, फिर भी हमें यह हानि उठानी पड़ी है। यदि आपको माल लेना है तो शीघ्र ही आप २५६०/-रुपये डिमाण्ड ड्राफ्ट से भेजें। यदि आपने उक्त धनराशि का डिमाण्ड ड्राफ्ट नहीं भेजा तो आदेश देकर माल न छुड़ाने की दशा में माल वापस कराने और डेमरेज आदि की क्षतिपूर्ति आपको देय होगी।

भवदीय

कृते जैन पुस्तक भण्डार

(ह०).............

प्रबन्धक

संलग्न : आपके आदेश की प्रतिलिपि

उदाहरण—३

गलत माल मिलने पर शिकायत

(नाम प्रतिष्ठान)...... ....

पता...............

....

क्रमांक...............   दिनांक............

सर्वश्री...............

....

विषय—गलत माल मिलने पर

प्रिय महोदय,

कृपया हमारे आदेश संख्या....... दिनांक.........देखने का कष्ट करें।

आप द्वारा भेजा गया माल हमारे आदेश के अनुसार प्राप्त नहीं हुआ है। आपके यहाँ पैकिंग के समय किसी भूलवश हमारे पास किसी दूसरे का माल भेज दिया गया है। हमारे यहाँ इस माल का बाजार भी नहीं है। अतः माल आप अपने व्यय पर वापस मँगवाकर हमारे आदेश का माल शीघ्र भिजवायें।

भवदीय

कृते............

व्यवस्थापक

उदाहरण—४

खराब माल मिलने की दशा में

(प्रतिष्ठान)............

....   पता............

....

पत्रांक............   दिनांक............

सर्वश्री............

....

प्रिय महोदय,

आपके पत्र संख्या.........दिनांक.........के साथ बिल्टी संख्या......... दिनांक.......... एवं बीजक संख्या............दिनांक ....प्राप्त हुआ, पर बिल्टी खोलने के बाद पता चला कि माल अत्यन्त खराब दशा में है और

कटा-फटा है। उसे किसी ग्राहक को बेचा जाना भी सम्भव नहीं है। अतः यह माल आप अपने व्यय पर वापस मँगा लें तथा हमारे खाते में हमारे इस भुगतान को जमा करके क्रेडिट नोट भिजवाने का कष्ट करें।

कष्ट के लिए क्षमा चाहेंगे।

भवदीय

कृते............

प्रबन्धक

उदाहरण—५

गलत मात्रा में माल मिलने की शिकायत

(प्रतिष्ठान)............

पता............

....

पत्रांक.........

दिनांक............

सर्वश्री............

....

प्रिय महोदय,

हमारे आदेश सं०............ दिनांक............का अवलोकन करें। आपके द्वारा भेजा गया माल उस आदेश में वांछित मात्रा से कम/अधिक है, तथा बीजक में भी माल की दर जो हमें दी गई थी, वह भी अधिक है। ऐसी दशा में बीजक का मिलान आदेश पत्र से करें तथा पिछले पत्र सं०.........दिनांक...... द्वारा सूचित दरों पर ही बीजक बनायें तथा हमारे खाते में उतनी राशि का क्रेडिट जमा करके क्रेडिट नोट भिजवाने का कष्ट करें।

भवदीय

कृते.........

भागादीर

उदाहरण—६

डाक, रेलवे या ट्रांसपोर्ट में हुई क्षतिपूर्ति की शिकायत

तार.........

(प्रतिष्ठान)............ दूरभाष.........

.... पता.........

....

पत्रांक............ दिनांक............

सर्वश्री............

....

विषय............

प्रिय महोदय,

हमने आज सर्वश्री.........की बिल्टी सं०..........दिनांक ....से एक पुस्तकों का पार्सल नैनीताल आउट एजेन्सी से छुड़ाया है। पुस्तकों का यह बण्डल टूटा और फटा हुआ था। इसका उल्लेख हमारे अभिकर्ता ने ड्यूटी पर उपस्थित आउट एजेन्सी के स्थानीय अधिकारी को किया तथा माल की खुली सुपुर्दगी देने का आग्रह किया।

यह माल दिनांक.........को रेलवे क्लेम निरीक्षक श्री चतुर्वेदी के द्वारा सामने खुलवाकर हमें दिया गया है जिसमें बीजक के अनुसार निम्न प्रकार से पुस्तकें कम पाई गई हैं—

१. अभिनन्दन	४० प्रतियाँ
२. इमरतिया	३० प्रतियाँ
३. मानस मोती	१६ प्रतियाँ
४. बिचौलिए	१५ प्रतियाँ
५. शहरयार	१६ प्रतियाँ

यह सारा माल रेलवे के जोखिम पर प्रेषित किया गया था अतः रेलवे से क्षतिपूर्ति हेतु आवेदन करते हैं कि निम्नलिखित रूप में हमें क्षतिपूर्ति का भुगतान करायें।

पुस्तक (माल) की लागत

१. पुस्तकों का कुल मूल्य.............रु०
२. आनुपातिक किराया............रु०
३. लाभ की हानि लागत पर २० प्रतिशत की दर.........रु०

हर्जाना कुल राशि............रु०

हानि सम्बन्धी प्रमाण, माल के बीजक की फोटोस्टेट एवं सम्बन्धित रेलवे अधिकारी का प्रमाण आपकी सेवा में प्रस्तुत है।

विश्वास है कि आप शीघ्र ही हमारी क्षतिपूर्ति हेतु उक्त राशि का चैक हमारी ओर शीघ्र ही भिजवायेंगे।

भवदीय

संलग्न— (१) रेलवे अधिकारी का प्रमाणपत्र — कृते............
(२) बीजक सं०......दि०......... ....
की फोटोस्टेट प्रति — प्रबन्धक

(३) हानि सम्बन्धी प्रमाण रेलवे
क्लेम निरीक्षक द्वारा हस्ताक्षरित

उदाहरण—७

बैंक द्वारा चैक भुगतान न करने पर शिकायत

प्रतिष्ठान............
....

पता............
....

व्यवस्थापक
... . बैंक
............स्थान

दिनांक.........

प्रिय महोदय,

हमें आश्चर्य हुआ है कि आपने हमारे चैक संख्या ....दिनांक......... को, जो हमने सर्वश्री......... के पक्ष में ३,६७० रु० के लिए काटा था, 'जमाएँ संग्रह नहीं है' लिखकर अप्रतिष्ठित कर दिया है।

हमारे खाते में आपके पास उस तिथि तक ३४००रु० का बैलेन्स था और १,५०४ रु० का एक चैक स्थानीय बैंक पर आपके पास दिनांक.........को संग्रहार्थ भेजा था। अतः उक्त चैक को प्रतिष्ठित करने हेतु आपके पास पर्याप्त बैलेंस था और चैक संग्रह हेतु भी पर्याप्त समय था। इसी बीच कोई लेन-देन नहीं हुआ है।

हमें प्रसन्नता होगी यदि आप हमारे चैक को अप्रतिष्ठित करने का कारण सूचित करेंगे।

भवदीय
कृते............
भागीदार

(६) **समायोजन पत्र**—शिकायती पत्र के उत्तर में भेजा जाने वाला पत्र 'समायोजन पत्र' कहलाता है। इसकी भाषा अत्यन्त विनम्र, स्पष्ट एवं महत्त्वपूर्ण होती है तथा खेद प्रकट करने में सक्षम होती है। शिकायत करने वाली संस्था या फर्म को हुए कष्ट के लिए माफी माँगते हुए समायोजन अगले लेन-देन में कर लिये जाने का निवेदन किया जाता है या कुछ अधिक कमीशन की सुविधा प्रदान कर फर्म के खातों में वैसा अंकित कर लिये जाने की सूचना दी जाती है।

उदाहरण—

साहित्यरत्न भडार
उच्चकोटि के हिन्दी प्रकाशक

दूरभाष : १२४७ २ महात्मा गांधी रोड

सर्वश्री कदम बुकडिपो आगरा-२८२००५

मालरोड दिनांक.........

नैनीताल

प्रिय महोदय,

आपके पत्र दिनांक ....के अनुसार हमें विदित हुआ है कि हमारी भूल-वश आपको कष्ट उठाना पड़ा है। इसके लिए हमें भारी खेद है।

आपने लिखा है कि पुस्तकें डेढ़ सौ के स्थान पर एक सौ बीस मिली हैं जबकि बीजक में १५० पुस्तकों का मूल्य लगाया हुआ है। आपकी सूचना के अनुसरण में आपके खाते में हमने तीस पुस्तकों की कमी दिखा दी है, शेष का बिल भुगतान करने के लिए आप अग्रसरित कर दें।

आपके खाते में तीस पुस्तक कम होने का संकेत कर लिया गया है जिसका क्रेडिट नोट आपको संलग्न किया जा रहा है।

भवदीय

संलग्न : क्रेडिट नोट कृते साहित्यरत्न भण्डार

संचालक

(७) **तगादा पत्र** : यदि कोई व्यावसायी अथवा क्रेता नियत समय पर अथवा शर्तों में दी गई अवधि में भीतर क्रय की गई वस्तु का मूल्य नहीं चुकाता है तो उसको जो पत्र लिखा जाता है, उसे वाणिज्यिक भाषा में 'तकादे का पत्र' कहा जाता है। ऐसे पत्रों का मूल उद्देश्य बकाया या अदत्त राशि को वसूल करना होता है। पर इस सम्बन्ध में यह उद्देश्य भी निहित रहता है कि ग्राहक न टूटे। इसलिए बड़ी सावधानी, चतुराई और कौशल के साथ पत्र लिखना होता है ताकि ग्राहक या क्रेता की सद्भावनाएँ न खो जायें। ऐसे पत्रों में अदत्त राशि-सूचक खाते का विवरण देते हुए प्रथम पत्र, खाते की दूसरी प्रतिलिपि के साथ अनुस्मरण (रिमाइण्डर) तथा अनसुनी किए जाने पर अन्तिम पत्र में वैधानिक कार्यवाही की धमकी दी जाती है। ऐसे पत्र अन्तर्देशीय या लिफाफों में बंद ही भेजे जाते हैं तथा उन पर 'निजी' शब्द लिखा जा सकता है।

उदाहरण—१

प्रथम पत्र (तगादा)

संगम प्रकाशन

पुस्तक प्रकाशक एवं विक्रेता

दूर प्रेष्य : प्रसंगम १/३ अंसारी रोड

दूरभाष : ८५२५२८ नई दिल्ली-११०००२

पत्रांक ३६६/स/८४ दिनांक............

श्री केदारनाथ शर्मा

बड़ा बाजार, नवलगढ़-३३३०४२

प्रिय महोदय,

इस पत्र द्वारा हम आपका ध्यान इस तथ्य की ओर आकर्षित करना चाहते हैं कि हमारे खातों में आपकी तरफ बिल संख्या ३८१ दिनांक.........के अन्तर्गत २८०.६० रुपये बाकी निकल रहे हैं, जिसका भुगतान व्यस्तता के कारण स्मरण नहीं रहा है।

आपसे निवेदन है कि कृपया उक्त धनराशि का भुगतान हमें यथाशीघ्र भिजवाकर अनुगृहीत करें।

भवदीय

संलग्न : बिल संख्या......... कृते संगम प्रकाशन

दिनांक............की प्रतिलिपि व्यवस्थापक

उदाहरण—२

तगादा स्मरण पत्र

संगम प्रकाशन

पता.........

पत्रांक......... दिनांक.........

नाम............

पता...............

प्रिय महोदय,

कृपया हमारे पत्र दिनांक............का अवलोकन करने का कष्ट करें, जिसके द्वारा आपसे निवेदन किया गया था कि आपकी तरफ बकाया राशि रुपए......... का भुगतान भिजवाने का कष्ट करें, पर भुगतान अभी तक प्राप्त नहीं हो सका है।

आपसे निवेदन है कि कृपया इस पत्र के मिलते ही चुकता राशि का भुगतान भिजवाकर अनुगृहीत करें।

भवदीय

संलग्न—बिल संख्या कृते............

दिनांक .... की प्रतिलिपि व्यवस्थापक

उदाहरण—३

तगादा अन्तिम पत्र

संगम प्रकाशन　　　　पता·········

पत्रांक············　　　　दिनांक·········

श्री············

पता············

प्रिय महोदय,

आपके आदेशानुसार रुपये·········का माल भिजवाया गया था; किन्तु हमें खेद है कि हम भुगतान के लिए आपको तीन पत्र लिख चुके हैं, परन्तु आप द्वारा भुगतान आज तक नहीं किया गया है। भुगतान के लिए हम और अधिक प्रतीक्षा करने में असमर्थ हैं। अतः आपसे निवेदन है कि बकाया धनराशि का भुगतान दिनांक·········तक भिजवा दें। यदि उक्त निश्चित तिथि तक भुगतान प्राप्त नहीं होता है तो हमें बाध्य होकर अन्य साधनों का सहारा लेना पड़ेगा जिन्हें हम कदापि नहीं चाहते।

आशा है, इस सम्बन्ध में हमें आपका पूर्ण सहयोग प्राप्त होगा।

भवदीय

कृते··············

व्यवस्थापक

(८) **गश्ती पत्र**—व्यवसायी को जब एक ही प्रकार की सूचनाएँ अपने क्रेताओं, ग्राहकों या व्यापारियों को देनी होती हैं तो वह पत्र का मूल विषय, जो एक ही रहता है, मुद्रित या साइक्लोस्टाइल करा दिया जाता है। मात्र पता लिखना शेष रहता है, जो भेजते समय लिखा जाता है। अतः ऐसे पत्रों को गश्ती पत्र कहा जाता है।

गश्ती पत्र भेजने की स्थितियाँ निम्नलिखित हैं—

(i) नवीन व्यापार अथवा नये उत्पाद को शुरू करने पर

(ii) साझेदार के प्रवेश, अवकाश ग्रहण करने, कार्यमुक्त होने अथवा साझेदार की मृत्यु पर

(iii) व्यावसायिक संगठन के स्वरूप-परिवर्तन पर

(iv) सकल विक्रय या नीलाम द्वारा बिक्री करते समय पर

(v) व्यावसायिक संस्थान समाप्त करते समय पर

(vi) व्यावसायिक प्रतिनिधित्व परिवर्तन के समय पर

(vii) नवीन शाखा खोलने पर

(viii) चालू व्यवसाय करते समय

उदाहरण—१

श्याम प्रकाशन

पुस्तक प्रकाशक एवं विक्रेता

फिल्म कोलोनी
चौड़ा रास्ता,
जयपुर-३०२००३

सर्वश्री.........
....

प्रिय महोदय,

हमें यह घोषणा करते हुए अपार हर्ष होता है कि हमने अपने पुस्तक-प्रकाशन व्यवसाय में कुछ दिनों पूर्व ही प्रवेश किया है तथा हमारे नवीन प्रकाशन सीरीज के रूप में बाजार में आ चुके हैं।

हमें आशा है कि हमारी व्यावसायिक सफलता के लिए अपना पूर्ण सहयोग देने तथा आदेश प्रदान कर हमें सेवा करने का अवसर प्रदान करेंगे।

हमारा नया शोरूम राजस्थान विश्वविद्यालय के मुख्य गेट के सामने शापिंग सेण्टर में स्थित है।

सहयोग की अपेक्षा सहित,

भवदीय
कृते श्याम प्रकाशन
(ह०)...........
भागीदार

संलग्न : नवीन एवं आगामी
प्रकाशनों का सूचीपत्र

उदाहरण—२

तार : पंचशील
दूरभाष : ८५५६५८

पंचशील प्रकाशन
हिन्दी एवं वैज्ञानिक पुस्तकों के
प्रकाशक एवं वितरक

फिल्म कोलोनी
चौड़ा रास्ता, जयपुर-३

सर्वश्री..............
....

प्रिय महोदय,

सूचनार्थ निवेदन है कि हमारे विक्रय प्रतिनिधि श्री प्रेमपालसिंह राठौड़ अपने व्यक्तिगत कारणों से हमारे संस्थान से अलग हो गये हैं। अतः दिनांक १५ सितम्बर १९८४ से श्री राठौड़ के साथ हमारा कोई भी व्यावसायिक दायित्व नहीं है। अतः उनसे कोई भी व्यावसायिक लेन-देन हमारे पक्ष में न करें। उनके साथ किये

गये व्यावसायिक लेन-देन का कोई भी दायित्व हम पर नहीं होगा।

हमें विश्वास है कि आपका सहयोग एवं सेवा करने का अवसर पूर्ववत् रूप में हमें मिलता रहेगा।

भवदीय

कृते पंचशील प्रकाशन

(ह०)...............

साझीदार

(९) **शिफारिश पत्र**—सिफारिश पत्र किसी व्यक्ति या संस्था द्वारा किसी अन्य व्यक्ति या संस्था को किसी व्यक्ति को रोजगार दिलाने में मदद हेतु या किसी नये स्थान पर व्यावसायिक सम्बन्ध स्थापित करने या साख के पत्र के रूप में लिखे जाते हैं। इन पत्रों में सभी उल्लेख सही और सत्य होते हैं तथा बिना किसी छुपाव के सारी बातों का स्पष्ट उल्लेख किया जाता है तथा यह भी स्पष्ट होता है कि किस समयावधि तक की साख दी जा सकती है।

उदाहरण—

परसरामपुरिया ब्रादर्स

मिनरल पल्वराइजेशन कारपोरेटर्स

दूर प्रेष्य : माणिक्य

दूरभाष : २४३६४०, २४३६४१

पो० कूजू

हजारीबाग, बिहार

दिनांक............

सर्वश्री जिओकाफ्टस

चितौड़गढ़ रोड, उदयपुर।

प्रिय महोदय,

इस पत्र के माध्यम से हम आपका परिचय अपने संचालक के ज्येष्ठ पुत्र श्री........से करा रहे हैं तथा वे अब जिआजीलिस्ट के रूप में जावर माइन्स में कार्य करने हेतु आ रहे हैं।

आशा ही नहीं, विश्वास है कि इस परिचय पत्र को पाकर आप उनको आवश्यक सुविधाएँ तथा काम के अवसर प्रदान करने का कष्ट करेंगे।

भवदीय

कृते...............

संचालक

(१०) **साख सम्बन्धी पत्र**—जब एक व्यवसायी किसी अन्य व्यावसायिक केन्द्र पर किसी व्यवसायी विशेष के सम्बन्ध में आवश्यकता पड़ने पर धनराशि की व्यवस्था करने के लिए किसी बैंक, व्यवसायी अथवा अपने अभिकर्ता (एजेण्ट) या किसी विशेष व्यक्ति को निवेदन करता है तो वह साख-पत्र कहलाता है। जिस राशि

तक का साख-पत्र जो व्यवसायी ले जाता है वह उतनी राशि साख-पत्र जारी करने वाली बैंक या व्यवसायी के पास जमा करा देता है तथा अपने हस्ताक्षर भी साख-पत्र पर करता है ताकि उस साख-पत्र पर कोई दूसरा व्यक्ति रुपया प्राप्त न कर ले। जिसके नाम पर यह साख-पत्र जारी किया जाता है, वह व्यक्ति या संस्था भी साख-पत्रधारी से अपने हस्ताक्षर कराता है और हस्ताक्षर मिलने पर उसे उतनी राशि का भुगतान कर दिया जाता है।

साख-पत्र दो प्रकार के होते हैं—

(अ) साधारण साख-पत्र

(आ) गश्ती साख-पत्र या साख-परिपत्र

पहले प्रकार का पत्र केवल एक बैंक, व्यावसायिक संस्था अथवा अपने अभिकर्ता को लिखा जाता है। सम्पूर्ण राशि का भुगतान उस स्थान विशेष पर हो जाने के बाद यह साख-पत्र व्यर्थ हो जाता है तथा धनराशि देने वाला उसे अपने पास रख लेता है और बाद में साख-पत्र लिखने वाले के पास भेज देता है। दूसरे प्रकार का साख-पत्र कई व्यक्तियों, संस्थाओं, बैंकों या अभिकर्ताओं के नाम लिखा होता है। जो व्यक्ति या संस्था साख-पत्रधारी को रुपया देता है, वह रुपया देने की तिथि तथा राशि का उल्लेख साख-पत्र के पीछे कर देता है। सम्पूर्ण राशि का भुगतान हो जाने पर अन्तिम सूत्र अपने पास साख-पत्र रखकर जारी करने वाले के पास भेज देता है।

उदाहरण—१

साधारण साख-पत्र

तार :

(नाम प्रतिष्ठान)······ दूरभाष :

(पता)···············

···············

सन्दर्भ संख्या········ दिनांक···············

सर्वश्री फूलचन्द कजोडमल परसरामपुरिया

कूजू जिला रांची

बिहार

प्रिय महोदय,

हमें पत्रवाहक श्री राधेश्याम जांगिड़, मालिक प्रेसियस स्टोन्स, जयपुर, का परिचय देते हुए हर्ष होता है। ये आपके क्षेत्र में व्यावसायिक उद्देश्य से आ रहे हैं। उन्हें वहाँ पचास हजार रुपये तक की धनराशि की आवश्यकता हो सकती है अतः आप उन्हें उक्त सीमा तक राशि माँगने पर देने की कृपा करें तथा राशि देते समय

आप रसीद दो प्रतियों में लेकर एक प्रति हमें सूचनार्थ भेज दें। आप जितनी राशि दें उसको आप हमारे खाते दर्शनी बिल लिख दें।

श्री राधेश्याम जांगिड़ के नमूने के हस्ताक्षर नीचे दिये गये हैं तथा इस साख-पत्र की अवधि ३० जून ८४ तक समझी जावे।

भवदीय

नमूने के हस्ताक्षर
....

कृते............
स्वामी

हस्ताक्षर प्रमाणित
(ह०)............
स्वामी

उदाहरण—२

गश्ती साख-पत्र या साख-परिपत्र

(नाम प्रतिष्ठान)............
....

तार............
दूरभाष.........
पता............
....

संन्दर्भ संख्या............ दिनांक.........

प्रिय महोदय,

हमें पत्रवाहक श्री श्यामसुन्दर परसरामपुरिया, जो मिनरल पल्वराईजिग कारपोरेशन, कूजू (राँची) बिहार के मालिक हैं, का परिचय कराते हुए हर्ष हो रहा है। श्री परसरामपुरिया पहली बार व्यावसायिक कार्य से बम्बई आ रहे हैं तथा अपने व्यावसायिक सन्दर्भों के लिए जो भी जानकारी चाहिए उसके लिए इन्हें सत्परामर्श देने का कष्ट करें।

यदि श्री परसरामपुरिया को बम्बई प्रवास की इस अवधि में धन की आवश्यकता पड़े तो आप इन्हें पचास हजार तक की राशि दो प्रतियों में रसीदें लिखाकर दे दें तथा उनका उल्लेख इस साख-पत्र के पीछे कर दें। आपका जितना व्यय हो उसको हमारे ऊपर दर्शनी हुण्डी लिखकर हमारे खाते में डाल दें।

श्री परसरामपुरिया के नमूने के हस्ताक्षर पार्श्व में प्रकाशित किये जा रहे हैं तथा इस साख पत्र की अवधि ३० सितम्बर ८४ को समाप्त हो जायेगी।

भवदीय

हस्ताक्षर नमूना
....

कृते............
(ह०)............
व्यवस्थापक

हस्ताक्षर प्रमाणित

ह०............

व्यवस्थापक

सेवा में—(१) सर्वश्री बजरंग लाल बिड़ला एण्ड कम्पनी, बम्बई

(२) सर्वश्री पुरोहित एण्ड पुरोहित, खार, बम्बई

(३) सर्वश्री सीताराम बाबूलाल नवलगढ़ वाला, भायखला, बम्बई

(११) **अनुगमन पत्र**—व्यावसायिक या गश्ती पत्र का प्रभाव दृष्टिगत न होने पर अनुगमन पत्र के रूप में क्रेता या ग्राहक पर प्रभाव डालने के लिए लिखा जाता है। ऐसे पत्रों को एक के बाद एक भेजा जाता है तथा उसकी विषय-सामग्री भी भिन्न रहती है तथा नया सुझाव दिया जाता है तथा आशा की जाती है कि एक बार सम्भावित ग्राहक इस दिशा में भी प्रयत्न अवश्य करेंगे।

उदाहरण—

चित्रगुप्त स्टेशनर्स

पता............

....

दूर प्रेष्य : चित्रगुप्त

दूरभाष : .... दिनांक............

सर्वश्री/श्री ....

....

प्रिय महोदय,

डाइमण्ड डायरी को आपने विगत वर्षों में देखा है और उपयोग के लिए उपयुक्त पाया होगा। जिन्होंने इसे प्रयोग किया है, उसकी उपयोगिता वे भली प्रकार जानते हैं। बाजार में अन्य डायरियाँ भी उपलब्ध हैं, पर इतनी सस्ती और वैरायटी में कहीं नहीं मिल सकती हैं। फिर हमारी बोनस योजना भी लाभ के नये आयाम देती है।

आप भी एक बार इस लाभ को प्राप्त करें और हमें लिखें—ऐसी आशा है।

भवदीय

कृते............

महाप्रबन्धक

(१२) **एजेन्सी सम्बन्धी पत्र**— अपने माल या उत्पाद के विक्रय में वृद्धि करने के लिए जब कोई व्यापारी अन्य स्थानों, नगरों या राज्यों में एजेन्सी खोलना चाहता है अथवा किसी भी व्यावसायिक संस्थान को अपने एजेण्ट के रूप में काम करने के लिए अनुबन्धित करता है तो इस सम्बन्ध में जो पत्र लिखे जाते हैं, उन्हें एजेन्सी सम्बन्धी पत्र कहा जाता है। एजेन्सी आरम्भ करने या अनुबंध पर देने

के सम्बन्ध में आवश्यक शर्तों का उल्लेख पहले ही पत्रों में कर दिया जाता है।

उदाहरण—

तार : पोदार्स

पोदार टैक्सटाइल्स दूरभाष : ६३६३३६

६३६३३७

६३६३३८

पोदार चैम्बर्स

सर अब्दुला मार्ग

चर्च गेट, बम्बई

सर्वश्री कुमाऊँ टैक्सटाइल्स

बड़ा बाजार

नैनीताल-२६३००१

प्रिय महोदय,

आपका पत्र दिनांक............प्राप्त हुआ। हमें प्रसन्नता है कि आपको हमारी एजेन्सी सम्बन्धी शर्तें स्वीकार हैं। एजेन्सी सम्बन्धी संविदा की दो प्रतियाँ संलग्न की जा रही हैं जिसमें सभी शर्तें स्पष्ट हैं। अत: दोनों प्रतियों पर हस्ताक्षर करके शीघ्र ही इस कार्यालय को लौटाएँ ताकि एक प्रति आपको हस्ताक्षर करने के बाद लौटायी जा सके।

हमें विश्वास है कि आप हमारी संविदा शर्तों से सहमत होंगे। आपकी सूचना और हस्ताक्षरित संविदा प्राप्त होते ही आपके क्षेत्र के समाचार-पत्रों में विज्ञापन भेज दिया जाएगा।

भवदीय

संलग्न —संविदा की दो प्रतियाँ

कृते पोदार टैक्सटाइल्स

(ह०)............

व्यवस्थापक

(१३) **दावापूर्ति पत्र**—कभी-कभी व्यावसायिक संस्थान द्वारा अपने ग्राहक दूकानदारों या विक्रेताओं द्वारा संस्थान के कार्य के प्रति असन्तोष या शिकायतें प्राप्त होती हैं। ऐसी स्थिति में बाजार में अपनी साख जमाये रखने और ग्राहकों में अपने प्रति विश्वसनीयता बनाये रखने के लिए ग्राहकों के दावों की पूर्ति और क्षति-पूर्ति के लिए पत्र लिखना होता है। दावा-पूर्ति या क्षति-पूर्ति विषयक पत्रों की भाषा विनम्र और क्षमायाचनापरक रहती है तथा उसकी पुनरावृत्ति भविष्य में न होने का आश्वासन देना भी आवश्यक होता है।

उदाहरण--

ओ० के० साड़ी सैण्टर

सूती, रेशमी, जार्जेट की जयपुरी बन्धेज की साड़ियों के
निर्माता एवं विक्रेता

जौहरी बाजार
जयपुर-३०२००३

सर्वश्री राजस्थान हैण्डीक्राफ्ट्स
इन्दिरा बाजार, मल्लीताल
नैनीताल

प्रिय महोदय,

आपका पत्र संख्या............दिनांक.........प्राप्त हुआ। हमें खेद हुआ कि आपको तीस साड़ियों के कारण कष्ट हुआ तथा ग्राहकों की नापसन्दगी भी उठानी पड़ी।

आपके प्रस्तावानुसार उन तीस साड़ियों का आधा मूल्य हम स्वीकार कर लेते हैं तथा आधा मूल्य ६००.०० रुपये आपके हिसाब में क्रेडिट कर रहे हैं तथा आपको आश्वासन देते हैं कि भविष्य में इस प्रकार की पुनरावृत्ति नहीं हो सकेगी।

विश्वास है कि आप पूर्ववत् सम्बन्ध बनाये रखेंगे।

भवदीय

संलग्न : क्रेडिट नोट
विषयक प्रपत्र
राशि--६००.०० रुपए

कृते ओ० के० साड़ी सैंटर
(ह०)............
संचालक

(१४) **बैंक सम्बन्धी पत्र**—व्यावसायिक क्षेत्र में बैंक संस्था की भूमिका अत्यन्त महत्त्वपूर्ण है। औद्योगिक विकास में बैंकों का योगदान एवं उपयोगिता स्वयंसिद्ध है। एक व्यवसायी अपने व्यवसाय की आर्थिक व्यवस्था से सम्बन्धित पत्र-व्यवहार अपनी बैंक से करता है तो कभी-कभी अपनी बैंक के अतिरिक्त अन्य बैंकों से भी करता है तथा अपनी शत-प्रतिशत अर्थ सम्बन्धी आवश्यकताओं के लिए वह बैंक की सेवाओं का लाभ उठाने के लिए यत्नशील रहता है।

बैंक सम्बन्धी पत्र-व्यवहार में व्यावसायिक प्रतिष्ठान की ओर से कोई उत्तरदायी अधिकारी ही अपने हस्ताक्षरों से पत्र-व्यवहार करता है तथा उसके हस्ताक्षर का नमूना बैंक में रहता है। सभी बातें बहुत स्पष्ट एवं संक्षिप्त रूप में लिखी जाती हैं तथा बहुवचन का प्रयोग किया जाता है।

बैंक से सम्बन्धित पत्र कई प्रकार के होते हैं। उनका वर्गीकरण निम्न प्रकार

है—

(१) खाता खोलने विषयक पत्र

(अ) बचत खाता (Saving A/C)

(आ) चालू खाता (Current A/C)

(इ) स्थायी जमा खाता (Fixed Deposit A/C)

(२) चैक बुक प्रदाय हेतु पत्र

(३) चैक बुक खो जाने पर पत्र

(४) चैक अप्रतिष्ठित होने पर पत्र

(५) चैक का भुगतान रोकने हेतु पत्र

(६) हिसाब में त्रुटि विषयक पत्र

(७) मूल्यवान वस्तुओं की सुरक्षा सुविधा हेतु पत्र

(८) ऋण सीमा से अधिक राशि दिये जाने सम्बन्धी पत्र

(९) दर्शनी बिल सम्बन्धी पत्र

(१०) चैक अप्रतिष्ठित करने विषयक पत्र

उदाहरण—१

बैंक में बचत खाता खोलने सम्बन्धी पत्र

यू० पी० एस० टी० क्रमांक········· तार : रूपश्रृंगार

सी० एस० टी० क्रमांक········ ··· दूरभाष : २६२०

मधुर मिलन

सभी प्रकार की श्रृंगारिक, सजावटी एवं पुरस्कार

सम्बन्धी सामग्री के विक्रेता

बड़ा बाजार

नैनीताल-२६३००१

क्रमांक··· ········ दिनांक ···········

श्री प्रबन्धक

द कूर्माचल सहकारी बैंक लि०

बड़ा बाजार

नैनीताल-१

विषय—बैंक में बचत खाता खोलने सम्बन्धी पत्र

प्रिय महोदय,

आपके बैंक की मुख्यालय शाखा बड़ा बाजार में हम अपने प्रतिष्ठान का एक बचत खाता खोलना चाहते हैं। हम विगत पन्द्रह वर्षों से व्यवसाय के क्षेत्र में कार्यरत हैं। आपकी मुख्यालय शाखा हमारे अति निकट है अतः इसके कारण हमें दिन-

प्रतिदिन के कार्य के विषय में अधिक सुविधा रहेगी। हमारे व्यावसायिक सन्दर्भ के लिए हम सर्वश्री कृष्णा ज्वैलर्स, बड़ा बाजार, नैनीताल-१ का उल्लेख करना चाहते हैं।

खाता आरम्भ करने के लिए दो सौ रुपये की राशि जमा करा चुके हैं उसकी जमा रसीद संलग्न है। इस खाते में हम दो भागीदारों के संयुक्त हस्ताक्षर ही मान्य होंगे जिनका नमूना संलग्न है तथा इस आवेदन पर भी हम दोनों के हस्ताक्षर किये हुए हैं।

भवदीय

संलग्न : (१) दो सौ रुपये जमा की रसीद
(२) नमूने के हस्ताक्षरों का प्रपत्र

कृते मधुर मिलन
(१)............
(२)............
भागीदार

उदाहरण—२

बैंक में चालू खाता खोलने सम्बन्धी पत्र

तार : रूपश्रृंगार
दूरभाष : २०६०

मधुर मिलन
सभी प्रकार की सजावटी एवं पुरस्कार सम्बन्धी
सामग्री के विक्रेता

बड़ा बाजार
नैनीताल-२६३००१

क्रमांक............ दिनांक........

श्री प्रबन्धक
द कूर्माचल सहकारी बैंक लिमिटेड
बड़ा बाजार, नैनीताल-१

विषय—बैंक में चालू खाता खोलने सम्बन्धी पत्र

प्रिय महोदय,

हम आपके बैंक मुख्यालय में अपनी संस्था का चालू खाता खोलना चाहते हैं। इसके लिए पांच हजार रुपये जमा की रसीद पत्र के साथ संलग्न है। सन्दर्भ के लिए माडर्न बुक डिपो, मालरोड, नैनीताल का नामोल्लेख भी करते हैं।

भवदीय
कृते मधुर मिलन
प्रबन्धक

उदाहरण—३

चैंक बुक प्रदाय हेतु

जोशी स्टोर्स

पता............

....

दिनांक............

पत्रांक............

व्यवस्थापक

द झुन्झुनू जिला सहकारी बैंक लि०

सार्वजनिक पुस्तकालय के पास

नवलगढ़-३३३०४२

विषय— चैंक बुक प्रदाय हेतु

प्रिय महोदय,

आपके बैंक में हमारा एक बचत खाता (संख्या.........) है जिससे धन निकालने के लिए बार-बार पर्ची भरनी पड़ती है। हमारा बैलेन्स चार-पाँच सौ रुपए हर समय रहता है। अतः उक्त खाते के अन्तर्गत बीस पर्णवाली चैक बुक प्रदान करने का कष्ट करें।

धन्यवाद।

भवदीय

कृते............

व्यवस्थापक

उदाहरण—४

तार :

दूरभाष :

नालन्दा बुक डिपो

मेन बाजार

नवलगढ़-३३३०४२

दिनांक............

पत्रांक............

श्री प्रबन्धक

बैंक ऑफ बड़ौदा

बाला किला

नवलगढ़-३३३०४२

विषय—चैक बुक खो जाने के सम्बन्ध में

प्रिय महोदय,

निवेदन है कि आपके बैंक में हमने एक बचत खाता (संख्या ८८०२) खोल रखा था। इसके अन्तर्गत रुपया निकालने के लिए हमें पचास चैक वाली एक चैक बुक संख्या·········से·········तक प्रदान की थी, जिसमें से केवल नौ चैक संख्या·········से·········तक ही उपयोग में लाये गये थे।

दिनांक·········को जिलाधीश कार्यालय झुन्झुनू से अपने घर लौटते समय नामसागेट के सुनसान मोड़ पर कुछ गुण्डों ने चाकू-रिवाल्वर के बल पर मेरा बैग छीन लिया है जिसकी रिपोर्ट थाना नवलगढ़ में तत्काल दर्ज करा दी है।

हो सकता है कि उक्त चैक बुक का उपयोग जाली हस्ताक्षर बनाकर किया जाये। अतः आपसे निवेदन है कि शेष बचे चैकों का गलत उपयोग रोकने की व्यवस्था करते हुए उन्हें निरस्त करने का कष्ट करें तथा पत्र वाहक को नवीन चैक बुक हमारे बचत खाते के अन्तर्गत प्रदान करने का कष्ट करें।

कष्ट के लिए क्षमा।

भवदीय

कृते············

व्यवस्थापक

उदाहरण—५

चैक का भुगतान रोकने हेतु

(नाम प्रतिष्ठान)············

···············

पता···············

··· · ·········

दिनांक············

व्यवस्थापक

············बैंक

············

विषय—चालू खाता संख्या·········के चैक संख्या·········
दिनांक·········का भुगतान रोकने हेतु

प्रिय महोदय,

आपके बैंक में हमारा उक्त संख्या का चालू खाता है। हमने कल ही एक चैक इस खाते से सर्वश्री केदारनाथ एण्ड सन्स, नैनीताल को ढाई हजार रुपये का दिया है जिसकी संख्या·········है। माल खोल कर देखने पर ज्ञात हुआ है कि नमूने के अनुसार माल प्रदाय नहीं करके दूसरी श्रेणी का माल हमें भेजा गया है

जिसे हम किसी भी स्थिति में स्वीकार नहीं कर सकते हैं।

अतः आपसे अनुरोध है कि कृपया उक्त चैक का भुगतान सर्वश्री.........
को न करें।

असुविधा के लिए क्षमायाचना।

भवदीय

कृते............

नियामक

उदाहरण—६

हिसाब में त्रुटि विषयक पत्र

नाम प्रतिष्ठान...............

पता............

पत्रांक.........

दिनांक.........

प्रबन्धक

..........बैंक

....

विषय—चालू खाता सं०......के हिसाब में त्रुटि होने के सम्बन्ध में

प्रिय महोदय.

दिनांक.........को गत माह के अन्त तक हमारे चालू खाता संख्या........ का विवरण प्राप्त हुआ है। खेद है कि उक्त विवरण में हिसाब की कई त्रुटियाँ हैं जो हमारे खातों से मेल नहीं खाती हैं और न किये गये भुगतानों से। ऐसी स्थिति में हम अपने लेखापाल के हाथ समाशोधन विवरण भेज रहे हैं। कृपया आवश्यक सुधार कर हमें सूचित करने का कष्ट करें।

धन्यवाद।

भवदीय

कृते............

(ह०)............

भागीदार

उदाहरण—७

मूल्यवान वस्तुओं की सुरक्षा-सुविधार्थ पत्र

नाम प्रतिष्ठान.........

पता............

पत्रांक.........

दिनांक ......

प्रबन्धक

.........बैंक

....

विषय—मूल्यवान वस्तुओं की सुरक्षा-सुविधा प्रदान करने हेतु पत्र

प्रिय महोदय,

आपके बैंक में हम अपने प्रतिष्ठान की बहुमूल्य जवाहरात से बने आभूषण सुरक्षा हेतु रखना चाहते हैं। आपके यहाँ अपने ग्राहकों के लिए ऐसी सुविधाएँ उपलब्ध हैं। आपके यहाँ हमारा बचत खाता (संख्या.........) और चालू खाता (संख्या.........) है। कृपया हमें सेफ डिपाजिट वाल्ट की सुविधा प्रदान करने का कष्ट करें।

भवदीय

कृते............

प्रबन्धक

उत्तर—

.........बैंक

पता.........

पत्रांक.........

दिनांक.........

सर्वश्री.........

....

विषय—मूल्यवान वस्तुओं की सुरक्षा-सुविधा सम्बन्धी व्यवस्था

प्रिय महोदय,

आपके पत्र दिनांकित....... के लिए धन्यवाद। हम सहर्ष आपको यह सूचित करते हैं कि मूल्यवान वस्तुओं की सुरक्षा-सुविधा के रूप में हम अपने ग्राहकों के लिए भूगर्भीय सेफ डिपाजिट वाल्ट मय लॉकर्स के उपलब्ध कराते हैं। इसके लिए निम्नलिखित नियम हैं—

(१) हम प्रतिमास प्रति वर्ग मीटर.........रुपया किराया लेते हैं जो प्रति माह पहले सप्ताह में अग्रिम देय है।

(२) प्रत्येक लॉकर की दो चाबियाँ रहती हैं जिनमें से एक ग्राहक के पास और दूसरी हमारे पास रहती है।

(३) हम अपने ग्राहकों को अपनी मूल्यवान वस्तुओं के निरीक्षण, जमा और आहरण के लिए सप्ताह में एक बार कार्य दिवस की अवधि में ही सुविधा प्रदान करते हैं।

धन्यवाद।

भवदीय

(ह०)............
प्रबन्धक

उदाहरण—८

ऋण-सीमा से अधिक राशि लिये जाने सम्बन्धी

(नाम प्रतिष्ठान).........

.... पता............

पत्रांक......... दिनांक.........

प्रबन्धक
.........बैंक
.........(स्थान)

विषय—ऋण-सीमा से तीन हजार अधिक की राशि प्राप्त किये जाने हेतु

प्रिय महोदय,

हमारा चालू खाता संख्या.........आपकी बैंक में है जिसकी ऋण-सीमा २५,००० रु० है। अभी-अभी नई बिल्टी आ गई है तथा तत्काल ही भुगतान करना है अन्यथा समयावधि रिबेट की छूट नहीं मिल सकेगी। ऋण-सीमा से तीन हजार रुपये अधिक का भुगतान अपने निर्धारित नियमों के अंतर्गत करने का कष्ट करें।

कष्ट के लिए धन्यवाद।

भवदीय
कृते............
स्वत्वाधिकारी

उदाहरण—९

दर्शनी बिल सम्बन्धी पत्र

तार :.........
(नाम प्रतिष्ठान)........... दूरभाष :............
(पता)...........

पत्रांक......... दिनांक...........

व्यवस्थापक
............बैंक

विषय—दर्शनी बिल (D/P) के सम्बन्ध में

प्रिय महोदय,

हमारे प्रतिष्ठान ने अमेरिका के सर्वश्री........प्रतिष्ठान को एक हजार

बोरे चीनी उनके आदेश के उत्तर में जहाज से रवाना करा दिये हैं। इस पत्र के साथ आपको दर्शनी बिल (D/P Bill) भेजा जा रहा है तथा माल का अधिकार पत्र भी संलग्न किया जा रहा है। आपसे अनुरोध है कि आयातकर्त्ता को अधिकार पत्र सौंपने से पूर्व बिल का भुगतान प्राप्त कर लें और बिल की राशि हमारे नाम डिमाण्ड ड्राफ्ट द्वारा भिजवाने का कष्ट करें।

धन्यवाद।

भवदीय

कृते............

(ह०)............

प्रबन्धक

संलग्न—(१) दर्शनी बिल (D/P Bill)
(२) जहाजी बिल्टी
(३) बीमा पालिसी
(४) बीजक

उदाहरण—१०

चैंक अप्रतिष्ठित करने सम्बन्धी शिकायत

वाणी प्रकाशन

२१-ए, दरियागंज
नई दिल्ली-११०००२
दिनांक............

प्रबन्धक
नैनीताल बैंक
करौलबाग, नई दिल्ली

प्रिय महोदय,

हमें यह देखकर आश्चर्य हुआ है कि आपने हमारा चैंक संख्या एनडी ३१/१००४५१ दिनांकित २६ अगस्त ८४ को, जो हमने सर्वश्री पंचशील प्रकाशन जयपुर के पक्ष में २५००.०० रु० की राशि का काटा था 'जमाएं संग्रह नहीं हुईं' लिखकर अप्रतिष्ठित कर लौटा दिया है।

हमारी पासबुक एवं लेखा पंजिका के अनुसार हमारे खाते में पिछला चैक भुगतान होने के बाद १२०० रु० की राशि बैंलेन्स में थी तथा दिनांक १२ अगस्त १९८४ को स्थानीय बैंक आफ बड़ौदा का एक चैंक १७६० रु० का आपके यहाँ संग्रह हेतु भेजा गया था। इस प्रकार उक्त चैक को प्रतिष्ठित करने के लिए आपके यहाँ हमारे खाते में पर्याप्त बैलेंस था।

चूंकि इस चैक काटने तक संग्रह करने के लिए भी आपके पास पर्याप्त समय था। अतः हमें प्रसन्नता होगी कि आप कृपया यह सूचित करने का कष्ट करें कि हमारे चैक को अप्रतिष्ठित करने का कारण क्या रहा है।

आपका

कृते वाणी प्रकाशन

(ह०)............

भागीदार

(१५) **बीमा सम्बन्धी पत्र**—प्रत्येक व्यवसायी अपनी सम्पत्ति की सुरक्षा के लिए बीमा कराना अत्यन्त आवश्यक समझता है तथा भावी व्यावसायिक सुरक्षा के निमित्त प्रीमियम का विनियोग करना प्रथम कर्त्तव्य मानता है। बीमा कराने के पश्चात् व्यवसायी निश्चिन्त होकर अपनी योजनाओं को कार्यान्वित करता है। कोई भी व्यावसायिक प्रतिष्ठान व्यावसायिक क्षेत्र में प्रवेश करते ही पहले किसी न किसी जनरल इन्श्योरेन्स कम्पनी से अपनी अचल-सम्पत्ति, अग्निसुरक्षा अथवा प्राकृतिक आपदाओं आदि के लिए बीमा कराता है।

बीमा सम्बन्धी पत्रों के निम्नलिखित भेद होते हैं—

१. बीमा कम्पनी से प्रस्ताव माँगने हेतु पत्र (i) अग्निबीमा (ii) सामान्य बीमा
२. दुर्घटना की क्षतिपूर्ति माँगते हेतु पत्र
३. समुद्री बीमा हेतु पत्र
४. प्रीमियम सम्बन्धी पत्र

उदाहरण—१

बीमा प्रस्ताव हेतु पत्र

प्रतिष्ठान.........

तार :

दूरभाष :

पता............

....

व्यवस्थापक

दिनांक............

न्यू इण्डिया जनरल इन्श्योरेन्स कं० लि०

प्रिय महोदय,

हमने अपने व्यवसाय का विकास किया है और चाहते हैं कि विकसित कार्यों की सुरक्षा हेतु अग्नि, जोखम, दुर्घटना आदि सम्बन्धी बीमा करायें। कृपया तत्सम्बन्धी प्रस्ताव पत्र एवं विवरण भिजवाने का कष्ट करें; ताकि तत्काल कार्यवाही पूर्ण की जा सके।

आपके उत्तर की प्रतीक्षा में,

भवदीय

कृते............

भागीदार

उदाहरण—२

उत्तर—

द न्यू इण्डिया जनरल इन्श्योरेन्स कं० लि०

प्र० का०.........

तार : बीमा　　　　　　　　　　　　　　　　　　शाखा.........

दूरभाष.........　　　　　　　　　　　　　　　　　.........

क्रमांक.........　　　　　　　　　　　　　　　　दिनांक.........

सर्वश्री.........

....

प्रिय महोदय,

आपका पत्र दिनांक ....प्राप्त हुआ। आपके निवेदन पर हम अपने प्रस्ताव-पत्र एवं तत्सम्बन्धी विवरण-पुस्तिका इस पत्र के साथ संलग्न कर रहे हैं।

हमारे स्थानीय अभिकर्त्ता श्री........इस सम्बन्ध में शीघ्र ही सम्पर्क कर रहे हैं।

सदैव आपकी सेवा के लिए प्रस्तुत,

शुभचिन्तक

कृते...........

शाखा प्रबन्धक

उदाहरण—३

दुर्घटना की क्षतिपूर्ति सम्बन्धी पत्र

तार :............

दूरभाष :...........

प्रतिष्ठान.........

पता.............

क्रमांक.........　　　　　　　　　　　　　　　　दिनांक ....

व्यवस्थापक

............बीमा कं० लि०

....

प्रिय महोदय,

हमने अपने प्रतिष्ठान का सामान्य बीमा एक लाख रुपये का और अग्नि-बीमा दो लाख रुपये का कराया हुआ था जिनकी पालिसी संख्या........और....... है।

दुर्भाग्य से १ अक्तूबर ८४ को दोपहर में शहर के आततायियों ने सामूहिक रूप से बाजार में अग्निकाण्ड किया जिससे हमारा प्रतिष्ठान भी बच नहीं सका। सारा सामान और प्रतिष्ठान जलकर नष्ट हो चुका है, जिसके चित्र इस पत्र के साथ संलग्न हैं।

इस सम्बन्ध में आप अपने प्रतिनिधि भेजकर मौके पर स्थल जाँच भी करा लें तथा बीमे की राशि दिलाये जाने की शीघ्र व्यवस्था करें ताकि प्रतिष्ठान का पुनर्निर्माण कराके व्यवसाय पुनः शुरू किया जा सके।

कष्ट के लिए धन्यवाद।

संलग्न—जले प्रतिष्ठान के तीन कोणों से
लिये गये चित्र

भवदीय
कृते............
....
भागीदार

उदाहरण—४

प्रीमियम सम्बन्धी पत्र

(प्रतिष्ठान).........बीमा कं० लि० तार.......
प्रधान कार्यालय.........

दूरभाष.........
पता............
दिनांक.........

पत्रांक ....

सर्वश्री............
....

प्रिय महोदय

हमें सखेद सूचित करना पड़ रहा है कि आपकी पालिसी संख्या......... और संख्या...........की प्रीमियम किश्तें ४६० रु० और ७७० रु० प्रति माह की माह सितम्बर ८४ से नहीं भरी गई हैं तथा यह अवधि तीन माह हो रही है।...माह से आपकी बीमा पालिसी निरस्त हो जायेगी। यह अन्तिम नोटिस है।

आपके शुभचिन्तक
कृते...........बीमा कं० लि०
शाखा व्यवस्थापक

उदाहरण—

उत्तर

प्रतिष्ठान..............

पता............

....

पत्रांक........ दिनांक........

व्यवस्थापक............

..........बीमा कं० लि०

....

विषय—पालिसी संख्या.........ओर.........पर

बकाया प्रीमियम

प्रिय महोदय,

हमारे प्रतिष्ठान ने नियमित प्रीमियम किस्तें उक्त बीमा पालिसियों के पक्ष में जमा करायी हैं जिनकी रसीदें हमारे पास सुरक्षित हैं। आपके यहाँ खातों में वे कैसे नहीं अंकित हैं, कृपया देखें। प्रीमियम अदायगी की रसीदों की फोटोस्टेट प्रतियाँ अवलोकनार्थ संलग्न की जा रही हैं।

भवदीय

संलग्न—फोटोस्टेट प्रतियों के तीन पृष्ठ कृते............

....

भागीदार

उदाहरण—५

समुद्री बीमा सम्बन्धी पत्र

प्रतिष्ठान......... तार...........

दूरभाष कार्या०........

निवास...... ..

पता...........

पत्रांक............ दिनांक........

महाप्रबन्धक

ओरियण्टल इन्श्योरेन्स कं० लि०

ओरियण्टल बिल्डिङ्स

कलकत्ता

प्रिय महोदय,

हमारा प्रतिष्ठान एक लाख अड़सठ हजार का माल एस० एस० विलमोरिया जहाज से केनिया (अफ्रीका) भेज रहा है। हम इसी सीमा तक माल का समुद्री बीमा कराना चाहते हैं। कृपया आवश्यक प्रपत्रों सहित अपने प्रतिनिधि को भेज दें ताकि समस्त कार्यवाही स्थल पर ही शीघ्र ही पूरी की जा सके।

भवदीय

कृते............

....

भागीदार

सार्वजनिक क्षेत्र का पत्र-लेखन

सार्वजनिक क्षेत्र

व्यावसायिक पत्र-लेखन में केवल व्यवसायियों के व्यवसाय से सम्बन्धित पत्र केवल व्यावसायिक स्तर पर ही लिखे जाते हों, ऐसा नहीं है। व्यावसायिक कार्य के तीन क्षेत्र विशेष रूप से माने जाते हैं—

अ—निजी क्षेत्र (Private Sector)

आ—सार्वजनिक क्षेत्र (Public Sector)

इ—सहकारी क्षेत्र (Cooperative Sector)

किसी भी व्यावसायिक प्रतिष्ठान से निजी क्षेत्र को छोड़कर सार्वजनिक क्षेत्र और सहकारी क्षेत्र में विविध व्यावसायिक कार्यों के निष्पादन अथवा किसी समस्या के समाधान अथवा नये व्यवसाय के संचालन अथवा किसी व्यावसायिक सन्दर्भ में विशिष्ट कार्य करने की अनुमति के निमित्त इस प्रकार के पत्र लिखे जाते हैं।

महत्त्व

सार्वजनिक क्षेत्र में पत्र-व्यवहार की महत्त्वपूर्ण भूमिका है, क्योंकि किसी भी व्यावसायिक संस्थान का कार्यक्षेत्र किसी न किसी सार्वजनिक क्षेत्र से अवश्य ही जुड़ा रहता है तथा अपने कार्य-निष्पादन के लिए विभिन्न सार्वजनिक कार्यालयों एवं विभागों तथा उनके अधिकारियों से निरन्तर सम्पर्क करना आवश्यक रहता है। अतः जहाँ प्रत्यक्ष रूप में ही उपस्थित नहीं हो सकते, व्यवसायी पत्र लिखकर ही सार्वजनिक क्षेत्र में उपलब्ध सुविधाओं अथवा सार्वजनिक क्षेत्र में उत्पन्न समस्याओं का समाधान पाने की चेष्टा करता है।

इन सभी पत्रों में सदैव बायें कोने पर 'सेवा में' लिखकर उसके नीचे की पंक्ति में 'प्रेषिती' का पद तथा तीसरी पंक्ति में उसका डाक का पूरा पता लिखा जाता है। 'सम्बोधन' के रूप में 'महोदय' अथवा 'मान्यवर महोदय' लिखकर मूल पत्र आरम्भ कर दिया जाता है। मूल पत्र की समाप्ति के नीचे दायें कोने में 'स्वनिर्देश' के रूप में 'भवदीय' शब्द लिखकर प्रेषक अपने हस्ताक्षर करता है तथा नीचे अपना पूरा

पता देता है। इसके बायीं ओर दिनांक लिखा जाता है।

उदाहरण—

सार्वजनिक क्षेत्र में लिखे गए पत्र का सामान्य प्रारूप

भगवानदास एण्ड कम्पनी

तार : भाग्यवान — पता............

....

दूरभाष : कार्यालय २४३६७२

निवास ३६७२२४

(प्रेषिती) श्री............

....

प्रिय महोदय,

विनम्र निवेदन है कि..

....

इस सम्बन्ध में उल्लेखनीय है कि..

....

आशा है कि इस पत्र को...

...................।

भवदीय

दिनांक ....

(ह०)............

(अमरचन्द सर्राफ)

स्वामी

भगवानदास एण्ड कम्पनी

....

....

सार्वजनिक क्षेत्र में लिखे जाने वाले पत्रों के प्रकार

सार्वजनिक क्षेत्र में व्यावसायिक संस्थाओं द्वारा जो पत्र लिखे जाते हैं, उन्हें प्रायः निम्न वर्गों में बाँटा जा सकता है—

(१) पोस्ट आफिस/पोस्ट मास्टर को पत्र

(२) रेलवे विभाग/अधिकारी को पत्र

(३) जिलाधिकारी को पत्र

(४) नगर निगम/नगरपालिका को पत्र

(५) परिवहन विभाग/अधिकारी को पत्र

(६) लाइसेन्स अधिकारी/विभाग को पत्र

(७) सहकारी विभाग/बैंक/अधिकारी को पत्र

उदाहरण—१

पोस्ट आफिस/पोस्ट मास्टर को पत्र

(प्रतिष्ठान)............
....

सेवा में

महा डाकपाल
मुख्य डाक घर
नैनीताल-२६३००१

महोदय,

निवेदन है कि हमारे विस्तार कार्यक्रम के अन्तर्गत हमने अपना कार्यालय वर्तमान में आल्पस होटल के पीछे से हटाकर दीनालाज कम्पाउण्ड में स्थापित कर लिया है। अतः अब हमारी समस्त डाक, रजिस्ट्री आदि उक्त पते पर भिजवाने की व्यवस्था करने का कष्ट करें। नया पता नीचे लिखा हुआ है—

सर्वश्री विवेक एजेन्सीज
जानकी निवास
दीनालाज कम्पाउण्ड
नैनीताल-२६३००१
दिनांक............

भवदीय
(ह०).........
सर्वश्री विवेक एजेन्सीज
आल्पस हटमेण्टस
द माल
नैनीताल-२६३००१

उदाहरण—२

त ार अधिकारी को पत्र

प्रबन्धक,
ग्वालियर दूरभाष अधिकारी
दूरभाष कार्यालय,
....

महोदय,

निवेदन है कि मैं गीता भवन, रतन कोलोनी,............नगर में रहता हूँ तथा अपने निवास-स्थान पर टेलीफोन लगवाना चाहता हूँ। एक व्यस्त डाक्टर होने के कारण टेलीफोन मेरे लिए अनिवार्य है। आपसे अनुरोध है कि आप यथा-शीघ्र ही मेरे यहाँ दूरभाष लगवाने की व्यवस्था करेंगे। कृपया यह भी सूचित

करें कि मुझे इसके लिए कितनी राशि देनी होगी। यदि इसके लिए किसी विशिष्ट प्रपत्र की पूर्ति करनी हो, तो कृपया उसे शीघ्र से भेजने का कष्ट करें।

कष्ट के लिए अग्रिम धन्यवाद।

भवदीय

दिनांक........ कृते............

भागीदार

उदाहरण—३

प्रतिष्ठान............

....

सेवा में

मुख्य डाकपाल

डाकघर राजापार्क

जयपुर-३०२००४

महोदय,

निवेदन है कि हम व्यावसायिक विस्तार-कार्य में लगे हैं और प्रतिदिन बहुत अधिक मात्रा में डाक आती है। पोस्टमैन को इतनी डाक लाने में कठिनाई होती है। अतः आपसे निवेदन है कि हमें पोस्ट बैग/बक्स आबंटित करने का कष्ट करें। इसके लिए त्रैमासिक या वार्षिक शुल्क अग्रिम जमा कराने के लिए हम तत्पर हैं।

भवदीय

दिनांक........ कृते............

स्वामी

उदाहरण—४

रेलवे को क्षतिपूर्ति हेतु पत्र

(प्रतिष्ठान)............

....

दूरभाष : ४६१२३१ पता............

दूर प्रेष्य : कनक ....

पत्र-क्रमांक.......... . दिनांक............

सेवा में

चीफ कॉमर्शियल सुपरिण्टेण्डेण्ट

पश्चिमी रेलवे

चर्च गेट, बम्बई

महोदय,

निवेदन है कि दिनांक............ हमारे द्वारा सर्वश्री............ को १० पेटियाँ हैण्डलूम साड़ीज की.........स्टेशन से.........स्टेशन के लिए बिल्टी क्रमांक...... ..दिनांक .... द्वारा प्रेषित की गई थीं। मगर तीन माह हो चुके हैं, पर वे आज दिनांक.........तक.........स्टेशन पर नहीं पहुँची हैं और न उनका कोई पता चला है।

हमारे द्वारा डिवीजनल सुपरिण्टेण्डेण्ट ......एवं.........के कार्यालयों में भी इस सम्बन्ध में पूछताछ की गई है, पर वहाँ भी हमें कोई जानकारी नहीं मिली है।

सामान्यतः............स्टेशन से ....स्टेशन तक हमारा माल एक सप्ताह से कम समय में ही पहुँच जाता है, पर निरन्तर प्रयास करने पर भी तीन माह तक माल का पता नहीं चला है और निर्दिष्ट स्थान पर पहुँच ही नहीं सका है। ऐसा लगता है कि माल किसी अन्य स्थान पर अथवा चोरी चला गया है।

माल न पहुँचने के कारण हमारे.........शहर के क्रेता को कठिनाई हो रही है और इधर हमें भी काफी क्षति हो रही है। ऐसी स्थिति में हम आपसे सम्बन्धित माल की कीमत के लिए..........रुपये का दावा प्रस्तुत करते हैं। आवश्यक कार्यवाही हेतु बीजक क्रमांक ....दिनांक.........तथा स्टेशन मास्टर, ...का प्रमाणपत्र आपकी सेवा में प्रेषित है।

आशा है कि आप उपर्युक्त राशि का चैक हमारे नाम से शीघ्र भिजवायेंगे।

भवदीय

कृते............

स्वामी

संलग्न— (१) बीजक सं०.........दि०..........

(२) स्टेशन मास्टर,.........का प्रमाण पत्र

उदाहरण—५

जिलाधिकारी को पत्र

(प्रतिष्ठान)............

....

पता............

....

सेवा में

श्री..... ......

आई० ए० एस०

जिलाधीश,

....

मान्यवर महोदय,

हमारे व्यावसायिक संस्थान में कल की हड़ताल के विषय में सूचना देते हुए हमें अत्यन्त दुख है। घटना सम्बन्धी तथ्य निम्न प्रकार हैं—

....मिल में स्वचालित मशीनों के कारण पच्चीस प्रतिशत छँटनी के आदेश जारी किये जाने के कारण विगत माह से वहाँ श्रमिकों एवं प्रबन्धकों के बीच गतिरोध चल रहा था, पर प्रबन्धक किसी समझौते को तैयार नहीं थे। अतः ....मिल के मजदूरों ने प्रबन्धकों को हड़ताल का अल्टीमेटम दे दिया। यह उस मिल और उनके कर्मचारियों का निजी मामला था। कल उन मजदूरों ने हड़ताल शुरू की और विशाल जुलूस निकाला।

जब यह जुलूस हमारे कारखाने के सामने आया तब हमारे सभी कर्मचारी शान्तिपूर्वक अपने काम में लगे हुए थे। उस जुलूस में सम्मिलित राजनीतिक पार्टियों के कुछ नेतागण हमारे कारखाने में जबरदस्ती घुस आये। चौकीदारों ने उन्हें रोकना चाहा तो उन्हें धक्के देकर एक ओर कर दिया। तभी.........मिल के कर्मचारियों के साथ भीड़ ने आकर हमारे यहाँ तैयार माल की तोड़फोड़ शुरू कर दी तथा शान्ति से काम कर रहे हमारे कर्मचारियों को जबरदस्ती मशीनों पर से खींचकर बाहर ले गये। अतः विवश होकर हमें कारखाना कल बन्द करना पड़ा। इस तोड़-फोड़ में हमारी बीस हजार से अधिक की हानि हो चुकी है।

कल रात्रि में हमारे मजदूर कर्मचारियों ने अपनी सुरक्षा किये जाने की माँग करते हुए काम पर पुनः आने के लिए तैयार होने का आश्वासन दिया है। अतः आपसे निवेदन है कि कारखाने और हमारे शान्तिप्रिय कर्मचारियों की सुरक्षा की व्यवस्था आप करें। हम आपको प्रत्येक प्रकार का सहयोग देने के लिए तत्पर हैं।

भवदीय

दिनांक.........   कृते............

स्वामी

उदाहरण—६

नगर पालिका/निगम को पत्र

सेवामें

अध्यक्ष/अधिशासी अधिकारी

............नगर पालिका/निगम

....

विषय—नालियों की सफाई व गन्दगी दूर करने हेतु

महोदय,

········ क्षेत्र के निवासी आपका ध्यान इस क्षेत्र में बढ़ती हुई गन्दगी से उत्पन्न दुर्व्यवस्था की ओर आकर्षित करना चाहते हैं। यह नगर का काफी घना आबाद भाग है, किन्तु इस क्षेत्र की नालियों की सफाई के लिए कोई सन्तोषजनक व्यवस्था नहीं है। नालियाँ इतनी नीची बनाई गयी हैं कि उनमें पानी का बहाव बिल्कुल भी नहीं रहता। अधिकतर उसमें गन्दगी रुकी रहती है जो सड़ती रहती है। दुर्गन्ध के साथ-साथ उनमें मच्छर भी पैदा होते रहते हैं जो रात में ही नहीं दिन में भी काटकर नागरिकों को परेशान करते हैं।

इस क्षेत्र में दो नवनिर्मित कालोनियाँ भी हैं, जिनमें नगर में प्रतिष्ठित व्यवसायी तथा अनेक सरकारी कर्मचारी रहते हैं। सरकारी कर्मचारियों के स्वास्थ्य का नगर निगम के स्वास्थ्य विभाग पर विशेष दायित्व है। सरकारी कर्मचारी सरकार की ही योजनाओं को सफलतापूर्वक क्रियान्वित करने का प्रयास करते हैं। यदि इन लोगों का स्वास्थ्य ही अच्छा न रहे, अथवा हम किसी संक्रामक रोग से पीड़ित हो जायें, तो सारे नगर तथा राज्य की शासन व्यवस्था अस्त-व्यस्त हो सकती है। दुख का विषय है कि हमारा नगर निगम इस तथ्य को उपेक्षा की दृष्टि से देखता है।

आशा ही नहीं वरन् पूर्ण विश्वास है कि आप अपने अध्यक्ष पद से नगर निगम के सचिव और स्वास्थ्य अधिकारी को समय रहते कार्य करने का निर्देश देकर कृतार्थ करेंगे।

भवदीय

(ह०)············

उदाहरण—७

परिवहन विभाग/अधिकारी को पत्र

प्रबन्धक,
दिल्ली राज्य परिवहन,
दिल्ली। दिनांक············

महोदय,

दिल्ली भारतीय जनतन्त्र की राजधानी है। इस महानगरी में लोगों को आकर सुख-सुविधा एवं सन्तोष का अनुभव होना चाहिए। किंतु यह लिखते हुए मुझे अत्यंत दुख होता है कि दिल्ली परिवहन की बसें केवल असुविधाएँ ही प्रदान करती हैं।

मैं तो रोज सफर करने वाला यात्री हूँ। प्रतीक्षा-स्थलों पर यात्रियों की भयंकर भीड़ तथा बस की प्रतीक्षा में बल खाती हुई लम्बी पंक्तियाँ दिल्ली परिवहन में फैली अव्यवस्था का सही चित्र है। जब प्रतीक्षा-स्थल पर बस आती है, तो एक हंगामे

जैसी स्थिति पैदा हो जाती है, जिसमें बच्चों, बूढ़ों और महिलाओं की बड़ी दुर्दशा होती है। ऐसा कोई भी दिन नहीं जाता जबकि प्रतीक्षा-स्थलों पर जेबकतरों द्वारा अपनी कारगुजारी न दिखायी जाती हो। यही नहीं, बसें नियत समय पर भी नहीं चलतीं तथा उनकी संख्या में भी यदा-कदा परिवर्तन होता रहता है। अधिकांश बसों की दशा भी अत्यन्त शोचनीय है। चलते हुए इन बसों के पुर्जे हिलते हैं तथा उनकी आवाज यात्रियों के लिए कष्टदायक होती है। बसों की सीटें भी खराब हैं।

आशा है कि इस पत्र को आप जनता की आवाज समझकर तथा अपने पद के दायित्व को समझते हुए बस यात्रियों को इन असुविधाओं से मुक्ति दिलाने का प्रयास करेंगे। मुझे यह संकेत करने की अनुमति दें कि विदेशों में बस-यात्रा बड़ी सुखद होती है। बसों में रेडियो, कूलर और सुन्दर पर्दे लगे होते हैं। सारी बसें सारणी के अनुसार ही चलती हैं। क्या ही अच्छा हो कि हमारे देश के बस-यात्रियों को भी ये सुविधाएँ मिल सकें।

भवदीय

उदाहरण—८

…………

लाइसेन्स के लिए पत्र

कन्ट्रोलर ऑफ एक्सपोर्ट्स,
राजकीय भवन,
बम्बई।

विषय—निर्यात लाइसेन्स के लिए

प्रिय महोदय,

कल के 'Economic Times' में भारत सरकार की निर्यात नीति के विषय में सूचना मिली, जिसमें निर्यातकों से प्रार्थना-पत्र भी आमंत्रित किये गये हैं। उसी सन्दर्भ में निवेदन है कि हमारी फर्म गत पाँच वर्षों से आयुर्वेदिक दवाइयों का निर्यात करती रही है तथा बहुमूल्य विदेशी विनिमय के अर्जन में भी सक्रिय सहयोग दिया है। गत पाँच वर्षों के निर्यात के आँकड़े संलग्न हैं। इस वर्ष यूरोपीय देशों में बढ़ती हुई माँग के कारण हम दुगुनी मात्रा में विविध देशों को अपने माल का निर्यात करना चाहते हैं।

आशा है, आप निर्यात लाइसेन्स प्रदान करने की कृपा करेंगे। इस सम्बन्ध में अन्य आवश्यक जानकारी अलग से भेजी जा रही है।

भवदीय

दिनांक ………

कृते…………

स्वामी

विदेश व्यापार सम्बन्धी पत्र-लेखन

विदेशी व्यापार

एक देश का दूसरे देश से जो व्यापार होता है वह विदेशी व्यापार कहलाता है। विदेशी व्यापार का स्वभाव देशी व्यापार की अपेक्षा जटिल है। माल मँगाने के लिए व्यापारी पहले पूछताछ करने के बाद आदेश भेजता है। यदि आदेश प्रतिनिधि को भेजा जाये तो उसे 'व्यादेश' (Indent) कहते हैं। जब आदेश सीधे उत्पादक या निर्यातक व्यापारी को भेजा जाता है तब व्यादेश प्रतिनिधि को विशेष निर्देशों के साथ भेजते हैं। माल का आदेश देने से पहले आयात करने के लिए सरकार से अनुमति-पत्र भी प्राप्त करना होता है तत्पश्चात् भुगतान हेतु विदेशी मुद्रा की व्यवस्था करनी होती है।

प्राय: विदेशी व्यापार दो प्रकार का होता है—

अ—निर्यात व्यापार

आ—आयात व्यापार

जब स्वदेश का माल विदेशों को भेजा जाता है तो उसे निर्यात और जब विदेशों से माल स्वदेश में मँगाया जाता है तो उसे आयात व्यापार कहा जाता है

विदेशी व्यापार सम्बन्धी पत्रों का वर्गीकरण

विदेशी व्यापार सम्बन्धी निर्दिष्ट एवं मुद्रित पत्रों का ही प्रयोग किया जाता है तथा उनकी भाषा भी अंग्रेजी होती है, पर उनका हिन्दी प्रारूप ही यहाँ प्रस्तुत किया जा रहा है।

विदेशी व्यापार के लिए प्रयुक्त पत्रों का वर्गीकरण निम्न प्रकार है—

१. विदेशी प्रकाशक के स्थानीय प्रतिनिधि को आदेश पत्र (Indent)
२. विदेशी प्रदायक (सप्लायर) को व्यादेश पत्र
३. स्थानीय प्रतिनिधि द्वारा विदेशी प्रधान को आदेश का अग्रेषण पत्र (Forwarding letter)
४. आदेश प्राप्ति और माल अग्रेषण सूचना पत्र

उदाहरण—१

विदेशी प्रकाशक के स्थानीय प्रतिनिधि
को आदेश-पत्र (Indent)
वाणी प्रकाशन

दूरप्रेष्य........ ...
दूरभाष............
पता............
....

व्यवस्थापक
दिनांक............

यू० बी० एस० पब्लिशर्स एण्ड डिस्ट्रीब्यूटर्स लि०
५ अंसारी रोड, बाक्स ७०१५
नई दिल्ली-११०००२

प्रिय महोदय,

हमें इस पत्र के साथ मैसर्स वर्ल्ड बैंक पब्लिकेशन्स के प्रकाशनों के लिए हमारा व्यादेश प्रेषित करते हुए हर्ष होता है, जिसे कृपया उन्हें अग्रसरित कर दें। इन पुस्तकों के लिए विश्वविद्यालयों के केन्द्रीय पुस्तकालयों की तात्कालिक माँग है। अतः आप कृपया तत्काल क्रियान्वयन के लिए व्यवस्था करें तो हम कृतज्ञ होंगे।

कृपया व्यादेश की पुष्टि कीजिए।

सधन्यवाद,

भवदीय
कृते वाणी प्रकाशन
....
प्रबन्धक

संलग्न—व्यादेश पत्र

व्यादेश (इण्डेंट)
क्रमांक.........
प्रेषक—यू० बी०एस० पब्लिशर्स एण्ड डिस्ट्रीब्यूटर्स लि०
दिनांक.........
५ अंसारी रोड़, बाक्स ७०१५
नई दिल्ली-११०००२

प्रेषिती—द वर्ल्ड बैंक पब्लिकेशन्स
पो० बा० ३७५२५
वाशिंगटन डी० सी० २००१३ यू० एस० ए०

शर्तें—सीधा प्रेषण ३० दिवसीय दर्शन पश्चात्
देय बिल लिखा जाय
प्रेषण—रजिस्टर्ड बुकपोस्ट

प्रतियाँ	लेखक/शीर्षक
१०	हिलेरी पैराटन एवं अन्य—बेसिक एजूकेशन एण्ड एग्रीकल्चरल एक्सटेन्शन, कॉस्टस इफैक्ट्स एण्ड आलर्टनेटिव्स
१५	पेंटर टी० नाइट/इकॉनोमिक रिफार्म्स इन सोशलिस्ट कण्ट्रीज
१५	रोबर्ट सौण्डर्स एवं अन्य/टेलीकम्यूनीकेशंस एण्ड इकोनोमिक डवलपमेन्ट
१०	मार्टिनवॉल्फ/इण्डियाज एक्सपोर्टस
१०	चार्ल्स फेंइबेल एण्ड ए० ए० वाल्टर्स/ओनरशिप एण्ड एफीशियेन्सी इन अर्बन बसेज
१०	यूजेन एच० रा वर्ग/ वर्ल्ड बैंक : ए फाइनेंशियल एप्रेजल
१०	र्वटिल वेल्सटेड/स्टेट मैन्यूफैक्चरिंग एण्टरप्राइज इन ए मिक्स्ड इकानोमी

कृते वाणी प्रकाशन
(ह०)............
प्रबन्धक

उदाहरण—२

विदेशी प्रदायक को पत्र

वाणी प्रकाशन
४६९९/५-२१ ए, दरियागंज
नई दिल्ली-११०००२

दूरभाष :........ .... पत्रांक............
दूरप्रेष्य :............ दिनाक...........

प्रेषिती—वर्ल्ड बैंक पब्लिकेशन्स
पो० बा० ३७५२५
वाशिंगटन-डी० सी० २००१३
यू० एस० ए०

बैंकर्स (i) ....
....

(ii)..
....

सन्दर्भ ....

प्रिय महोदय,

संलग्न प्रपत्र के अनुसार यह आदेश देते हुए हमें हर्ष होता है। यह आदेश आपकी नवीनतम सूची में से कुछ पुस्तकों के लिए है। कृपया ये पुस्तकें रजिस्टर्ड एवं वायु डाकसेवा से भिजवाने का कष्ट करें। पार्सल सीधे हमारे नाम भेज दें अथवा हमारी बैंक के द्वारा भेज दें। यदि आप ऐसा न चाहें तो हमारी आदेशित पुस्तकों के सम्बन्ध में सूचनार्थ बीजक भेज दें ताकि उसके प्राप्त होते ही हम आवश्यक विनिमय परमिट के लिए आवेदन कर सकें तथा आपके पक्ष में डालर ड्राफ्ट भिजवा सकें।

संलग्न—आदेश पत्र

भवदीय

कृते वाणी प्रकाशन

....

प्रबन्धक

आदेशपत्र (आर्डर)

सर्वश्री............

....

कृपया निम्नलिखित पुस्तकें अंकित मात्रा में भिजवायें—

स्टाक संख्या	लेखक/शीर्षक	मात्रा	कीमत (डालर्स में)
		योग	
		वायु सेवा चार्जेज	
		पोस्टेज/हैण्डलिंग चार्जेज	
		कुल योग	

उदाहरण—३

स्थानीय प्रतिनिधि द्वारा विदेशी प्रधान को व्यादेश—अग्रेषण पत्र

यू० बी० एस० पब्लिशर्स एण्ड डिस्ट्रीब्यूटर्स लि०

लाइसेन्स प्राप्त आयातक

दूरभाष : कार्यालय…………

निवास………… पता………

दूर प्रेष्य : यूनीवर्सल …………

दिनांक ………

प्रेषिती

द वर्ल्ड बैंक पब्लिकेशन्स

पो० बा० ३७५२५

वाशिंगटन डी० सी० २००१३ यू० एस० ए०

विषय—वाणी प्रकाशन, नई दिल्ली का व्यादेश सं०…

प्रिय महोदय,

हम उक्त संस्थान से प्राप्त व्यादेश संलग्न कर रहे हैं। इस आदेश का माल उन्हें सीधे वायुसेवा से पंजीयत बुक पोस्ट से तुरन्त भिजवाने की व्यवस्था करें तथा बीजक दो प्रतियों में भिजवायें।

आशा है कि इस व्यादेश की तात्कालिक आवश्यकता पर आप प्राथमिकता प्रदान करेंगे।

सधन्यवाद।

भवदीय

कृते यू० बी० एस० कं०

……………

संलग्न—वाणी प्रकाशन का

व्यादेश संख्या………… प्रबन्धक

प्रतिलिपि—

वाणी प्रकाशन के लिए सूचनार्थ

(ह)०…………

प्रबन्धक

उदाहरण—४

आदेशप्राप्ति सूचना

द वर्ल्ड बैंक पब्लिकेशन्स

१८१८ एच० स्ट्रीट एन डब्लू

टेलेक्स : डब्ल्यू० यू० आई० ६४१४५ वर्ल्डबैंक
आर० सी० ए० २४८४२३ वर्ल्डबैंक

वाशिंगटन डी० सी०
२००१३

यू० एस० ए०

केबल्स : इण्टवाफराड
वाशिंगटन डी० सी०

फोन : (२०२) ४७७-१२३४

सन्दर्भ·········

प्रेषिती : प्रबन्धक वाणी प्रकाशन
४६९९/५
२१-ए दरियागंज
नई दिल्ली—११०००२

प्रिय महोदय,

हम आपके आदेश के लिए आभारी हैं, जो हमें हमारे भारतीय प्रतिनिधि यू० बी० एस० पब्लिशर्स एण्ड डिस्ट्रीब्यूटर्स कं०, नई दिल्ली द्वारा प्राप्त हुआ था।

हमें आपका खाता खोलते हुए अत्यन्त हर्ष है। आपकी आदेशित पुस्तकें पंजीयत हवाई डाक सेवा से भेजने की व्यवस्था की जा रही है।

भविष्य में सेवा का पुनः अवसर प्रदान करें।

भवदीय
कृते············
विक्रय व्यवस्थापक

प्रतिलिपि—

यू० एस० बी० पब्लिशर्स एण्ड डिस्ट्रीब्यूटर्स क० लि०, 5 अन्सारी रोड, बाक्स ७०१५, नई दिल्ली-११०००२ की सूचनार्थं।

(ह०)············
विक्रय व्यवस्थापक

उदाहरण—५

आदेशित मालप्रेषण सूचना पत्र
द वर्ल्ड बैंक पब्लिकेशन्स

टेलेक्स············
तार············
फोन············

पता············
············

सन्दर्भ············

प्रेषिती : प्रबन्धक

वाणी प्रकाशन

....

....

प्रिय महोदय,

आपके आदेशानुसार, जो हमें हमारे भारतीय प्रतिनिधि यू० बी० एस०, नई दिल्ली द्वारा प्राप्त हुआ था, पुस्तकें रजिस्टर्ड हवाई डाक से भेज दी गई हैं। तत्सम्बन्धी बीजक की दो प्रतियाँ संलग्न की जा रही हैं।

आपके आदेशानुसार हमने बीजक की राशि के लिए तीस दिन दर्शनी देय बिल............बैंक के द्वारा भेजा है। यह हमें आशा है कि आप इसका यथा-समय भुगतान कर देंगे। भविष्य में सेवा के लिए पुनः अवसर दें।

भवदीय

संलग्न—बीजक दो प्रतियों में

कृते............

(ह०)............

विक्रय व्यवस्थापक

प्रतिलिपि—यू० बी० एस०, नई दिल्ली को सूचनार्थ

विविध व्यावसायिक पत्र

विशेष व्यावसायिक पत्रों के सम्बन्ध में चर्चा की जा चुकी है। पर उनसे ही किसी व्यावसायिक प्रतिष्ठान का काम नहीं चल जाता, क्योंकि प्रतिष्ठान में अनेक पद और नियुक्तियों की व्यवस्था होतीहै, अनेक सार्वजनिक सूचनाएँ दी जाना आवश्यक होता है, बैठकों की सूचनाएँ, कार्यसूची और कार्यवृत्त तैयार करके प्रतिष्ठान के सदस्यों को भेजना आवश्यक होता है। अतः इस सम्बन्ध में भी पत्र लिखे जाते हैं। यही नहीं, कभी-कभी किसी समाचारपत्र को भी पत्र लिखना आवश्यक हो जाता है।

व्यावसायिक प्रतिष्ठानों में पारस्परिक विश्वास, सद्भाव एवं सौजन्य अत्यन्त आवश्यक होता है। व्यावसायिक पत्रों की भाषा में जहाँ शालीनता, स्पष्टता और व्यवहारकुशलता निहित रहती है, वहीं कर्त्तव्यनिष्ठा, व्यावसायिक विश्वसनीयता के साथ-साथ ईमानदारी भी होती है। व्यावसायिक सम्बन्धों के विस्तार के लिए विभिन्न प्रकार के पत्रों का महत्त्व भी कम नहीं होता है।

व्यावसायिक पत्र कानूनी महत्त्व रखता है, पर इसके साथ-साथ उसका सामाजिक महत्त्व भी होता है। व्यवसायी हर स्थान पर हर कार्य के लिए स्वयं उपस्थित नहीं हो सकता है। अतः ऐसी स्थिति में उसके द्वारा किया गया पत्रव्यवहार व्यक्तिगत सम्पर्क से कहीं अधिक प्रभावी होता है, क्योंकि पत्र के माध्यम से वे बातें भी कही जा सकती हैं जिन्हें व्यक्तिगत रूप में कहने से संकोच होता है।

व्यावसायिक क्षेत्र में अन्य पत्रों का वर्गीकरण निम्नलिखित रूप में किया जाता है—

(१) वैयक्तिक भेंट हेतु पत्र
(२) गोपनीय चारित्रिक संस्तुति-पत्र
(३) साक्षात्कार हेतु आह्वान-पत्र
(४) नियुक्ति-पत्र
(५) सम्पादक के नाम पत्र
(६) व्यावसायिक सभा-सूचना पत्र

अ—अंशधारियों की बैठक

आ—निर्देशक की नियुक्ति

इ—निर्देशक मण्डल के वेतन-भत्ते

ई—हित-निर्धारण

उ—अन्तरिम लाभांश घोषणा

(७) कार्यसूची (एजेण्डा) पत्र

(८) कार्यवृत्त सूचना-पत्र

उदाहरण—१

वैयक्तिक भेंट हेतु पत्र

(प्रतिष्ठान)............

तार...............

दूरभाष ....

पता ....

दिनांक ....

प्रिय महोदय,

श्री............हमारे यहाँ अत्यन्त कुशल, मिलनसार एवं ईमानदार तथा विश्वसनीय युवक के रूप में अवर लिपिक के पद पर कार्यरत हैं। आपके यहाँ सम्पर्क अधिकारी के पद के अभ्यर्थी हैं। अतः इन्हें आपसे सम्पर्क हेतु हम स्वयं इस पत्र के साथ भेज रहे हैं।

यद्यपि हमारे संस्थान से उनके जाने पर हमें दुःख होगा, किन्तु आपके यहाँ उनकी रुचि के अनुकूल पद प्राप्त होगा, हमें इसकी प्रसन्नता होगी, क्योंकि वहाँ वे अपनी प्रतिभा का पूरा परिचय दे सकेंगे।

भवदीय

कृते............

व्यवस्थापक के सचिव

श्री.............

....

....

उदाहरण—२

गोपनीय चारित्रिक संस्तुति-पत्र

(प्रतिष्ठान)...........

पता...........

....

श्री ·············   दिनांक ···········

············

············

आपके पत्रांक ·········दिनांक·········के सन्दर्भ में हमें यह सूचित करते हुए दुःख है कि श्री·········के सन्दर्भ में आपने गोपनीय रूप से चारित्रिक संस्तुति करने के लिए कहा है, पर हम उनके कार्य एवं व्यवहार से सन्तुष्ट नहीं हैं।

हमें यह कहते हुए कोई संकोच नहीं है कि आपका प्रतिष्ठान सम्पूर्ण राजस्थान में एक विश्वसनीय, वचनबद्धता और कार्यतत्परता का सम्मान प्राप्त करता रहा है। आपके संस्थान का कार्य भी अत्यन्त दायित्वपूर्ण है। श्री···············वैसी उत्तरदायित्वपूर्णता, कुशलता और सफलता का निर्वाह कर सकेंगे, इसमें हमें सन्देह है।

आशा है कि आप यह सूचना गोपनीय रखेंगे।

भवदीय

कृते············

व्यवस्थापक

उदाहरण—३

साक्षात्कार हेतु आह्वान-पत्र

प्रतिष्ठान············

तार················

दूरभाष···········

पता··············

पत्रांक············   दिनांक···········

श्री················

················

महोदय,

हमारे संस्थान में·········के पद के सम्बन्ध में आपके आवेदन-पत्र के उत्तर में हम सहर्ष सूचित करते हैं कि आप दिनांक·········के प्रातःकाल ······बजे हमारे कार्यालय में अपने समस्त प्रमाणपत्रों एवं अनुभव आदि के प्रमाणों सहित साक्षात्कार के लिए उपस्थित हों।

इस सम्बन्ध में आपके निवास-स्थान से यहाँ तक आने-जाने का बस या द्वितीय श्रेणी किराया प्रमाण प्रस्तुत करने पर देय होगा।

भवदीय

कृते···········

प्रबन्धक

उदाहरण—४

नियुक्ति-पत्र

प्रतिष्ठान.........

दूरभाष : पता...........

दूर प्रेष्य : ....

पत्रांक......... दिनांक.........

प्रिय महोदय,

आपको यह सूचित करते हुए हमें अत्यन्त हर्ष है कि हमारे संस्थान में...... पद के लिए आवेदन करने तथा दिनांक.........को साक्षात्कार के अनुक्रम में आपको इस कार्यालय में नियुक्त करने का निर्णय निर्देशक मण्डल ने किया है।

इस पद पर आपको विज्ञापित वेतनमान (रु० ....) में मात्र......... प्रतिमाह के मासिक वेतन पर तुरत्प्रभाव से नियुक्त किया जाता है। यह नियुक्ति एक वर्ष के परिवीक्षाकाल पर होगी। इस अवधि में आपका व्यवहार एवं कार्य सन्तोषजनक होने पर आपको स्थायी करने पर संस्थान में देय सभी भत्ते नियमित दिये जायेंगे।

आपसे निवेदन है कि आप उक्त पद पर दिनांक.........तक अपना कार्य-भार संभाल लें अन्यथा आपकी नियुक्ति निरस्त समझी जायेगी। अपनी स्वीकृति तुरन्त तार द्वारा सूचित करें।

भवदीय

कृते...............

प्रबन्धक के सचिव

सम्पादक के नाम पत्र

कभी-कभी व्यवसायी या उद्योगपति के सम्मुख ऐसी स्थिति उत्पन्न हो जाती है कि वह किसी खास व्यक्ति या संस्था से पत्रव्यवहार नहीं कर सकता अथवा करने में हिचकिचाता है। ऐसी स्थिति में पत्र-पत्रिकाओं में 'सम्पादक के नाम' पत्र लिखकर उस समाचार पत्र या पत्रिका में प्रकाशनार्थ भेजकर अपनी बात कहता या स्पष्ट करता है। ऐसे पत्र सम्पादक के मत से मेल खायें यह आवश्यक नहीं है। सम्पादक तो मध्यस्थता का काम करता है तथा सन्देश जिसके पास पहुँचना था पहुँच जाता है। ऐसे पत्रों का कभी-कभी बड़ा प्रभाव पड़ता है।

सम्पादक के नाम लिखे जाने वाले पत्र सुस्पष्ट एवं सरल शैली में सूक्ष्माकारीय होते हैं तथा 'प्रिय महोदय' शिष्टाचार सम्बोधन और अन्त में 'भवदीय' के बाद नीचे लेखक का नाम, पता एवं तिथि का उल्लेख किया जाता है।

सम्पादक के नाम पत्रों के प्रकार

सम्पादक के नाम पत्र प्रायः निम्नलिखित रूप में लिखे जाते हैं—

(१) अशुद्ध समाचार के विषय में
(२) विज्ञापन के विषय में
(३) सामाजिक समस्या के विषय में
(४) शिकायत के विषय में

उदाहरण—५

महाराजा उम्मेद मिल लिमिटिड

(पता)…………

सम्पादक
नवभारत टाइम्स
टाइम्स बिल्डिंग्स
नई दिल्ली, ११०००१

प्रिय महोदय,

आपका ध्यान आपके सम्मानित समाचारपत्र के दिनांक………के अंक में हमारे मिल में तालेबन्दी के विषय में प्रकाशित समाचार की ओर दिलाना चाहता हूँ।

हमें खेद है कि आपके सम्वाददाता ने तथ्यों को तोड़-मरोड़कर पेश किया है जबकि वास्तविकता यह है कि……………………………………………… ………।

भवदीय

दिनांक………

……………लि०

(ह०)………

जनसम्पर्क अधिकारी

उदाहरण—६

तार :………

प्रतिष्ठान…………

फोन :………

पता…………

विज्ञापन व्यवस्थापक
…………टाइम्स
……………

प्रिय महोदय,

संलग्न विज्ञापन आपके प्रतिष्ठित पत्र में एक सप्ताह तक प्रतिदिन प्रकाशनार्थ

भेजा जा रहा है। इसे दिनांक.........से एक सप्ताह तक प्रतिदिन दूसरे पृष्ठ पर स्थान देने का कष्ट करें। पूरे सप्ताह के विज्ञापन प्रकाशन का बिल तीन प्रतियों में भुगतान हेतु भिजवाएँ। आंशिक अग्रिम भुगतान के लिए.........रु० का चक्रांकित धनादेश संलग्न है।

संलग्न—(१) विज्ञापन सामग्री
(२) धनादेश

भवदीय
कृते............
(ह०)................
व्यवस्थापक

क्रमांक............
दिनांक.........

उदाहरण—७

प्रतिष्ठान.........

तार.........
फोन.........
पता.........

सम्पादक
....
....

प्रिय महोदय,

आपके प्रतिष्ठित पत्र में दिनांक.........को प्रकाशित हमारे विज्ञापन में त्रुटि रह गई है जो मुद्रण की ही हो सकती है, जिसमें हमने अन्तिम तिथि १५ मार्च, ८५ दी थी, लेकिन वह तिथि २५.२.८५ मुद्रित है। कृपया संशोधन प्रकाशित करने का कष्ट करें।

भवदीय
कृते............
व्यवस्थापक

दिनांक.........

उदाहरण—८

प्रतिष्ठान...............

तार............
फोन............
पता............

सम्पादक
....
....

प्रिय महोदय,

आपके प्रतिष्ठित पत्र के माध्यम से हम यह कहना चाहते हैं कि समाज के एक वर्ग-विशेष में यह अफवाह निरन्तर फैलाई जा रही है कि हम अपने व्यवसाय में कुछ ही लोगों को महत्त्व दे रहे हैं। वास्तविकता यह है कि आज की वर्तमान शिक्षा इतनी किताबी है कि बी० ए० करने के बाद भी युवकों को न पूरी तरह

शुद्ध हिन्दी लिखनी आती है और न अंग्रेजी और हमारे व्यवसाय दोनों ही भाषाओं में बोलने का माध्यम बहुत आवश्यक है। क्योंकि बहुत-से विदेशी ग्राहक आते हैं। अतः हमारे यहाँ अंग्रेजी भाषा को ही मात्र महत्त्व नहीं दिया जा रहा और केवल दक्षिण भारतीयों को ही नियुक्तियाँ नहीं दी जा रही हैं। हमारे यहाँ टेलेण्टेड युवकों के लिए सदैव मार्ग खुला है और आवश्यकतानुसार हम समय-समय पर अपने विज्ञापन द्वारा रिक्तियों की सूचना सार्वजनिक रूप में देते रहते हैं।

भवदीय

कृते............

....

उदाहरण—९

प्रतिष्ठान.........

तार............

फोन............

पता ....

सम्पादक

....

....

प्रिय महोदय,

आपके पत्र के माध्यम से यह सूचना उच्चाधिकारियों तक पहुँचाना उचित समझता हूँ कि.........प्रतिष्ठान में से अवशिष्ट कैमिकल नालियों के द्वारा बाहर निकाल दिया जाता है जो विषाक्त होता है तथा आसपास के लोगों ने यदि उस मिट्टी को भी हाथ में उठा लिया तो खुजली हो जाती है। ऐसी स्थिति में अधिकारी स्वयं निरीक्षण करके इस प्रतिष्ठान के कैमिकल्स को नगर सीमा से बाहर ले जाने और खुला न छोड़ने तथा उसको अप्रभावी बनाने की व्यवस्था करने का कष्ट करें।

भवदीय

दिनांक.........

....

प्रबन्धक

उदाहरण—१०

प्रतिष्ठान.........

तार............

फोन............

पता............

सम्पादक

....

....

प्रिय महोदय,

आपके प्रतिष्ठित पत्र के माध्यम से हम आपका और सरकार का ध्यान सामाजिक समस्या की ओर आकर्षित करना चाहते हैं।·········रोड पर मारुति सिनेमा की बायीं ओर नगरपालिका के ट्रक सारे शहर की गंदगी एकत्र कर देते हैं और वह निरन्तर सड़ती रहती है जिसके कारण उस मार्ग से निकल पाना भी कठिन हो जाता है।

अब गर्मी आ रही है और ऐसी स्थिति में यदि इस गंदगी को नहीं हटाया गया तो निश्चित ही हैजा फैलने की सम्भावना है। अतः जन-स्वास्थ्य का ध्यान रखते हुए समय से पूर्व ही इस गंदगी को नगर से दूर कहीं बाहर ले जाये जाने की व्यवस्था नगरपालिका करे।

यहाँ के निवासियों का एक प्रतिनिधिमण्डल नगरपालिका प्रशासक श्री ·······से मिल चुका है। पर कोई सुनवाई नहीं हुई है या सफाई कर्मचारियों पर श्री·········का अनुशासन ही नहीं रह गया है, जिसका परिणाम यह गंदगी है। जनस्वास्थ्य से इस प्रकार की खिलवाड़ करने का अवसर इस क्षेत्र के निवासी नगरपालिका प्रशासक और कर्मचारियों को कभी नहीं देना चाहेंगे।

भवदीय

दिनांक·········

१·········

२·········

३·········

उदाहरण—११

सरस्वती इंडस्ट्रियल सिंडिकेट लिमिटेड

पंजीकृत कार्यालय : यमुनानगर (जिला अम्बाला)

दिनांक : जनवरी २८, १९८५

सूचना

एतद्द्वारा सूचित किया जाता है कि सरस्वती इंडस्ट्रियल सिंडिकेट लिमिटेड के अंशधारकों की ५१वीं वार्षिक आम बैठक बृहस्पतिवार २८ फरवरी १९८५ को पूर्वाह्न ११-३० बजे यमुनानगर (जिला अम्बाला) में कम्पनी के पंजीकृत कार्यालय में होगी। यह बैठक अंशधारकों को डाक द्वारा भेजी विस्तृत सूचना में दिए लेन-देन सम्बन्धी कार्य को करने के लिए है।

बोर्ड के आदेश द्वारा

हस्ता० (एस० के० खुराना)

महासचिव

उदाहरण—१२

ओसवाल एग्रो मिल्स लिमिटेड १०७-१०८ पदमा टावर-१

५ राजेन्द्रा प्लेस, नई दिल्ली-११०००८

सूचना

कम्पनी अधिनियम १९५६ की धारा ६४० बी के अधीन हिस्सेदारों को सूचित किया जाता है कि कम्पनी केन्द्रीय सरकार की श्री के० एल० जैन को निदेशक (निर्यात) के पद पर पाँच वर्ष की अवधि के लिए १४-११-८४ से नियुक्ति और वेतन की अदायगी की स्वीकृति के लिए आवेदन कर रही है।

संचालक मंडल

ओसवाल एग्रो मिल्स लिमिटेड की आज्ञानुसार

हरजीत सिंह अरोड़ा (सचिव)

उदाहरण—१३

कम्पनी सूचना

रामा स्टील ट्यूब्स लिमिटेड

पंजीकृत कार्यालय : ६ किशन मार्केट (२रा तला)

२८९७ सिरकीवालान

हौजकाजी, दिल्ली-११०००६

एतद्द्वारा सूचित किया जाता है कि कम्पनीज एक्ट १९५६ की धारा ६४० बी के अन्तर्गत कम्पनी, केन्द्रीय सरकार को धारा १९८, २६८, ३०९, ३१०, ३१४ और अन्य सभी लागू धाराओं के अन्तर्गत श्री हरबंसलाल बंसल, मैनेजिंग डायरेक्टर एवं चेयरमैन तथा श्री नरेश कुमार बंसल पूर्णकालीन डायरेक्टर के पारिश्रमिक के भुगतान के लिए, प्रार्थना स्वीकृति हेतु भेजने के लिए प्रस्तावित करती है जो कि कम्पनी की असाधारण जनरल सभा में ३ अक्तूबर, १९८४ को १ अगस्त १९८४ से ५ साल के लिए पास हो गया है।

बोर्ड के आदेश से

दिनांक : १ फरवरी, १९८४ (ह०) (हरबंस लाल बंसल)

मैनेजिंग डायरेक्टर एवं चेयरमैन

उदाहरण—१४

सार्वजनिक सूचना

एतद्द्वारा सूचित किया जाता है कि गोएक्स एफ (GOIEX F) इंडिया प्राइवेट लिमिटेड, जिसका पंजीकृत कार्यालय : ग्राउण्ड फ्लोर, गुरुद्वारा श्री गुरु

नानक सत्संग सभा, अमर कालोनी, लाजपत नगर, ४, नई दिल्ली-११००२४ में अवस्थित है, अपना पंजीकृत कार्यालय संघ शासित क्षेत्र दिल्ली से गुजरात राज्य में स्थानान्तरित कर सकने के लिए कम्पनी अधिनियम, १९५६ (१९५६ का १) के अधीन कम्पनी ला बोर्ड, दिल्ली बैंच की अधिपुष्टि प्राप्त करने के लिए एक आवेदन प्रस्तुत करना चाहती है। यह आवेदन, कम्पनी की १० जनवरी, १९८५ की सम्पन्न आम बैठक में पारित विशेष प्रस्ताव के रूप में कम्पनी के संघ के ज्ञापन (मेमोरेंडम आफ एसोसिएशन) में पंजीकृत कार्यालय के स्थानान्तरण से सम्बद्ध संशोधन के संदर्भ में अभिपुष्टि प्राप्त करने के लिए प्रस्तावित है।

कोई भी व्यक्ति, जिसके हित, कम्पनी के पंजीकृत कार्यालय के उपरोक्त स्थानान्तरण से प्रभावित हो सकने की संभावना हो, तथा कम्पनी के पंजीकृत कार्यालय के उपरोक्त स्थानान्तरण का विरोध करना चाहता हो, तो वह इस सूचना के प्रकाशन से २१ दिन के भीतर अपने हित की प्रकृति तथा उपरोक्त आवेदन/याचिका के विरोध का आधार उल्लिखित करते हुए कम्पनी ला बोर्ड, नई दिल्ली के बेंच आफिस को सूचित करे।

(ह०) (जी० डी० जे० मलानी)

नई दिल्ली निदेशक

३० जनवरी १९८५

उदाहरण—१५

कृष्णा स्पिनिंग मिल्स लिमिटेड

पता..................

यह सूचित किया जाता है कि कम्पनी के संचालकों की बैठक दिनांक .... को हुई जिसमें दिनांक......... को समाप्त होने वाले छः माहों के लिए ५०-०० रुपये के प्रत्येक पूर्ण-प्रदत्त अंश पर ४-०० रुपये की दर से आयकर रहित अन्तरिम लाभांश की घोषणा की गयी है।

यह लाभांश दिनांक.........को तथा उसके उपरांत केवल उन अंशधारियों को ही चार्टर्ड बैंक ऑफ इण्डिया की विदेशी शाखाओं से प्राप्त होगा, जो पास ५०-०० रुपये के पूर्ण प्रदत्त अंशधारी हैं तथा जिनके नाम सदस्य रजिस्टर में अंकित हैं।

समस्त अंशधारियों से प्रार्थना है कि वे अपने पते-परिवर्तन सम्बन्धी सूचना, यदि कोई है, तो शीघ्र ही सूचित करें।

कम्पनी की हस्तान्तरण पुस्तक गुरुवार, दिनांक........से बुधवार, दिनांक.........तक दोनों दिन सम्मिलित करते हुए, बन्द रहेगी।

स्थान............ कृते संचालक मण्डल

दिनांक......... (ह०)............

सचिव

उदाहरण—१६

कार्यसूची एजेण्डा पत्र

प्रतिष्ठान ....

पता...............

दिनांक.........समय.........बजे सायंकाल को अंशधारियों की एक वैधानिक सभा आयोजित की गई है जिसकी कार्यसूची निम्नलिखित है—

(१) सचिव द्वारा विगत कार्यवृत्त (मिनिटस) की पुष्टि हेतु प्रस्तुतीकरण

(२) सदस्य सूची निरीक्षण के हेतु सदस्यों का ध्यानाकर्षण

(३) प्रतिष्ठान की प्रगति एवं भावी योजना का विवरण

(४) वैधानिक प्रतिवेदन में उल्लिखित अनुबन्धों के सम्बन्धित संशोधनों की स्वीकृति

(५) अध्यक्ष द्वारा स्वीकृति मिलने पर अन्य किसी सम्बन्ध में बातचीत

(६) सभा की समाप्ति घोषणा।

कृते संचालक मण्डल

स्थान............ (ह०)............

दिनांक......... सचिव

उदाहरण—१७

कार्यवृत्त प्रसारण पत्र

प्रतिष्ठान............

पता............

सर्वश्री...............

....

प्रिय महोदय,

प्रतिष्ठान के पंजीयत कार्यालय............ में दिनांक......... को सायंकाल.........बजे सम्पन्न वैधानिक सभा का कार्य-वृत संलग्न किया जा रहा है।

संलग्न—उपरिवत कार्यवृत्त कृते संचालक मण्डल

....

सचिव

कार्यवृत्त-वैधानिक सभा

दिनांक.........

वैधानिक सभा की उपस्थिति

संचालक **अध्यक्ष**

....

....

....

कार्यसूची क्रमांक	विषय	प्रस्तावक व अनुमोदन	विवरण
१		प्र०......... अनु०.........	

....

सचिव **अध्यक्ष**

अन्य पत्र

व्यावसायिक प्रतिष्ठान में पूर्व चर्चित पत्रों के अतिरिक्त भी कुछ पत्र और पत्रों के लेखन की परम्परा विद्यमान है। इनका उल्लेख निम्न प्रकार है—

प्रार्थना-पत्र या आवेदन-पत्र

ऐसा पत्र जिसके माध्यम से आवेदक किसी कार्यालय, कारखाने, फैक्ट्री या व्यावसायिक संस्थान या अन्य किसी संस्था में सेवा (नौकरी) करने हेतु निवेदन करता है, आवेदन-पत्र या प्रार्थना-पत्र कहलाता है। व्यावसायिक क्षेत्र में यह वास्तव में, दृष्टि विशेष के आधार पर, एक 'विक्रय-पत्र' (Sales Letter) होता है, क्योंकि जिस प्रकार विक्रेता विक्रय-पत्र के माध्यम से अपना माल बेचना चाहता है उसी प्रकार 'आवेदन या प्रार्थना पत्र' के माध्यम से आवेदक अपनी सेवाओं का विक्रय करना चाहता है। इस पत्र के द्वारा आवेदक या प्रार्थी अपने गुण, कला, सेवाएँ, क्षमता एवं व्यक्तित्व को बेचने का प्रयास करता है।

महत्त्व

प्रार्थना पत्र भी एक प्रकार का विक्रय पत्र है। प्रत्येक शिक्षित व्यक्ति को किसी न किसी संस्था में जीविकोपार्जन के लिए आवेदन देना पड़ता है, पर आवेदन या प्रार्थना पत्र देने से ही नियुक्ति प्राप्त नहीं हो जाती है। अतः आवश्यकता यह होती है कि आवेदन या प्रार्थना पत्र को आकर्षक बनाया जाये। आवेदन या प्रार्थना पत्र में लिखित सामग्री में ऐसी चुम्बकीय शक्ति होनी चाहिए कि पढ़ने वाला उससे प्रभावित हो सके और उसे पढ़ने के बाद आवेदनकर्ता की सेवाओं को स्वीकार करने के लिए भी तत्पर हो जाये।

आवेदन-पत्र का सम्बोधन

व्यावसायिक क्षेत्र में कई बार विज्ञापन देते समय लम्बा-चौड़ा डाक का पता न देकर मात्र छोटा पता दिया जाता है या पोस्ट बाक्स या पोस्ट बैग नम्बर ही होता है। बाक्स या बैग के माध्यम से आवेदन-पत्र माँगने वाला स्वयं डाकघर से

अपनी डाक प्राप्त करने की व्यवस्था रखता है। जबकि कई बार आवेदन-पत्र आदि मँगाने की व्यवस्था जिस पत्र में विज्ञापन प्रकाशित कराया गया है, के माध्यम से पत्रिका या पत्र का बाक्स नम्बर दिया जाता है। इस प्रकार आवेदन पर 'प्रेषिती' के नाम पर निम्नलिखित रूप में प्रस्तुत करना आवश्यक है—

अ—मूल पते पर

आ—पोस्ट आफिस के पोस्ट बाक्स या बैग के माध्यम से

इ—विज्ञापन प्रकाशित किये जाने वाले समाचारपत्र के बाक्स नम्बर से

यह द्रष्टव्य है कि समाचारपत्र में विज्ञापित बाक्स नम्बर पर प्रेषित डाक को सही पते पर भेजने का दायित्व समाचार पत्र का होता है, लेकिन इस पत्र के बाक्स नम्बर पर भेजी गई पंजीयत डाक (रजिस्टर्ड डाक) इन बाक्स नम्बरों पर स्वीकार नहीं की जाती है।

अन्य पत्रों का वर्गीकरण

व्यावसायिक क्षेत्र में अन्य प्रकार के पत्र निम्नलिखित रूप में वर्गीकृत किये जा सकते हैं—

(i) आवेदन-पत्र
(ii) निमंत्रण-पत्र
(iii) बधाई-पत्र
(iv) शुल्क-मुक्ति हेतु प्रार्थना-पत्र
(v) मित्र को पत्र
(vi) शिकायती पत्र
(vii) शासनादेश
(viii) अशासकीय पत्र
(ix) अधिसूचना
(x) प्रस्ताव या संकल्प

उदाहरण—१

आवेदन-पत्र

सेवा में,

अध्यक्ष महोदय
बनस्थली विद्यापीठ,
बनस्थली (जयपुर)

विषय—हिन्दी-व्याख्याता पद पर नियुक्ति हेतु
प्रसंग—दैनिक राष्ट्रदूत विज्ञापन सं० १५ दि० १ जून १९७८

महोदय,

दैनिक राष्ट्रदूत के उक्त विज्ञापन के अनुसार आपके ज्ञान-विज्ञान-महाविद्यालय में हिन्दी-व्याख्याता पद पर नियुक्ति हेतु मैं अपना आवेदन-पत्र प्रस्तुत कर रहा हूँ।

मैंने सन् १९७५ ई० में राजस्थान विश्वविद्यालय से एम० ए० (हिन्दी) की परीक्षा प्रथम श्रेणी के साथ उत्तीर्ण की है। विश्वविद्यालय की मेरिट सूची में मेरा

तीसरा स्थान था।

मैंने मार्च १९७८ में अपना पी-एच० डी० का शोध-प्रबंध भी विश्वविद्यालय को प्रस्तुत कर दिया है। मेरा शोध का विषय "हिन्दी-भाषा में रूपगत परिवर्तन" है। मैंने संस्कृत की उपाध्याय परीक्षा भी उत्तीर्ण कर रखी है तथा कई अंग्रेजी उपन्यासों का हिन्दी में अनुवाद किया है। मेरे साहित्यिक लेख, कविताएँ धर्मयुग तथा साप्ताहिक हिन्दुस्तान में प्रकाशित होते रहते हैं।

मैंने एक वर्ष तक अग्रवाल कॉलेज जयपुर में अस्थायी रूप से हिन्दी व्याख्याता के पद पर भी कार्य किया है।

मेरी जन्म-तिथि १० मई, १९५० है।

इस आवेदन-पत्र के साथ महाविद्यालय के छात्र जीवन की वाद-विवाद, सांस्कृतिक तथा विभिन्न क्रीड़ा प्रतियोगिताओं के प्रमाण-पत्र भी संलग्न कर रहा हूँ जिनके आधार पर मेरी योग्यता और क्षमता का सही मूल्यांकन किया जा सकेगा।

मुझे विश्वास है कि आपकी महान् शिक्षण संस्था में कार्य करने का मुझे अवसर मिलेगा। मैं विश्वास दिलाता हूँ कि मैं अपनी सम्पूर्ण निष्ठा और योग्यता से काम करूँगा तथा आपके शिक्षण-संस्थान की प्रतिष्ठा बढ़ाने में योग दूँगा।

अभिवादन सहित !

विनीत

दिनांक १५-६-७८

हनुमान प्रसाद
चौमुखाजी का मुहल्ला
मु० पो० डिग्गी (टोंक)

उदाहरण—२

सांस्कृतिक कार्यक्रम का निमन्त्रण-पत्र

राजकीय महाविद्यालय, अलवर (राजस्थान)

वार्षिकोत्सव : सांस्कृतिक कार्यक्रम

महोदय/महोदया

दि० ३१ मार्च १९७८ को यह महाविद्यालय अपना वार्षिक उत्सव मनाने जा रहा है जिसकी अध्यक्षता राजस्थान के शिक्षा मन्त्री माननीय श्री भंवरलाल शर्मा करेंगे।

इस अवसर पर एक भव्य सांस्कृतिक कार्यक्रम का भी आयोजन किया गया है जिसमें शास्त्रीय नृत्य, लोकगीत, प्रहसन, कव्वाली आदि के सुन्द्रर प्रदर्शन होंगे।

आपकी उपस्थिति सादर प्रार्थित है।

विनीत

समय—रात ८ बजे राम मनोहर शर्मा ललित कुमार गुप्त
स्थान—कॉलेज परिसर प्रधानाचार्य अध्यक्ष, छात्रसंघ

उदाहरण—३

निमंत्रण-पत्र

(औपचारिक)

श्री और श्रीमती कैलाशनाथ मिश्रा
अपने पुत्र
चि० उत्पल
की
वर्षगाँठ के अवसर पर
आपको रात्रि भोज के लिए आमन्त्रित करते हैं।

स्थान—होटल इम्पीरियल, भोपाल 1 अप्रैल, १९७०
समय—सायं ८ बजे

उदाहरण—४

वर्षगांठ का निमन्त्रण-पत्र

(रा० वि० वि० १९७६)

जन्म-दिन-महोत्सव
सादर निमन्त्रण

महानुभाव,

दि० ९ जनवरी १९७९ ई० को मेरे छोटे पुत्र आयुष्मन् सत्यव्रत की तेरहवीं वर्षगाँठ है। इस अवसर पर एक स्नेह-मिलन तथा आशीर्वाद-समारोह का आयोजन किया गया है। कृपया सपत्नीक पधारकर बालक को आशीर्वाद प्रदान करें।

समय—अपराह्न ५ बजे दर्शनाभिलाषी
स्थान—१७, भूपालपुरा अरुण कुमार माथुर
उदयपुर

उदाहरण—५

बधाई-पत्र

(रा० वि० वि० १९७६)

भगवती निलयम्
१-त-२ जवाहरनगर
जयपुर-४

दि० २७ जुलाई, १९७८

प्रिय मित्र सतीश,

नमस्ते ! कल की राजस्थान पत्रिका में प्रकाशित बी० ए० के परीक्षा-परिणामों में तुम्हारा रोल नम्बर प्रथम श्रेणी प्राप्त करने वाले सफल छात्रों में देखकर अतीव प्रसन्नता हुई। एतदर्थ मेरी तथा मेरे सम्पूर्ण परिवार की ओर से अनन्त हार्दिक बधाइयाँ।

इसी प्रकार तुम्हारे उज्ज्वल एवं समृद्धिपूर्ण भविष्य की मंगल कामना करता हूँ।

स्नेहाधीन

प्रत्यूष अयइया

उदाहरण—६

शुल्क-मुक्ति हेतु पार्थना-पत्र

सेवा में,

श्री प्रधानाचार्य महोदय
राजकीय महाविद्यालय
टोंक (राजस्थान)

विषय—शुल्क-मुक्ति

श्रीमान्,

निवेदन है कि मैंने इसी वर्ष आपके महाविद्यालय में प्रथम वर्ष विज्ञान कक्षा में प्रवेश लिया है।

मेरे माता-पिता की वार्षिक आय केवल ३००० रु० वार्षिक है। मेरे पिताजी एक प्राइवेट फर्म में मुनीम हैं। परिवार में केवल ८ सदस्य हैं। मेरे दो छोटे भाई तथा एक बहिन स्कूल में पढ़ रहे हैं। पिताजी अकेले कमाने वाले हैं तथा आय के अन्य कोई साधन नहीं हैं। मैं आगे पढ़ना चाहता हूँ। हायर सैकण्ड्री में भी मैंने ८०% अंक प्राप्त किये थे तथा अब तक विद्यालय से कई प्रतियोगिताओं में बिजेता का पुरस्कार व प्रमाण-पत्र प्राप्त कर चुका हूँ।

मेरे पिताजी मेरे अध्ययन में होने वाले शुल्क आदि व्यय का बोझ उठाने में असमर्थ हैं। अतः मुझे महाविद्यालय की ट्यूशन फी तथा स्थानीय शुल्कों से मुक्ति प्रदान करें ताकि मैं भली प्रकार अपना अध्ययन पूरा कर सकूँ।

आशा है आप मुझे शुल्कों की अदायगी से मुक्ति दिलाकर अनुगृहीत करेंगे।

धन्यवाद !

विनीत

दि० ३१ अगस्त, १९७८ ई० राम कृपाल माथुर

छात्र प्रथम वर्ष विज्ञान
राजकीय महाविद्यालय, टोंक

उदाहरण—७

शिकायती पत्र

श्री आर० पी० एस० बोलो
प्रिंसिपल, सन्त थामस स्कूल,
जयपुर।

प्रिय श्री बोलो,

मुझे यह जानकर बहुत दुःख हुआ है कि आपने विगत शनिवार को मेरे पुत्र पूनम के साथ दुर्व्यवहार किया। दुर्व्यवहार का जो कारण मुझे ज्ञात हुआ है, वह अस्पष्ट और एक पब्लिक स्कूल के प्रिंसिपल के लिए अनुचित है।

मैंने आपको एक पत्र लिखा था, जिसमें मैंने आपसे निवेदन किया था कि आपके स्कूल की बस मेरे पुत्र को उचित स्थान पर न छोड़कर, मेरे निवास-स्थान से एक मील दूर छोड़ती है, यह अनुचित है। मैंने व्यक्तिगत रूप से इसी आशय का निवेदन आपसे किया था। आपसे यह भी कहा गया था कि यद्यपि आप इसी वर्ष मासिक शुल्क में वृद्धि कर चुके हैं, फिर भी मैं आपको कुछ फीस और दे सकता हूँ। आपने मेरे पत्र का उत्तर मुझे न देकर मेरे पुत्र को अपने कार्यालय में बुलाकर अपमानित किया। आपने केवल उससे ही अपमानजनक शब्द नहीं कहे, उसके सामने मेरे सम्बन्ध में भी अनेक अपमानजक शब्दों का प्रयोग किया। किसी भी शिक्षण संस्था के आचार्य के लिए इससे अधिक अशोभनीय बात और क्या हो सकती है कि वह अपने छात्र-छात्राओं की भावनाओं का अनादर केवल इसलिए करे कि उनके अभिभावकों ने किसी महत्त्वपूर्ण प्रश्न पर आचार्य की अनुचित बातों का विरोध किया है।

मैं एक अभिभावक होने के नाते ही नहीं, शिक्षक होने के नाते भी आपकी प्रतिक्रिया का विरोध करता हूँ और आपको शिक्षकों के दायित्व को फिर से समझने की सलाह देता हूँ।

मुझे ज्ञात हुआ है कि आप इसी प्रकार अपने अल्प वेतन भोगी शिक्षकों के साथ भी दुर्व्यवहार करते रहे हैं, शिशु छात्रों के सामने ही आप उन्हें कक्षाओं में अपमानित करते हैं। क्या इस तरह के व्यवहार से आप यह आशा रखते हैं कि आपके शिशु छात्र अपने शिक्षकों के प्रति आदर और श्रद्धा की भावना रख सकेंगे?

मैं पुनः आपसे आग्रह करता हूँ कि आप अपने व्यवहार में परिवर्तन लाने की चेष्टा करें, अपने शिक्षकों का छात्रों के समक्ष अपमान न करें और अभिभावकों की बातों का बदला उनके पुत्र-पुत्रियों से न लें, अन्यथा अभिभावकों को आपकी संस्था

के विरुद्ध अभियान चलाना होगा।

आशा है आप शान्तिपूर्वक मेरी बातों पर ध्यान देंगे।

भवदीय

....

(रा० वि० विशेष)

३-६-७०

यूनाइटेड ट्रेडर्स

चौड़ा रास्ता, जयपुर

उदाहरण—८

प्रालेख संकेत—शासनादेश

दि० १ जुलाई, १९७०

प्रेषक—

शिक्षा विभाग पत्र संख्या १३५७/क/२२

श्री विद्यासुन्दर,

शिक्षा सचिव,

बिहार सरकार,

पटना।

प्रेषिती—

निदेशक,

शिक्षा विभाग,

बिहार राज्य

पटना।

महोदय,

यह सूचना प्राप्त हुई है कि बिहार राज्य में इस समय जितने महाविद्यालय हैं उनकी कुल चल-अचल सम्पत्ति का कोई भी लेखा-जोखा शिक्षा-विभाग के पास नहीं है। ऐसा एक आदेश एक वर्ष पूर्व पत्र-संख्या ३२१५ दि० १ अक्टूबर, १९६९ में दिया गया था। आज पुनः इस आदेश के द्वारा सरकार प्रदेश के महाविद्यालयों की पूरी चल-अचल सम्पत्ति का लेखा-जोखा प्राप्त करना चाहती है।

अतः मुझे आदेश हुआ है कि आपसे निवेदन करूँ कि उक्त लेखा-जोखा एक माह के भीतर सरकार को भेजने की कृपा करें।

आपका-विश्वास पात्र

....

(विद्यासुन्दर)
शिक्षा सचिव

क्रमांक............ दिनांक............

प्रतिलिपि—संयुक्त निदेशक शिक्षा विभाग, बिहार राज्य।

उदाहरण—९

अशासकी पत्र
राजस्थान सरकार
सामान्य प्रशासन (ए) विभाग

पत्रांक सा प्र वि (४१) ५/४८-अ/८४ दिनांक...........

कृपया सचिवालय शिक्षा विभाग के पत्र संख्या........................ दिनांक.........का अवलोकन कीजिए और यह सूचित कीजिए कि जिन व्यक्तियों को आपके विभाग में नियक्त किया गया है, उनकी योग्यता सम्बन्धी पूर्तियाँ क्या हैं।

इसे प्राथमिकता दें।

( )
सहायक सचिव
सामान्य प्रशासन (ए)

उदाहरण—१०

अधि-सूचना

जल-विद्युत विभाग,
राजस्थान।
कोटा

संख्या पी० रा० स० ५३/३ दि० ५ दिसम्बर, १९६९

सर्वसाधारण को सूचित किया जाता है कि कोटा डिवीजन जल-कल विभाग द्वारा जो निजी ठेकेदारों को सर्वेक्षण कार्य दिया गया था, उसकी अवधि १ वर्ष के लिए और बढ़ाकर १ दिसम्बर, १९७० कर दी गयी है।

एम० के० झाला,
मुख्य अभियन्ता,
जल-कल विभाग
राजस्थान

उदाहरण—११

प्रस्ताव या संकल्प

राजस्थान सरकार,
शिक्षा-विभाग
जयपुर

सं० १२१२/३/३०　　　　　　　　　　दि० १० जनवरी, १९६९

प्रा० सं० : परीक्षा-प्रणाली में सुधार

कई वर्षों से राजस्थान सरकार राज्य के विद्यालयों में परीक्षा-प्रणाली को परिवर्तित करने का विचार कर रही थी। इस सम्बन्ध में १० सदस्यों की एक विशिष्ट समिति बनाई गई थी जिसने सभी स्तरों पर परीक्षा-प्रणाली का अध्ययन करके जो प्रतिवेदन प्रस्तुत किया, वह राजस्थान सरकार के गजट मे दिनांक १ जनवरी १९६९ को प्रकाशित किया जा चुका है।

राजस्थान सरकार उस प्रतिवेदन से सहमत है और निवेदन करती है कि उक्त प्रतिवेदन के अनुसार शीघ्रातिशीघ्र कार्यवाही की जाये।

आदेश :

राज्य के सभी शिक्षा-अधिकारियों को आवश्यक सूचना एवं कार्यवाही हेतु प्रस्ताव की प्रतिलिपि भेजने का आदेश दिया जाता है।

आज्ञा से—
नीहार राय,
सचिव।

अन्य पत्र-प्रारूप

दैनिक जीवन-व्यवहार में व्यक्तिगत या निजी, सामाजिक, व्यावहारिक एवं कार्यालयीय पत्रों के अतिरिक्त पत्रों के कुछ अन्य प्रकार भी किसी प्रेरणा, किसी प्रतिक्रिया, किसी स्पष्टीकरण, किसी शिकायत आदि के कारण लिखे जाने का अवसर आता है।

इस प्रकार के पत्रों का महत्त्व यह है कि ये पत्र विषयगत होते हैं तथा इनका सामाजिक एवं राजनीतिक महत्त्व होता है क्योंकि सामाजिक या राजनीतिक महत्त्व के विषयों तथा उसकी व्यापक पृष्ठभूमि की आन्तरिक एवं बाह्य प्रतिक्रियाओं को समाज अथवा पाठक एवं उच्चाधिकारियों के सामने रखते हैं। ऐसे पत्रों में किसी समाचार-पत्र में प्रकाशित सूचना, सम्पादकीय, अग्रलेख, समाचार, सामाजिक या राजनीति सम्बन्धी विवादास्पद विषयों पर प्रबुद्ध पाठकों की प्रतिक्रियाओं के साथ-साथ लोगों के सोचने के ढंग से किसी निर्धारित व्यवस्था के गुण-दोषों का पता चलता है। क्योंकि इस प्रकार के मामलों में सामाजिक प्रतिक्रिया अथवा लोकमत ज्ञात होता है।

लोकमत अथवा प्रतिक्रिया प्रकट करने वाले, किसी घटना के परिप्रेक्ष्य के अंतरंग-बहिरंग रूप का परिचय कराने वाले, समाज एवं संस्कृति के विशेष दृष्टिकोणों पर प्रकाश डालने वाले या किसी बिन्दु-विशेष पर राजनीतिक सिद्धान्तवादिता का सही मूल्यांकन प्रस्तुत करने वाले विभिन्न प्रकार के पत्रों को निम्नलिखित रूप में वर्गीकृत किया जा सकता है—

अन्य प्रारूपों के प्रकार

१. सम्पादक के नाम पत्र

२. (अ) किसी घटना या समारोह की रपट

(ब) किसी सांस्कृतिक कार्यक्रम या गोष्ठी की रपट

३. पुस्तक-समीक्षा

४. रिपोर्ताज

(१) सम्पादक के नाम पत्र

सम्पादक के नाम पत्र मूलतः किसी विषय पर लोकमत के निर्माण तथा समाज के विभिन्न वर्गों के दृष्टिकोण एवं मतवाद को प्रस्तुत करने में सक्षम होते हैं। सम्पादक के नाम जो पत्र लिखे जाते हैं, उनके लिए यह आवश्यक नहीं होता कि जिस पत्र के सम्पादक को पत्र लिखा जा रहा है, उसके मत, सिद्धान्त, राजनीतिक विचारधारा से मेल खाता हो, वह सम्पादकीय दृष्टिकोण और मतवाद के विरुद्ध भी होता है क्योंकि सम्पादक पत्र लेखक और समाज के बीच मध्यस्थता करता है। सम्पादक के नाम लिखे गए पत्र प्रत्येक दैनिक समाचार पत्र, साप्ताहिक, पाक्षिक या मासिक पत्रों के विशेष कालम 'सम्पादक के नाम पत्र' में प्रकाशित किए जाते हैं।

बातों का ध्यान रखना आवश्यक होता है

सम्पादक के नाम पत्र तभी लिखा जाता है जब उस पत्र में प्रकाशित किसी अग्रलेख, पत्र, समाचार अथवा सम्पादकीय, राजनेता या किसी अधिकारी के वक्तव्य पर पाठक अपनी तीव्र प्रतिक्रिया प्रकट करना चाहता है। अतः पत्र का मूल कथ्य आरम्भ करते समय पत्र-लेखक को 'आपके प्रतिष्ठित पत्र में प्रकाशित अग्रलेख/सम्पादकीय/समाचार/············के लिए में, मैं कहना चाहता हूँ', 'आपके सम्मानित पत्र/पत्रिका में प्रकाशित·········के लिए मैं आपको साधुवाद देते हुए कहना चाहता हूँ', '·········में प्रकाशित·········के सम्बन्ध में आपके प्रतिष्ठित पत्र/पत्रिका के माध्यम से यह कहने के लिए बाध्य हुआ हूँ कि···' या आपके पत्र/पत्रिका में प्रकाशित समाचार/टिप्पणी/रपट/वक्तव्य/पत्र के विषय में यह स्पष्टीकरण देना आवश्यक समझता हूँ कि······' जैसे वाक्यों का प्रयोग किया जाता है।

पत्र-लेखक अपने निष्कर्ष और मत प्रकट करने में स्वतंत्र तो होता ही है, पर उसे अपने तर्क और प्रमाण-पुष्टि करते हुए भी भाषा की शालीनता और पत्र की मर्यादा का ध्यान रखना होता है क्योंकि पत्र अविकल रूप से उसी पत्र/पत्रिका में प्रकाशित होता है।

पत्र-लेखक को आरम्भ में औपचारिक रूप से 'सम्पादक महोदय' का सम्बोधन करने तथा पत्र के अंत में 'पत्र को प्रकाशित करने' का निवेदन किया जाना आवश्यक होता है।

पत्र के अन्त में पत्र-लेखक के स्पष्ट हस्ताक्षर के नीचे कोष्ठक में पत्र-लेखक का नाम, फिर दूसरी पंक्ति से डाक का पूरा पता लिखना आवश्यक होता है। यदि नाम और पते का उल्लेख नहीं किया जाता है तो सम्पादक को यह अधिकार होता है कि वह उस पत्र/सामयिक टिप्पणी को प्रकाशित न करे। लेकिन सार्व-

जनिक हित में पत्र-लेखक का नाम प्रकाशित करना उचित न समझकर 'एक पाठक' के नाम से पत्र या टिप्पणी प्रकाशित करने का उसे अधिकार होता है। पर किसी भी स्थिति में पत्र-लेखक का नाम एवं पूरा पता अवश्य ही दिया जाता है।

सम्पादक के नाम पत्र निम्नलिखिम स्थितियों में लिखे जाते हैं—

(अ) किसी सम्पादकीय टिप्पणी या अग्रलेख पर पाठकीय प्रतिक्रिया हेतु

(आ) किसी भी समस्या या घटना पर पाठकीय प्रक्रिया हेतु

(इ) किसी संस्थान या अधिकारी या समाजद्रोही गतिविधियों को सामान्य जनता के सामने रखने हेतु

(ई) किसी त्रुटिपूर्ण समाचार या वस्तुस्थिति के अनुचित ढंग से प्रस्तुत करने पर स्पष्टीकरण हेतु

(उ) किसी भी समाचार, घटना पर पाठकीय प्रतिक्रिया हेतु

(ऊ) किसी भी सामाजिक समस्या की ओर अधिकारियों का ध्यान आकर्षित करने हेतु

(ए) किसी विशेष दृष्टिकोण के समाज-सापेक्ष होने के कारण सामान्य पाठकों के समक्ष रखने हेतु

(ओ) विज्ञापनार्थ भेजे गए सहपत्र के रूप में

(औ) किसी कार्यक्रम की भेजी गई रपट के सहपत्र के रूप में

(१) सम्पादक के नाम पत्र

मरे हुओं का हिसाब ?

प्रिय सम्पादक,

'फिर कहीं गोली चली, फिर से बुझे घर के चिराग' रविवारी जनसत्ता (२२ अप्रैल) में सतीश झा ने जनता पर पुलिस गोलीबार का जो औसत निकाला है उस पर एकाएक विश्वास नहीं हुआ। इसका मतलब यही हुआ कि चन्द सिक्कों की खातिर पुलिस विभाग बिक सकता है, उससे कोई भी धन्नासेठ या फैक्टरी-मालिक शांति-व्यवस्था कायम करने के नाम पर मजदूरों पर अन्धाधुंध गोलियाँ चला सकता है।

इन आँकड़ों से साफ जाहिर है कि अधिकारों की माँग मत करो, जो जुलम सरकार और निजी संस्थाएँ मिलकर करें, उन्हें चुपचाप सहो। वरना गोली का शिकार बनो, जिसका सही हिसाब कहीं नहीं मिलेगा। घायलों को शासकीय सहायता के नाम पर खाली घोषणाएँ की जाती हैं, पुलिस के जुल्मों की कोई सुनवाई नहीं होती। यदि जाँच कमीशन बैठाया भी जाए तब भी उसके नतीजे पुलिस के खिलाफ तो आने से रहे।

जयप्रकाश शाही की रिपोर्ट में इसी बात की ओर इशारा किया है। सुरेन्द्र किशोर के द्वारा प्रस्तुत तारीखवार आँकड़े भी शराफत के झूठ की पोल खोलते हैं।

पुलिस के लिए किसी को भी मारकर उसे डाकुओं से मुठभेड़ साबित करना मामूली काम है। पर सवाल है कि इन सब पर रोक लगाने वाला कौन है?

—एस० बी० चलोगिया
हिंडन केंद्रीय विद्युत मण्डल, हिंडन
(जनसत्ता से साभार)

(२) रपट (Report)

यह प्रतिवेदन का ही पर्याय है। शासकीय कार्यालयों या संस्थानों, निगमों या निकायों द्वारा की जाने वाली बैठकों को लिखित रूप में रखे जाने या प्रकाशित किए जाने वाले तैयार विवरण को 'रपट' कहा जाता है। गोष्ठियों या बैठकों की कार्यवाही की रपट तैयार करते हुए भाषा औपचारिक और शैली निर्वैयक्तिक रहती है। उसमें किसी अधिकारी को सम्बोधित नहीं किया जाता है तथा विषय का प्रस्तुतीकरण अत्युक्तिरहित, तथ्यात्मक तथा संयमित रहता है। सार्वजनिक रूप से प्रसारित किए जाने वाली रपटों में स्थान, दिनांक तथा बैठक या संगोष्ठी के उद्देश्य का संकेत भी किया जाता है।

रपट : १

नाटककार एवं नाट्य सृजनतीर्थ '८३

राजस्थान साहित्य अकादमी के रजतजयन्ती वर्ष में अकादमी द्वारा श्री मंगल सक्सेना के संयोजकत्व में आयोजित सप्तदिवसीय नाटककार एवं नाट्य सृजनतीर्थ, १९८३ बीकानेर की महारानी सुदर्शना कन्या महाविद्यालय के प्राकृतिक रूप से सम्पन्न प्रांगण में २८ दिसम्बर १९८३ से आरम्भ हुआ। इस आयोजन का महत्त्व इसलिए और भी बढ़ गया था क्योंकि इसमें साहित्य अकादमी को संगीत कला अकादमी और बीकानेर की रंगकर्मी सभी संस्थाओं का सहयोग प्राप्त था। इससे दस वर्ष पूर्व राजस्थान साहित्य अकादमी ने उदयपुर में ही भारतीय लोक कला मण्डल के प्रेक्षागृह और भण्डारी मण्डप के प्रांगण में नाट्यकार सृजनतीर्थ का आयोजन श्री मंगल सक्सेना एवं श्री भारतरत्न भार्गव (सम्प्रति सचिव, केन्द्रीय संगीत अकादमी) के संयोजकत्व में किया था।

रजत जयन्ती वर्ष के अन्तर्गत सम्पन्न इस नाट्य-सृजनतीर्थ का उद्घाटन रंगमण्डल, भारतभवन, भोपाल (म० प्र०) के निर्देशक एवं भारतवर्ष के प्रथम पंक्ति के रंगकर्मी ब० ब० कारन्त ने किया तथा वायवी औपचारिक उद्घाटन

भाषण से हटकर रंगक्षेत्र के कई महत्त्वपूर्ण एवं व्यावहारिक मुद्दों के सरोकार की बातचीत आरम्भ की। इस सृजनतीर्थ में सुप्रसिद्ध निर्देशक एवं रंगकर्मी वंशी कौल (जबलपुर), नाटक विद्यालय की श्रीमती अनुराधा कपूर, श्रीमती रति बारथा-लोम्यू, श्रीमती त्रिपुरारि शर्मा, रोबिनदास की उल्लेखनीय उपस्थिति के अतिरिक्त सृजनरत नाटककारों में नन्दकिशोर आचार्य, हमीदुल्ला, विजय कुलश्रेष्ठ, आर० जैड० उस्मान, रमेश उपाध्याय, राजानन्द, लक्ष्मीनारायण रंगा, प्रेमचंद गोस्वामी, अर्जुनदेव चारण, शिवराम, राघव प्रकाश, योगेन्द्र किसलय के अतिरिक्त रंगकर्मियों की शृंखला में तीस से अधिक रंगकर्मी युवक-युवतियों के साथ नाट्य रंग आलोचकों की शृंखला में डॉ० पुरुषोत्तम आसोपा, डॉ० विजय कुलश्रेष्ठ (नैनीताल), श्री हितेश व्यास (राजस्थान वि० वि०), डॉ० प्रेमचंद गोस्वामी (जयपुर), डॉ० नन्दकिशोर आचार्य, मदन केवलिया एवं हरीश भादानी (बीकानेर), डॉ० मदन-मोहन माथुर (जोधपुर), श्री मंगल सक्सेना के अतिरिक्त प्रशिक्षित रंगकर्मी सर्वश्री वागीश कुमार सिंह, महेश नायक, ब्रजमोहन व्यास, कृष्णाचंद्र शर्मा, देवदीप, सुशील पुरोहित, इकबाल हुसैन, हरीश भादानी आदि की उपस्थिति ने रंगकर्म के व्यावहारिक एवं सैद्धान्तिक पक्षों की चर्चाओं में भाग लिया।

इस शिविर में नाट्यालेख-पाठ के अन्तर्गत हमीदुल्ला का 'हर बार' राघव प्रकाश का 'तीसरा मचान', रमेश उपाध्याय का 'राजा की रसोई', विजय कुल-श्रेष्ठ का 'नाटक पिच्चासी' और अर्जुनदेव चारण का राजस्थानी नाटक 'अजै स्से बाकी है' पढ़े गए और उन पर चर्चा हुई। निर्देशक एस० वासुदेव (जयपुर) के निर्देशन में दो नाटक जयन्त दलवी कृत 'सन्ध्या छाया' (हिन्दी अनुवाद), नन्द-किशोर आचार्य कृत 'किसी और का सपना' त्रिमूर्ति संस्था जयपुर के तत्त्वावधान में, आर० जैड० उस्मान द्वारा लिखित एवं निर्देशित तथा क्षितिज संस्था के तत्त्वावधान में 'बन्दूक की नली से दुआएँ नहीं निकलतीं···' राजानन्द द्वारा लिखित एवं निर्देशित तथा आयाम संस्था द्वारा प्रस्तुत 'चौकियाँ कौन तोड़ेगा', श्री ओमप्रकाश सुखाड़िया द्वारा निर्देशित रमेश उपाध्याय द्वारा चेखव की कहानी से नाट्य रूपान्तरित 'गिरगिट', हरीश भादानी द्वारा निर्देशित एवं लिखित 'हूणियों' (राजस्थानी) आदि का सफल मंचन हुआ।

परिचर्चाओं के अन्तर्गत रंग शिल्प के आराधकों एवं विशिष्ट रंगकर्मियों ने विभिन्न रंग-संदर्भों पर अपने आलेख पढ़े। इनमें सर्वश्री ब० ब० कारंत का 'संस्कृत एवं भारतीय परम्परागत लोकनाट्य शैलियों की विशेषताएँ तथा उनका आधु-निक नाटकों एवं नाट्य रूपांकनों में उपयोग', रणवीर सिंह—'पश्चिमी नाटक के सन्दर्भ में नाटक रचना की तकनीकी परिवर्तनों की प्रक्रिया', श्री० रति बारथो लोम्यू का 'यथार्थवादी नाटक का गठन एवं प्रस्तुति', श्रीमती अनुराधा कपूर का 'ब्रेख्तियन तथा एब्सर्ड नाटक का गठन एवं प्रस्तुति', रोबिनदास का 'भारतीय

रंगमंच एवं कल्पनाशील दृश्य रचना—समस्याएँ एवं जरूरतें' पढ़े गए। इसके अतिरिक्त सर्वश्री ब० ब० कारन्त वंशी कौल, मंगल सक्सेना, श्रीमती त्रिपुरारि शर्मा, मंगल सक्सेना की विभिन्न सन्दर्भों को लेकर प्रस्तुत की गई वार्ताओं ने नाटककारों, नाट्य निर्देशकों एव रंगकर्मियों के ज्ञानवर्द्धन में महत्त्वपूर्ण योग दिया।

रंग क्षेत्र के उपयोग एवं दृश्य रचना विधान के प्राध्यापक रोबिनदास के सफल संयोजन में चार विभिन्न प्राकृतिक रंग दृश्य विधान एवं उपलब्ध उपकरणों आदि के प्रयोग के आधार पर चार नाट्य दलों ने विविध प्रकार के मंचोपकरणों द्वारा तात्कालिक नाट्य रचना एवं प्रस्तुतीकरण तथा इम्प्रोवाइजेशन की तकनीकियों से चार नाटक का पन्द्रह मिनट का प्रदर्शन महारानी सुदर्शना कन्या महाविद्यालय के प्रांगण के विभिन्न भागों में किया गया, जिसे आमंत्रित नागरिकों, कन्या महाविद्यालय की प्राध्यापिकाओं एवं छात्राओं ने सविस्मय एवं साश्चर्य देखा। इन चार दलों में नाटक-लेखक, निर्देशक एवं रंगकर्मी तीनों ही बराबर की भूमिकाओं में कथानक, सम्वाद, दृश्यविधान, कल्पना की उड़ान, यथार्थ की पकड़ तथा इम्प्रोवाइजेशन द्वारा कथा को चरम पर ले गए थे। वास्तव में यह बहुत ही तात्कालिक प्रत्युत्पन्नमति एवं लेखकीय रंगधर्मिता के आन्तरिक पक्षों को उभारने के साथ-साथ उपलब्ध उपकरण, दृश्य रचना की क्षमताओं को भी उजागर करता है।

इस सप्त दिवसीय रंग शिविर में राजस्थान के राज्यमंत्री बी० डी० कल्ला, बाल फिल्म आन्दोलन के प्रवर्त्तक डॉ० प्रेमचंद गोस्वामी सुप्रसिद्ध रंगकर्मी श्री कारन्त, वंशी कौल, वागीश कुमार सिंह (गांधी फिल्म के कलाकार एवं राष्ट्रीय नाट्य महाविद्यालय के रंगमण्डल से सम्बद्ध राजस्थान हिन्दी भाषा विभाग के भाषाधिकारी लक्ष्मी नारायण रंगा, राजस्थान संगीत कला अकादमी के अध्यक्ष श्री मंसाराम पुरोहित तथा संगीत कला अकादमी के उपाध्यक्ष एवं रंगकर्मी रणवीर सिंह, सुप्रसिद्ध कवि-नाटककार एवं हूणियो लोक नाट्य रचयिता हरीश भादानी की निरन्तर उपस्थिति ने शिविर की सफलता को चरम पर पहुँचा दिया।

इस रंग शिविर में इकत्तीस दिसम्बर की रात्रि दस बजे से प्रातः तक राजस्थानी लोकनाट्य शैलियों के विविध रूप, कच्छी घोड़ी एवं नृत्यों के साथ-साथ हूणियों के भव्य प्रदर्शनों के अतिरिक्त प्रेक्षागृह को लोकमंच में बदलकर सभी उपस्थित दर्शकों एवं रंगकर्मियों के मिले-जुले नृत्य-गीतों ने नये वर्ष का स्वागत किया।

इस रंग शिविर ने इस आवश्यकता को अधिक बल देकर रेखांकित कर दिया कि दस वर्षों के उपरान्त राजस्थान साहित्य अकादमी और संगीत कला

अकादमी ने अपने रंगकर्म एवं रंगधर्मी सरोकार का ही मूल्यांकन नहीं किया है अपितु रंगकर्म एवं रंगधर्म के विकास को सतत परखते रहने के लिए भी अवसर दिए जाते रहने की आवश्यकता है। यह राजस्थान की रंगधर्मिता की परिणति ही है जिसने सर्वश्री मोहन महर्षि, अर्चना शर्मा, भानुभारती, सरताज माथुर, वासुदेव, मंगल सक्सेना, रणवीर सिंह, हरीश भादानी जैसे रंगधर्मी चिन्तक दिए हैं तो दूसरी ओर सर्वश्री हमीदुल्ला, मणिमधुकर, आर० जैड० उस्मान से लेकर नन्दकिशोर आचार्य, प्रेमचंद गोस्वामी, लक्ष्मी नारायण रंगा, राघव प्रकाश, रमेश उपाध्याय एवं विजय कुलश्रेष्ठ जैसे नाटककार भी दिए हैं। राजस्थान साहित्य अकादमी एवं राजस्थान संगीतकला अकादमी को इस नाट्य विधा की धरोहर को संरक्षण, विस्तारण एवं सार्थकता देने की ओर और अधिक ध्यान देने की आवश्यकता आज भी है।

रपट : २—सांस्कृतिक कार्यक्रम विषयक

नरेश मेहता का सारस्वत सम्मान

पिछले दिनों गांधी भवन भोपाल में स्थानीय साप्ताहिक 'जनधर्म' की ओर से विख्यात कवि-कथाकार नरेश मेहता को सम्मानित किया गया। इस कार्यक्रम के सूत्रधार-नियामक कैलाश पन्त थे और सम्मानित करने की औपचारिकता का निर्वाह प्रख्यात शब्दशिल्पी अज्ञेय द्वारा किया गया जिन्होंने नरेश मेहता को पाँच हजार रुपए के अलावा एक शाल भेंट की।

इस अवसर पर बोलते हुए अज्ञेय ने कहा कि झूठ को प्रचारित करने वाले आधुनिक युग में कविता, विज्ञान के समान्तर सत्य को जानने का एक सक्षम माध्यम है। उन्होंने कविता में काव्यत्व की रक्षा करने के लिए नरेश मेहता को धन्यवाद देते हुए कहा कि यदि हमारी कविता जनता तक सम्प्रेषित न हो पाए तो जनता के काव्य-बोध पर दोषारोपण करने के बजाय कवि को अपनी रचनात्मक कमजोरियों का पता लगाने पर ध्यान केन्द्रित करना चाहिए।

इस अवसर पर शासकीय हमीदिया कला एवं वाणिज्य महाविद्यालय के चित्रकला के विभागाध्यक्ष डॉ० लक्ष्मी नारायण भावसार के चित्रों की प्रदर्शनी एवं 'संशय की रात' नाटक का मंचन भी सम्पन्न हुआ। समारोह का समापन अज्ञेय, नरेश मेहता एवं रामविलास शर्मा के काव्यपाठ से हुआ।

उल्लेखनीय है कि इसके पूर्व 'जनधर्म' की ओर से भवानी प्रसाद मिश्र, डा० बरसाने लाल चतुर्वेदी, स्व० अनिल कुमार आदि साहित्यकारों को सम्मानित किया जा चुका है।

रपट : ३—रांगेय राघव स्मृति

वे प्रेमचंद की परम्परा में हैं !

रांगेय राघव स्मृति पर्व का उद्घाटन करते हुए श्री विष्णु प्रभाकर ने कहा, "रांगेय राघव स्मृति पर्व के माध्यम से हम किसी व्यक्ति का नहीं, बल्कि सृजन एवं साहित्य का सम्मान कर रहे हैं। रांगेय राघव ने आम जनता के बीच में रहकर साहित्य-सृजन किया, इसलिए उनका साहित्य अमर रहेगा। साहित्य क्रांति करे या न करे, किन्तु वह न केवल समाज को दिशा देता है, बल्कि लोगों को सोचने पर विवश भी करता है। यह कार्य रांगेय राघव के साहित्य ने किया। आज देश में सर्वाधिक उपेक्षित व्यक्ति साहित्यकार हैं। साहित्य की महत्ता और उसकी शक्ति को सोवियत संघ में समझा गया है।" डॉ० शिवमंगल सिंह सुमन ने कहा, "डॉ० रांगेय राघव ने विषमताओं के विष को स्वयं पी लिया और हिन्दी साहित्य को अमृत देकर चले गए। उन्होंने प्रगतिशील आंदोलन की जड़ें जमाईं। वे प्रेमचंद की परम्परा में आते हैं। उनके अन्दर सृजन की व्याकुलता थी। साहित्य में उन्होंने अपना रोना नहीं रोया, बल्कि दूसरों के दुख-दर्द को अभिव्यक्त किया। ऐसे व्यक्तित्व के प्रति कृतज्ञता व्यक्त करना हमारा धर्म है।"

विद्यानिवास मिश्र ने कहा, "ये गहरी पीड़ा के क्षण हैं। रांगेय राघव स्वयं जलते रहे और लोगों को अपने साहित्य के माध्यम से प्रकाश देते रहे। स्मृति पर्व के रूप में हम लोग उनके अभाव की रिक्तता की पूर्ति कर रहे हैं। प्रारम्भ में डॉ० घनश्याम अस्थाना के द्वारा बनाए गए रांगेय राघव के चित्र का अनावरण किया गया। यह पर्व उ०प्र० हिन्दी संस्थान के सहयोग से क०मुं० हिन्दी विद्यापीठ आगरा में रांगेय राघव की स्मृति में मनाया गया। संचालन डॉ०गोविन्द रजनीश ने किया। उद्घाटन समारोह के बाद रांगेय राघव के व्यक्तित्व और कृतित्व से सम्बन्धित प्रदर्शनी का उद्घाटन श्री विष्णु प्रभाकर ने किया। प्रदर्शनी में उनकी प्रकाशित कृतियों, पांडुलिपियों, उनके द्वारा बनाए चित्रों, छायांकनों, पत्रों एवं लेखन सामग्री को भी प्रदर्शित किया गया। संयोजन डा० प्रणवीर चौहान ने किया। प्रेक्षागृह 'सूर सदन' में रांगेय राघव के उपन्यास 'कब तक पुकारूं' का नाट्य रूपांतर प्रस्तुत किया गया। निर्देशन जितेन्द्र रघुवंशी ने और संयोजन राजेन्द्र रघुवंशी ने किया।

श्री राजेंद्र यादव ने अगली गोष्ठी में कहा, "आज हम रांगेय राघव की प्रतिबद्धता से ही जुड़ सकते हैं। विचारणीय है कि आगरा का साहित्यिक वातावरण क्यों समाप्त होता गया और उसे बाहरी सरहद पर कैसे फेंक दिया गया।"

सायंकालीन गोष्ठी रांगेय राघव के बहुआयामी कृतित्व को समर्पित थी। इतिहास चिन्तन और उपन्यासों पर बोलते हुए पं० विद्यानिवास मिश्र ने कहा,

" 'देवकी का बेटा' कमजोर रचना होते हुए भी सार्थक रचना है। श्री कृष्ण से सम्बन्धित जितने मिथक हैं, उनके लिए विचित्र प्रकार का राजनीतिक चौखटा बनाया गया है। उसमें आगे की कल्पना है, पीछे की नहीं। मिथकों के पत्थरों को तोड़कर उसको चूर करके घोल बनाया गया है। 'मुर्दों का टीला' में पुरालेखों, अभिलेखों, व्यापक अनुभव और ऐतिहासिक समझ का सहारा लिया गया है। उसमें परिवेश का असंतुलन है, भोक्ता संस्कृति का अतिरेक है। उन्होंने इतिहास को संस्कृति की व्याख्या के रूप में लिया।"

अध्यक्ष पद से बोलते हुए डा० शिवमंगल सिंह सुमन ने कहा, "रांगेय राघव मूलतः सौंदर्यवादी कवि थे। वे जैसे बाहर से दिखते थे, वैसे भीतर से भी थे। सौंदर्यवादी होने से उनके प्रगतिवादी रुझान पर कोई आँच नहीं आती है।"

—डा० गोविंद रजनीश

(सारिका, अक्तूबर ८३ से साभार)

(३) पुस्तक-समीक्षा

समीक्षा का सामान्य अर्थ है अच्छी तरह देखना, जाँच करना। अत. पुस्तक-समीक्षा में, पुस्तक-, रचना या पुस्तक के विषय में निहित सम्यक ज्ञान का प्रत्येक तत्त्व के आधार पर विवेचन करना पुस्तक समीक्षा कहलाता है। इसमें जिन तत्त्वों पर विशेष ध्यान दिया जाता है, वे पुस्तक में निहित विद्या के स्वरूप-विकास, उसके विविध अंगों, गुण-दोषादि के अतिरिक्त प्रस्तुत निष्कर्षों की उपादेयता तथा पुस्तक की मुद्रण-कला आदि हैं। पुस्तक-समीक्षक को पुस्तक-समीक्षा करते समय साहित्यिक विधाओं, रूपों के विषय में अपना सम्यक ज्ञान भी प्रतिपादित करना होता है, साथ ही पुस्तक में निहित निष्कर्षों या प्रतिपादनों को समसामयिक और पूर्ववर्ती साहित्य धारा की परम्परा में परखना होता है।

पुस्तक-समीक्षा शब्द के स्थान पर पुस्तक-समालोचना का भी प्रयोग किया जाता है। यह पुस्तक-समीक्षा इसलिए आवश्यक होती है क्योंकि सभी पुस्तकों को प्रत्येक व्यक्ति नहीं पढ़ सकता है। अतः ऐसी दशा में पुस्तक-समीक्षा करनेवाला व्यक्ति ही यह निर्दिष्ट कर देता है कि कौन-सा ग्रंथ पठनीय है और कौन-सा अपठनीय। अतः समीक्षक का कार्य बहुत ही उत्तरदायित्वपूर्ण होता है।

समीक्षा करते समय समीक्षक को लेखक, सम्पादक एवं प्रकाशक के प्रभाव से अलग रहना होता है।

पुस्तक-समीक्षा करते समय विषय या रचना के ज्ञान सम्बन्धी अपनी विविधता एवं गहराई का चिन्तन प्रकट किया जाता है। पुस्तक-समीक्षा विषय के विशेषज्ञ द्वारा ही कराई जाती है क्योंकि उसकी विषयगत अध्ययन की गहराई

का महत्त्व समीक्ष्य पुस्तक के आलोक में बहुत आवश्यक होता है। पुस्तक-समीक्षा के लिए समीक्षक अपने निश्चित मानदण्डों पर ही समीक्षा करता है। समीक्षक पुस्तक का मात्र परिचय ही नहीं देता और न उसका मूल्यांकन करता है, पर पुस्तक की श्रेष्ठता के सम्बन्ध में पाठकों की उत्सुकता जागृत कराता है।

पुस्तक-समीक्षा में लेखक के विषय में कुछ नहीं रहता। वह केवल पाठकों से लेखक की रचना का ही परिचय कराती है। समीक्षक का कार्य पुस्तक और पाठक के बीच सम्बन्ध स्थापित कर उसमें जिज्ञासा और आकर्षण उत्पन्न करना है। पुस्तक-समीक्षा में उसके सार संक्षेप के स्थान पर कहीं-कहीं उसके उद्धरण देना आवश्यक होता है।

पुस्तक-समीक्षा

किसे कहेंगे सक्रिय कहानी ?

'सक्रिय कहानी' का नारा कोई पाँच साल पहले कहानी में सोच और कर्म की खाई को पाटने के नाम पर दिया गया था। प्रस्तुत पुस्तक उसी नारे का नतीजा है। **सक्रिय कहानी की भूमिका** राकेश वत्स ने 'मसि कागद छूया नहीं कलम गही ना हाथ' (कबीर) का हवाला देते हुए कहा है कि साहित्य कागज की चीज नहीं है, जीवन और व्यवहार की चीज है। साहित्यकार जीवन और व्यवहार को कागज की तरह इस्तेमाल करे, जो कहे उसे जीवन में ढालकर दिखाए। लेकिन सक्रिय कहानी का यह आंदोलन, सोच और कर्म की खाई पाटने वाले साहित्य का नारा भी कागज की चीज ही बनकर रह गया।

किसी भी आंदोलन की सार्थकता के लिए जरूरी है कि एक स्पष्ट विचार-धारा या वैचारिकता को लेकर चला जाए। हिन्दी साहित्य में नई कहानी और उसकी प्रतिक्रिया में या उसके बावजूद उठे आंदोलनों की ट्रेजिटी यह हुई कि उनमें व्यक्तियों के साहित्यिक हित तो साफ थे, लेकिन सोच का मामला गड़बड़ था। आंदोलन नई कहानी का रहा या सचेतन कहानी, समानांतर कहानी का या फिर सक्रिय कहानी का—वह वैचारिक धुंध से उपजा और वैचारिक धुंध में दम तोड़ गया। साहित्य में अपनी अलग पहचान बनाने के लिए कहानी के नाम पर कोरी अर्ध-सैद्धांतिक बातें हुईं, नतीजा कहीं कुछ नहीं निकला। ३०० पन्नों की 'सक्रिय कहानी की भूमिका' में जिन लोगों के भी लेख और कहानियाँ हैं, न तो उनके वैचारिक मतभेद स्पष्ट हैं और न वे किसी एक धरातल पर खड़े नजर आते हैं।

'सक्रिय कहानी' को लेकर हुई अर्ध-साहित्यिक और अर्ध-सैद्धांतिक बहसों को छोड़ दिया जाए तो पुस्तक में छपी कुछ कहानियाँ जरूर अच्छी हैं। यह भी साफ

है कि वे अच्छी इसलिए नहीं हैं कि उन पर 'सक्रिय' का या कोई और लेबल लगा हुआ है। उदाहरण के तौर पर, भीष्म साहनी की कहानी 'अमृतसर आ गया है'। पुस्तक में प्रकाशित छपी कहानियों के बारे में यह भी उल्लेखनीय है कि सारी कहानियाँ राकेश वत्स की 'सक्रिय कहानी' की अवधारणा से पहले ही लिखी गई थीं। सवाल यह भी है कि जब 'अमृतसर आ गया है' जैसी कहानियाँ लिखी जा रही हैं जो आदमी को उसके पैरों के नीचे की जमीन का अहसास करा सकें, तो फिर सक्रिय कहानी के आंदोलन की जरूरत क्यों महसूस हुई।

हिन्दी कथा साहित्य का इतिहास बताता है कि कहानी में आंदोलन से कुछ समय के लिए कुछ लोग जरूर चर्चा में उछलते हैं, लेकिन साहित्य में सही पहचान आंदोलनों के जरिए नहीं बनाई जा सकती। कहानी के लिए जीवन से गहरे जुड़ने और आंदोलित होने की जरूरत होती है। तब कहानी बिना आंदोलन की बैसाखी के खड़ी रहती है और आगे बढ़ती है।

पूरी पुस्तक पढ़ने के बाद पता नहीं चलता कि जनमुक्ति और वर्गहीन समाज की बात करते हुए राकेश बदलाव की किन ताकतों के साथ है। खास तौर पर प्रगतिशील ताकतों के साथ तो वह नजर नहीं आते, क्योंकि उनका कहना है: जनमुक्ति और वर्गहीन समाज की कल्पना करनेवाले साहित्यकारों को अब समझ लेना चाहिए कि साहित्य जीवन और व्यवहार की चीज है। हो सकता है वह जानबूझकर अपनी सोच साफ न करना चाहते हों, लेकिन विचारधारा के बगैर आप जन-आंदोलनों से कहाँ जुड़ सकते हैं और परिवर्तन की शक्तियों में कैसे सक्रिय हो सकते हैं?

—ब्रजेश्वर मदान

सक्रिय कहानी की भूमिका : राकेश वत्स; अभिषेक पब्लिकेशंस : ३६२५, सेक्टर २३-डी, चंडीगढ़, मूल्य ४५ रुपए।

(जनसत्ता दैनिक से साभार)

(४) रिपोर्ताज

रिपोर्ताज फ्रांसीसी भाषा का शब्द है और दूसरी ओर अँग्रेजी शब्द 'रिपोर्ट' से इसका गहरा सम्बन्ध है। रिपोर्ट किसी घटना का यथासाध्य वर्णन मात्र होता है, उसमें साहित्यिकता का अभाव होता है। यदि उसमें साहित्यिकता का पुट रहे तो उसे रिपोर्ताज कहा जाता है। इस दृष्टि से वस्तुगत तथ्य को रेखाचित्र की शैली में प्रभावोत्पादक ढंग से तैयार किया जाना बहुत आवश्यक होता है। रिपोर्ताज आँखों-देखी और कानों-सुनी घटनाओं पर आधारित रहता है, कल्पना के आधार पर कोई भी रिपोर्ताज नहीं लिखा जा सकता।

रिपोर्ताज घटनाप्रधान होने के साथ-साथ कथात्मक भी होता है, अतः

रिपोर्ताज लेखक पत्रकार और कथाकार दोनों ही भूमिकाओं का निर्वाह करता है। अत: रिपोर्ताज लेखक के लिए यह आवश्यक हो जाता है कि वह जन-साधारण के जीवन की सच्ची और सही जानकारी रखे और उत्सवों, मेलों, बाढ़ों, अकालों, युद्धों और महामारियों, दुर्घटनाओं जैसे सुख-दु:ख के क्षणों में जनता को निकट से देखे। तभी वह अखबारी रिपोर्टर और साहित्यिक रचनाकार की दुहरी हैसियत से जन-जीवन का प्रभावोत्पादक रिपोर्ताज प्रस्तुत कर सकता है।

रिपोर्ताज वस्तुत: घटना विशेष की कलात्मक और रचनात्मक स्तर पर समसामयिक जीवन से सम्बद्ध सूचनाओं की प्रामाणिकता से युक्त घटनाप्रधान होता है। इसमें रिपोर्ताजकार की वैयक्तिक शैली और गहन दृष्टि का परिचय तो मिलता ही है, परन्तु भाषा की सहजता एवं सरलता विद्यमान रहती है।

देशी लोगों के ये विदेशी से कर्मचारी

यह दृश्य भारत के किसी भी बड़े गाँव के बस अड्डे का हो सकता है। हाँ··· तो यह एक गाँव का बस अड्डा है। इसके एक तरफ हाईस्कूल है। उसके समान्तर 'वाटर वर्क्स' है। पास ही, डिस्पेन्सरी, डाक-तारघर और बैंक आदि हैं। अड्डे पर चाय की दुकान है। चाय वाले ने पकौड़ियाँ भी निकाल रखी हैं। अच्छी-खासी भीड़ जड़ी है क्योंकि यह अडडा दो-तीन गाँवों का अड्डा है।

चाय वाले के इर्द-गिर्द जो भीड़ है, वह सरकारी कर्मचारियों की है। स्कूल के मास्टर-मास्टरनियाँ, डिस्पेन्सरी के कम्पाउण्डर-नर्स, पोस्ट मास्टर, बैंक के बाबू आदि। सब शहर से रोज आते हैं और जाते हैं। सिर्फ इस गाँव वाले कर्मचारी ही नहीं, पड़ोसी गाँवों के कर्मचारी भी रोज इसी अड्डे पर चढ़ते-उतरते हैं।

चाय वाले से हटकर थोड़ी दूर पर दूसरी भीड़ है। तादाद में ज्यादा लेकिन थके, हारे, गरीब, शोषित, अनपढ़ लोगों की भीड़। इनमें हैं— मध्य किसान, सीमान्त किसान और भूमिहीन किसान। बड़े-बड़े किसान अड्डे पर खड़े रहकर कभी भी अपना समय और शक्ति बरबाद नहीं करते। उन सबके पास अपने निजी वाहन हैं।

भीड़ उधर भी है और इधर भी, लेकिन एक तरफ जो भीड़ है वह खुशहाल नजर आ रही है। वह आपस में कहकहे लगा रही है, उनके वस्त्र और उनकी आँखें चमक रही हैं।

दूसरी ओर जो भीड़ है, वह सारी की सारी बेदम नजर आ रही है। न तो उनके वस्त्रों में चमक है और न ही आँखों में। इनमें कोई बीमारी का मारा है तो कोई मुकदमे का। किसी को बेटी के ब्याह की चिन्ता है तो किसी को अपने मृत बुजुर्ग के पीछे ओसर करने की चिन्ता लगी है।

इनके बीच में बातें हो रही हैं, तेल की किल्लत की, फसल को पाला मार

जाने की, आँधी-ओले से हुए नुकसान की या नहर में पानी के सूख आने की।··· दोनों प्रकार की भीड़ में मुझे स्पष्ट भेद नजर आ रहे हैं, और इसके साथ ही याद आ रहा है, डॉ० राम मनोहर लोहिया का वह कथन जिसके अनुसार भारत का चपरासी भी अमीर वर्ग में आता है।

इस अमीर वर्ग को और भी अमीर करने के लिए सरकार अपनी ओर से कोई कोर-कसर नहीं छोड़ती। छोड़े भी क्यूँ ? पैसा कौन-सा उसकी जेब से जाता है ! पैसा तो टैक्सों के रूप में इस भेड़ हुई जनता की जेब से जाता है और इससे भी बड़ी विडम्बना यह है कि बढ़ी हुई तनख्वाह का पूरा लाभ इस कर्मचारी वर्ग को भी नहीं मिल पाता। व्यापारी वर्ग को ज्योंही पता चलता है कि तनख्वाहें बढ़ गयी हैं, वह कीमतें बढ़ा देता है। मारा जाता है, बेचारा गरीब मेहनतकश, क्योंकि वह संगठित नहीं है। वह सत्तानशीनों के खिलाफ कोई आन्दोलन खड़ा नहीं कर सकता। यह सब तो कर्मचारी वर्ग ही कर सकता है, इसलिए आए दिन ही उनकी महँगाई बढ़ रही है।

वेतन बढ़ाने से कर्मचारी वर्ग अगर जनता की ज्यादा सेवा करता तो भी कोई बात बनती ! ज्यों-ज्यों वेतन बढ़ाया जा रहा है, कर्मचारी वर्ग जनता से दूर हटता जा रहा है। अगर उसे जनता से प्यार होता तो वह महँगाई भत्ता बढ़ाने की माँग को लेकर संघर्ष करने की बजाय महँगाई कम किए जाने की माँग को लेकर संघर्ष करता। गाँव से भागकर शहर जाने की बजाय गाँव में ही ठहरता और गाँववालों के सुख-दुख में शरीक होता। लेकिन नहीं, वह अपने इर्द-गिर्द ऐसा दायरा खींच रहा है कि उस तक जनता न पहुँच सके। किसी अमीर के पास गरीब जाए भी क्यूँ ?

यह ठीक है कि ये कर्मचारी अब भी किसी बड़े सेठ या किसान का मुकाबला नहीं कर सकते, लेकिन हमें अपने से नीचे वालों को भी देखना चाहिए।

—निशान्त

(पृष्ठभूमि २२ जून—६ जुलाई १९८४ से साभार)

• • •